南科大创校记

『大学从0到1』

沈清华◎著

海天出版社
HAITIAN PUBLISHING HOUSE
·深圳·

图书在版编目（CIP）数据

南科大创校记 / 沈清华著. —深圳：海天出版社，
2021.7

ISBN 978-7-5507-3205-6

Ⅰ.①南… Ⅱ.①沈… Ⅲ.①南方科技大学—校史
Ⅳ.① G649.296.5

中国版本图书馆 CIP 数据核字（2021）第 117422 号

南 科 大 创 校 记

NANKEDA CHUANGXIAO JI

出 品 人　聂雄前
责任编辑　李　春
责任技编　陈洁霞
封面设计　刻度设计
装帧设计　思成致远

出版发行　海天出版社
地　　址　深圳市彩田南路海天综合大厦（518033）
网　　址　www.htph.com.cn
服务电话　0755-83460239（邮购、团购）
设计制作　深圳市思成致远创意文化有限公司　TEL：0755-82537697
印　　刷　深圳市希望印务有限公司　TEL：0755-89502914
开　　本　787mm×1092mm　1/16
印　　张　21
字　　数　240 千
版　　次　2021 年 7 月第 1 版
印　　次　2021 年 7 月第 1 次
定　　价　58.00 元

序　一

钟秉林

在中国高校的星空之中，今日的南方科技大学（以下简称"南科大"）是一颗光彩照人的新星。我与这所大学结缘很早，记得2007年7月底，深圳正式宣布创办南科大不久，就组织专家论证办学方案，我是受邀参会的专家之一。当时给我的印象是深圳雄心勃勃，办学定位高端，但要创办成功，面临的困难也很大。

从那以后，我与南科大的缘分越结越深。从创校校长遴选，到带领教育部专家组对南科大进行"去筹"考察评议，再到参加理事会决策学校发展大计，以及招录首批学生入学考试、博士学位授权审核等，创办过程中的很多节点之事，我都是直接的参与者和见证者，至今仍担任南科大理事会理事。

当年深圳提出创办南科大，恰逢我国高等教育的发展方式发生深刻变革，从以规模扩张和空间拓展为特征的外延式发展，转变到以全面提高高等教育质量为核心的内涵发展。在这个大背景下，国家教育主管部门批准支持创办南科大，一个重要的考虑是期望南科大在贯彻落实《国家中长期教育改革和发展规划纲要（2010—2020年）》中发挥试验、示范作用，为中国高校改革探路，回答"钱学森之问"，培养拔尖创新人才。

改革之路无坦途，南科大一路走来，尤其是初创期间，可谓风雨兼程。南科大的创办者、建设者们不畏艰难，敢闯敢试，追求卓越，坚持不懈，以强烈的使命感推动学校的创建发展，这些年在改革和发展上都取得了令人惊喜的成就。比如推出理事会制度、"631"综合评价招生录取模式、培养人才的"三制三化"等等，这些改革创新之举，为学校健康快速地发展提供了动力和支撑；另外，学校在人才培养、教师队伍建设、学科建设、科学研究、社会服务和国际交流合作等事业发展方面，枝繁叶茂，成果丰硕。我欣喜地看到，在世界各种大学排名榜上南科大已经成为令人瞩目的后起之秀，是年轻大学快速发展的一个精彩典范。

"看似寻常最奇崛，成如容易却艰辛。"南科大发展迅速，成绩巨大，背后是艰辛的付出。因此，我们在由衷地为之高兴、欣慰的同时，应当向南科人致敬，他们不辱使命，不负众望！

南科大在朱清时、李铭、郭雨蓉、陈十一等校领导的带领下，较短时间内成功地走出了一条中国特色一流研究型大学的发展之路，值得总结的经验很多。依我所见，南科大创建发展之路至少能在以下几个方面给我们深刻的启示：一是政府的重视和投入是关键。深圳创办南科大过程中，在土地、资金、人力等方面舍得投入，给这所年轻大学的创建发展提供了雄厚的资源保障。百年树人，从某种角度来说大学是为未来办的，深圳政府在这点上很有超前眼光。这些年深圳高等教育投入的增长速度和生均教育经费的投入数额，在全国大城市中均名列前茅。二是高校发展要与地方和国家的战略需求紧密结合。南科大创办之初，除了紧紧盯住深圳对培养高水平人才和满足高新技术产业发展的需求之外，还把为中国高等教育改革探路视为自己的历史使命，主动作为，在中国特色的现代大学制度和拔尖创新人才培养模式等方面进行了一系列大胆探索。高等学校只有适应时代的需要，做到同频共振，才会获得更多的支持和更广阔的发展空间。三是要以改革创新的思维去谋划高校发展。以什么方式做事，直接决定事情能不能做好，甚至能不能做成。南科大从一开始就用改革的办法、创新的思维来创建发展，励精图治、大胆探索。如果套用老办法，办出来的就不是今天这所朝气蓬勃、跨越发展的南科大了。

《南科大创校记》比较系统地记录和总结了该校创建发展的历程、举措、成果和经验。作者沈清华 1995 年北京师范大学教育系硕士毕业后，长期从事媒体工作，他观察、研究、采写南科大的创校史，既有教育的专业眼光，又有媒体人的大众视角。因此，该书兼具专业性和可读性的特点，无论是教育工作者、学生、家长，还是其他读者，阅读这本佳作，相信都会有所收获。

南科大既往很精彩，未来更可期。今年学校成立十周年，祝未来更上一层楼，早日建成世界一流的研究型大学。

是为序。

2020 年 12 月于北京

序　二

郭雨蓉

　　南方科技大学的创建发展凝聚了无数人的心血和智慧。从 2010 年 12 月 20 日获教育部批准筹建算起，今年正好是南科大建校十周年。十年在历史的长河中只是沧海一粟，但对南科大这样一所为中国高等教育改革探路的创新型大学而言，却是一段波澜壮阔的历程。决策者的远见卓识、改革者的敢闯敢试、参与者的支持奉献，共同绘就了一幅勇担使命、拼搏奋斗的南科画卷。

　　我与南科大有不解之缘。2009 年 8 月，我从深圳市环保局局长调任深圳市教育局局长，此后又兼任深圳市委教育工委书记。恰逢国家教育改革发展的时代浪潮，深圳教育取得了一系列丰硕成果。深圳成为国家教育综合改革试点城市和广东省首批推进教育现代化建设先进市。其间，深圳高等教育取得重大突破，先后获批筹建南方科技大学、香港中文大学（深圳）、哈尔滨工业大学（深圳）、深圳北理莫斯科大学和深圳技术大学等多所高校。筹建南科大是我上任伊始最重要的工作。南科大肩负着深圳对世界一流大学的渴望和梦想，从酝酿开始就定位为国际化高水平研究型大学。

　　我有幸全程参与了南科大的酝酿、创建和办学。从办学方案的论证制定到向教育部的一次次汇报，从获批筹建到正式批准办学，从《南方科技大学管理暂行办法》的制定到基于高考的综合评价录取模式讨论……我亲身参与了南科大建设发展的每一个重要时刻。

我迎接过南科大的三位校长和一位党委书记。南科大的快速成长，离不开一代又一代人的薪火相传、接续奋斗。

2009 年 9 月 10 日，第 25 个教师节，深圳市政府在五洲宾馆举办了一场重大的教师节庆祝活动——中国科学院院士、中国科学技术大学原校长朱清时从时任深圳市代市长王荣手中接过了南科大创校校长的聘书。朱校长也成为南科大第一任党委书记。还记得会上会下，朱校长兴奋地讲述南科大未来的规划和学生培养的理念，神采飞扬、激动人心。当时他眼中真挚的光芒至今仍深深印在我的脑海中。很多筹办初期加入南科大的同志，都被朱校长的激情所感动，被朱校长的人格魅力所折服。万事开头难。朱校长以科学家的执著、教育家的担当、改革家的胆识，全面推进南科大的创建。他带领南科大的五年，是树立大学理想、明确发展方向的五年；是植入改革创新基因、回答时代之问的五年；是推动一所创新型大学从无到有并在国内外形成一定影响力的五年。

2014 年 1 月 21 日，在新落成不久的南科大校园，上级宣布时任深圳市委常委、公安局局长李铭出任南科大第二任党委书记。李铭同志是管理学博士，1988 年年仅 33 岁的他就破格提拔成为西安交通大学副教授，任深圳市公安局局长只是他职业生涯的经历之一。李书记的到来让南科大得到各方面更大力度的支持。南科大刚刚搬入新校园、扩大招生规模后遇到的难题，包括实验室建设、校园安全、过渡空间改造、校园二期建设规划和报批、建章立制等，都得到及时有效地解决，大大夯实了学校的发展基础。李书记还推动了"联合国教科文组织高等教育创新中心"落户南科大。该中心是联合国教科文组织在我国设立的第一个高等教育二类机构，在支持亚非发展中国家提升高等教育质量、促进教育公平方面作出了重要贡献。

2015 年 3 月 24 日，在市政府常务会议室，中国科学院院士、北京大学原副校长陈十一从时任深圳市长许勤手中接过聘书，成为南科大第二任校长。陈校长提出的"扎根中国大地办世界一流研究型大学"的目标和"创知创新创业"的办学特色，得到社会各界的高度认可。我记得陈校长的一张照片，那是他离开北大前站在蔡元培像前的留影。照片上，陈校长目光坚定、神情坚毅，透露出办好南科大的坚强决心。陈校长是具有国际视野和家国情怀的科学家和教育家。他在南科大的五年，是筑实四梁八柱、夯实办学根基的五年，是学校全面提速、取得突破性成果的五年。他坚定走国际化道路，集聚全球高端人才，奠定了南科大快速发展的动能。他结合国际科技前沿和国家战略需求，构建学科发展新格局，凝聚了南科大快速发展的势能。

2016 年 6 月 28 日，与南科大并肩同行七年的我，出任南科大第三任党委书记，成了一名名副其实的南科人。这种转变于我而言亲切而温暖。上任后，有领导问我："到南科大之后感觉怎么样"？我说："在外面看南科大，好；在里面看，更好！"在过去近五年时间里，作为党委书记，我积极主动地为学校发展做好各项工作，特别是在加强党的领导把握办学方向方面，提出了"争做中国特色社会主义大学范例"等理念。经过和校长的通力合作，以及校领导班子的共同努力，南科大发展势头迅猛，在人才引进、学生培养、科学研究、社会服务、体制机制改革等方面成效显著，入选广东省高水平大学重点建设高校，走出了一条具有中国特色、时代特征、深圳特质的高等教育跨越式发展之路。广东省委副书记、深圳市委书记王伟中称赞南科大"是深圳奇迹的精彩演绎"。

2020 年 11 月 19 日，在建校十周年前夕，中国科学院院士、清华大学原副校长薛其坤出任南科大第三任校长。薛校长到任第二天就风尘仆仆赶赴理学院和工学院调研，和教学科研一线的教授们亲切交流，中午还在学生食堂与同学们共进午餐，充分展现了求真务实的科学家精神。对于南科大的未来发展，薛校长有着清晰的目标和深入的思考。他提出校训校风学风的"百年之问"和南科大再出发的"2035 年之问"，指出南科人要具有"卓越思维、使命思维、非常思维、辩证思维"，南科大要成为"有理想的大学、敢担当的大学、勇改革的大学、有理性的大学"。他提出新时期南科大新的"三步走"发展战略，推动学校实现"建设扎根中国大地、具有全球重要影响力的新型研究型大学"的目标。

2020 年 12 月 20 日，南科大十周年校庆当天，朱清时校长、李铭书记、陈十一校长、薛其坤校长和我同框合影。这是一个弥足珍贵的历史时刻。一所新办的大学，能有中科大、北大、清华三所中国顶尖高校的资深校领导先后担任校长，这是巨大的精神财富和学术资源，让我们对明天充满信心和期待。这是一种接力传承，是一种合力奉献，更是一种初心坚守。

十年过去了，南科大这株幼苗，在深圳经济特区的创新沃土上经风雨见世面，坚强茁壮地成长。十年间，学校建设了近 80 万平方米的校舍，形成了近千人的高素质教师队伍，学生人数从 45 人发展到近 8000 人，发表科研论文逾万篇，获得科研经费近 50 亿元，成为中国高等教育界卓有影响的新型研究型大学。

值此十周年校庆之际，资深媒体人沈清华等采写了这本《南科大创校记》，以此铭记和怀念那些敢闯敢试、砥砺前行的日子，感恩和致敬所有关心支持帮助南科大成长的人士。该书呈现了南科大酝酿创建发展的历史轨迹，虽然不能涵盖所有的人和事，但它依然可以为这里曾经发生的令人瞩目的那些事件提供回忆。

这只是南科大故事的一个开篇。希望我们共同携手，续写更多南科大的"春天的故事"！

2020 年 12 月于深圳

目　录

引　言 ………………………………………………………………… 1

第一章　一座城市的大学梦

"短板"之痛 ……………………………………………………… 8

新大学曙光初现 ………………………………………………… 13

兴办私立大学"受挫" …………………………………………… 17

"南科大"隆重面世 ……………………………………………… 20

精兵强将组成筹建办 …………………………………………… 23

举全市之力办一所大学 ………………………………………… 26

"与城市匹配"的高端定位 ……………………………………… 31

论证会差点"白开了" …………………………………………… 34

"不宜设置"的背后 ……………………………………………… 39

引才方案"精雕细琢" …………………………………………… 43

朱清时当选创校校长 …………………………………………… 47

朱校长的"办学宣言" …………………………………………… 52

再次向教育部申报 ……………………………………………… 56

看到了"批筹"的希望 …………………………………… 59

不能有一项工作掉队 …………………………………… 63

第二章　办学在风雨中启航

教育部正式"批筹" …………………………………… 72

"准生证"来之不易 …………………………………… 75

终于有了启动校区 …………………………………… 79

"逼"出来的自主招生 ………………………………… 84

45 个勇敢的"小白鼠" ……………………………… 89

三位院士给教改实验班上课 ………………………… 95

选拔局级副校长的风波 ……………………………… 98

对参不参加高考意见不一 ………………………… 101

港科大三位教授离开 ……………………………… 105

第一批签约教师到位 ……………………………… 109

首个书院揭牌 ……………………………………… 115

毕业出路令人惊喜 ………………………………… 117

一起创造历史 ……………………………………… 121

第三章　跃升新平台

拿到正式"出生证" ………………………………… 128

首创"631"招生模式 ……………………………… 132

在 8 个省录取 188 名 ……………………………… 136

全员致力推广招生 ………………………………… 140

人才引进大提速 …………………………………… 143

高起点建设学科体系 ·· 148

以学生发展为中心 ·· 150

成立教育基金会 ·· 153

搬进新校园 ·· 157

第四章　建设一流校园

争抢南科大落地 ·· 164

全球邀标设计校园 ·· 168

按办学理念修改设计方案 ·· 172

规模空前的大拆迁 ·· 177

双方成了好邻居 ·· 183

最好的楼是学生宿舍 ·· 187

老厂房有了新用途 ·· 191

美丽校园彰显一流气质 ·· 197

第五章　实现跨越发展

陈十一出任第二任校长 ·· 206

高端人才的向往之地 ·· 210

学科水平快速跃升 ·· 215

一流的教学科研设施 ·· 221

国际化步伐铿锵有力 ·· 225

高端成果迎来"爆发期" ·· 230

报考人数年年"飞涨" ·· 235

本科毕业生多数继续深造 ·· 241

反哺力越来越强⋯⋯⋯⋯⋯⋯⋯⋯⋯⋯⋯⋯⋯⋯⋯⋯⋯⋯247

各种荣誉纷至沓来⋯⋯⋯⋯⋯⋯⋯⋯⋯⋯⋯⋯⋯⋯⋯⋯⋯252

排行榜上耀眼的"新星"⋯⋯⋯⋯⋯⋯⋯⋯⋯⋯⋯⋯⋯⋯256

第六章　为中国高教改革探路

沿着正确方向"探路"⋯⋯⋯⋯⋯⋯⋯⋯⋯⋯⋯⋯⋯⋯⋯264

出台南科大"基本法"⋯⋯⋯⋯⋯⋯⋯⋯⋯⋯⋯⋯⋯⋯⋯268

首创公办大学理事会制度⋯⋯⋯⋯⋯⋯⋯⋯⋯⋯⋯⋯⋯273

实行 Tenure Track 制 ⋯⋯⋯⋯⋯⋯⋯⋯⋯⋯⋯⋯⋯⋯277

"教授治学"和"学术自由"⋯⋯⋯⋯⋯⋯⋯⋯⋯⋯⋯⋯281

入学不分专业的宽基础培养⋯⋯⋯⋯⋯⋯⋯⋯⋯⋯⋯285

书院制和"双导师制"⋯⋯⋯⋯⋯⋯⋯⋯⋯⋯⋯⋯⋯⋯289

学位授予权上的突破⋯⋯⋯⋯⋯⋯⋯⋯⋯⋯⋯⋯⋯⋯⋯294

结　语

因"改革创新"而成现象⋯⋯⋯⋯⋯⋯⋯⋯⋯⋯⋯⋯⋯301

后　记⋯⋯⋯⋯⋯⋯⋯⋯⋯⋯⋯⋯⋯⋯⋯⋯⋯⋯⋯⋯⋯313

引　言

2020 年 6 月 12 日上午，深圳市民中心一间会议室。

"我刚刚看到泰晤士大学排名，你们南科大怎么排那么高啊？国内第八，我都不敢相信了！"

见到南科大党委书记郭雨蓉，吴以环副市长快言快语，语气惊喜中带着自豪。

如今，面对好像突然间崛起的南科大，不少人都感到很"惊讶"。

2020 年 6 月 4 日，南科大举办创建发展座谈会，出席者有深圳市原副市长唐杰，原市规划局局长王芃等嘉宾，他们是创建南科大的亲历者、参与者和见证者。"南科大发展太快了，远远超出我们当年的预想！"谈完当年那些激动人心的创建往事，郭雨蓉特地带他们乘上电瓶车在校园各处转了一圈，一路上边看边介绍，过程中几位嘉宾赞不绝口，感慨万千。

深圳市政协原主席王穗明对南科大创建发展曾倾注大量心血，2020 年 10 月 26 日，她专门来学校参加创建发展座谈。了解学校最新发展情况之后，她兴奋地表示：南科大初创时期经历了不少风风雨雨，过程十分不易，但现在学校发展得出乎想象地好，让我们觉得过去所有的付出都非常值得！南科大过去不负众望，未来更值得期待。

11月4日，深圳市市长陈如桂来校调研，参观校园，听取时任校长陈十一院士等校领导和教师的汇报。他对南科大办学取得的成就给予高度评价："南科大是高等教育改革创新发展的一面旗帜，是深圳高等教育发展的一张亮丽名片，也成为了深圳教育发展的奇迹！"

走进南科大，了解它过去10年的发展，你也会惊诧、惊喜、赞叹！

这里有一流的校园。在寸土寸金的深圳，南科大占地多达194.38万平方米。校园里有小山、小湖，有大河、小溪，被称为"九山一水"。一栋栋不高的楼舍坐落其间，视野开阔，丝毫没有高楼林立的压迫感。到处树木葱茏，绿草如茵，人文与自然融为一体。走进校园，环境宁静，身心愉悦，不愧是读书求学的好地方。

这里有一流的科研大平台和实验室。学校共获批建设科研平台69个，其中国家级1个、省部级21个、市级47个。学校拥有3个诺贝尔奖获得者牵头的科研机构。学校冷冻电镜中心，全部建成之后规模将位居国内第一，全球前三。这些国际先进的设备、设施，为师生科研提供了强有力的支撑。

这里有一支响当当的教师队伍。截至2020年底，在签约引进的千余名教师中，有国内外院士43人（其中全职院士23人）、国际会士45人、教育部特聘专家30人。教学科研系列教师90%以上具有海外工作经验。2020软科中国大学高端人才排名，南科大位列中国高校第8位。

这里本科报考人数年年飞涨。2020年本科报考人数突破43000人，录取率约为2.5%，过半省份的录取新生高考平均成绩进入理科前1.5%，各省录取平均分高于原一本分数线110分左右。这里本科生毕业后，超六成进入国内外名校继续深造。

这里国际化特色鲜明。学校与来自38个国家和地区的135所境外机构形成了合作伙伴关系，其中有 44 所高校在泰晤士高等教育（THE）世界大学排名中位列前 100 名。学校有 93 个国际学生交流学习项目，每位本科生学习期间至少有一次出境学习交流的机会。

这里高端科研成果不断涌现。仅 2020 年 5 月一个月，学校教师就在世界顶级学术刊物《科学》《自然》主刊发表 7 篇科研论文。在自然指数（Nature Index）排名（2019.7.1—2020.6.30）中，南科大加权论文值位列全球高校第 58 位、中国内地高校第 17 位。

这里的科技创新正在大力反哺社会。学校与政府、企业携手推进产学研合作，2019 年度实质性合作的企业超过 130 家，一批优秀成果转化成了科技生产力。

这里在世界各大高校排行榜中，名次令人瞩目。在 2020 年泰晤士高等教育世界大学排名中，南科大居亚洲第 33 位、内地第 8 位。在 2021 QS 世界大学排名中，南科大位列中国内地高校第 14 位。在泰晤士高等教育世界年轻大学排名中，南科大 2020 年蝉联中国内地第 1 名。

从获批筹建，至今刚刚 10 年。一组组数字，一项项成果，一声声赞叹，都在告诉人们：南科大创造了中国高校创建发展的一个奇迹！

奇迹是怎么来的？最近，笔者通过访谈参与南科大创建发展的人士，并查阅大量相关资料，写成本书，试图给读者展示南科大辉煌而艰辛的创校史，揭开其奇迹背后的"秘密"。

第一章

一座城市的大学梦

进入新世纪，一个老问题仍然困扰着深圳这座年轻的城市：经济高速发展，规模快速扩大，高等教育这块"短板"却始终没有补上。

2007年春天，在一番大规模调研和办学尝试之后，深圳决策者果断拍板：高起点创办南方科技大学，定位要与这座城市匹配！

立即抽调人马成立筹备办。在深圳市民中心几间半地下室的房间里，筹备工作迅速展开。制订筹办计划，论证、修改办学方案，启动校园基建，引进高端人才，深圳举全市之力，以齐头并进的方式推进学校筹建工作。

首期目标：满足审批条件，获得教育部"批筹"。

然而筹建之路走得并不畅顺，辛苦自不必说，挫折随时而来。专家论证会开完，被告知不出具评审意见。此事解决后，将申办报告递交上去，半年后教育部批复：不宜设置！

社会疯传主管部门不支持深圳新办大学，南科大"黄"了！但筹备人员却从教育部批复的一句话里找到了"希望"。深圳坚定信心，继续以改革的方式加快筹备，咬定青山不放松，坚决要把南科大办起来。

聘请猎头公司，全球遴选校长。但最合适的候选人朱清时院士却无意参选，怎么办？求才心切的深圳"三顾茅庐"，以极大的诚意打动了这位知名的教育家。

朱清时院士上任之前，先给市领导写信提出自己的办学方略。深圳拿到常委会讨论，对信中建议几乎"照单全收"，彰显了对人才的尊重。

筹备快速推进，条件逐步成熟，深圳再次申报。其间，不断汇报沟通。教育部最终表态：支持创办南科大！

"短板"之痛

创建南科大，是深圳这座城市自 1983 年创办深圳大学以来，深圳市委、市政府在高等教育投入方面最重要、最关键，也是最及时、最英明的一项决策，这项决策的背景和缘由是什么呢？

要回答这个问题，我们先简要回顾一下南科大创建之前，深圳社会经济和高等教育发展的情况。

1980 年 8 月 26 日，全国人大常委会批准在深圳设立经济特区，从此，南海之滨的这块热土上，一个个"春天的故事"传奇式地上演。经济高速发展，人口快速聚集，城市迅速崛起，一夜城的神话让深圳声名大振，备受国内外关注。

在深圳高速发展过程中，高等教育却始终不尽如人意。虽然决策者深知高等教育对一所城市发展的巨大支撑和推动作用，曾经有过"卖掉裤子也要把深大建起来"的抉择，也在较短时间内从无到有地建立起深圳高等教育的完整体系，但从高等教育规模、结构、质量、效益来分析，总体上仍然远远落后于经济社会的发展。

当笔者把日历翻到 2004 年，查阅大量资料之后，发现这样一些数据：

这一年，深圳地区生产总值 3422.8 亿元，同期北京 4283.3 亿元、上海 7450.3 亿元、广州 4450.55 亿元、苏州 3450 亿元。

这一年末，深圳常住人口 597.55 万人，同期北京 1492.7 万人、上海 1352.4 万人、广州 966.06 万人、苏州 590.57 万人；深圳、北京、上海、广州四所城市本科以上人口占总人口比例分别为 8.38%、18.4%、12.2%、10.3%。

从这些数字可以看出，深圳经济发展牛气冲天。一个边陲小镇，经过20多年发展，地区生产总值居然与千年古城苏州比肩，是首都北京的近八成，人均产值更是位于几大城市之首。同时，在人口方面深圳也跻身大城市之列。

看完经济和人口的数据，再看深圳高等教育与其他城市的几组对比数据：

这一年，深圳有深圳大学、深圳职业技术学院、深圳信息技术学院，以及北京大学、清华大学、哈尔滨工业大学在深圳办的研究生院等9所高校，同期北京77所、上海59所、广州52所、大连18所、杭州36所、青岛28所。

这一年，深圳在校大学生人数是4.1万人，同期北京50万人、上海41.6万人、广州46万人、大连15.7万人、杭州31.4万人、青岛18.4万人。

这一年，深圳每万人在校大学生人数是69人，同期北京335人、上海314人、广州634人、大连281人、杭州460人、青岛222人。

不用多说，一眼就能看出结果：深圳高等教育状况与经济和人口发展极不匹配，与北上广超大城市比起来，简直不在同一层级上，就是与经济不如深圳的杭州、青岛相比，也落后一大截。

现已退休的深圳市教育局原巡视员梁北汉曾参与创办深圳大学，1997年调任市教育局任高教处处长，2001年任市教育局副局长，分管高等教育，后来又成为南科大筹备办首任主任，是深圳高等教育的"活档案"。他形象地把这种"不匹配"描述为："深圳经济社会的发展好像开了火车在走，深圳高等教育发展像骑个自行车拼命追赶，距离越来越大，不相适应的矛盾越来越突出。"

这里还要提一下，当年深圳教育有个奇特现象：高教弱，基础教育却发展迅速，实力不凡，至2003年，全市6区全部建成省教育强区，90％的镇建成教育强镇。基础教育的"强"，反衬了高等教育的"弱"。深圳高教规模小、学位短缺，而且没有一所在全国叫得响的高水平本科院校,基础教育培养的优秀生源,在本市找不到好的"出口"。

深圳高等教育一直是这座城市的"短板"，这块短板，很多年都在制约这座城市的方方面面。

2004 年 7 月 16 日，深圳多家媒体同时刊登一则消息：深圳大学校长谢维信透露，正在积极争取国家有关部门批准，再扩招 500 个名额，主要面向深圳本地上线生源。

在此之前，深大已经连续多年在高考成绩公布之后，迫于各方压力临时扩招。之后，这种临时扩招还不得不继续，比如 2005 年扩招 500 人，全部招录深圳生源。直到 2009 年，我们仍能查到深大在原计划招生名额 57％ 用于深圳生源的情况下，又临时扩招了 600 人，增加的名额还是继续招深圳学生。

深大很无奈，"苦"不堪言。年年大幅扩招，造成校舍和师资等教育资源紧张异常，以至于对临时扩招录取的深圳学生，有时只能实行走读，提供不了住宿。另外，在内地省份的录取线早就超过重点线好几十分的情况下，深大不能，也不敢增加外地生源比例，这对学校提升办学水平，无疑极其不利。

深大很无奈，深圳市领导和市民也很无奈，毕竟孩子求学深造是大事，必须想办法解决。中国自 1977 年恢复高考以来，一直是"计划招生"，招生名额要纳入计划批准。本地高校招生向本地倾斜相对容易，但要争取外地高校在本地多招点学生，难于上青天。那些年，深圳仅有深大这一所综合性本科高校，深圳高中毕业生年年暴增，深大不担下这个责任，谁担？

深圳的高校现状，严重满足不了急剧增长的深圳学子希望接受高等教育的需求。不仅质量上满足不了，连数量上也相差甚大。

短板之痛，还表现在对深圳经济，尤其是高新技术产业缺乏有力的支撑上。

深圳经济的高速增长，起步于"三来一补"。但先知先觉的深圳人知道，这种低端的经济模式不可能支撑城市的长远发展。因此，早在20世纪90年代，政府和民间都在致力于产业转型升级。1999年深圳成功举办首届中国国际高新技术成果交易会，就是一项极其重要的宣示和行动。

到2004年，深圳的产业升级已成效卓著，当年高新技术产业产值3266.52亿元，占规模以上工业总产值的51.33％，早已成为深圳第一大支柱产业。如果说支撑"三来一补"的人力资源主要是那些心灵手巧的年轻打工仔、打工妹，高新技术产业等高附加值的产业则需要更多具有高知识、高技术含量的白领、金领人才。这些人才哪里来？过去深圳主要依靠经济特区的先发优势，吸引"孔雀东南飞"，但随着内地改革开放的深入，对人才的吸引力日渐增强，深圳的"独家优势"风光不再。

当年深圳对外部人才的依赖达到什么程度？深圳市教育局提供给市政府的一份材料显示：2001—2005年市外院校毕业生占全市接收的理工类毕业生的93.55％。

翻看2004年1月5日的《深圳特区报》，上面有这样一则消息："2004年应届大中专院校毕业生就业双向选择大会定于本月7、8日在高交会馆举行。根据初步统计,我市今年需求应届毕业生2.3万名，其中从市外拟接收1.5万名，本市院校毕业生8000名。"一座城市对高校毕业生需求的近三分之二要依赖外地院校，显然培养人才需求十分紧迫！

高校除了向社会输送人才之外，还是一个"创知"的高地，一些科研成果可以直接推动产业发展，甚至催生一个新产业。但那些年的深圳，高校的科研实力不是一般地弱。深圳市 2006 年才有专业人才在《自然》上发表首篇论文，作者是清华大学深圳研究生院的教授级高级工程师刘仲健。曾任南科大筹备办综合组组长、现任深圳市教育局副局长的许建领坦率地说："过去宣传深圳自主创新，常说深圳 90% 以上的研发机构设立在企业，90% 以上的研发人员集中在企业，90% 以上的研发资金来源于企业，90% 以上的职务发明专利出自企业，四个 90% 确实令人自豪，说明深圳的企业强，自主创新的市场化程度高。但作为教育人，总感觉有点不安甚至羞愧：这些数字的背后，是早期深圳高校的科研实力不够强！"

深圳高教的短板，不仅制约着深圳经济的升级发展，满足不了市民需求，对城市形象、地位也是"减分"。世界上国际化大都市都是高校云集的地方，并且至少有一两所世界知名高校。比如当时纽约有大学 90 多所，其中哥伦比亚大学世界排名位居前列；东京有大学 190 多所，东京大学全球闻名。深圳那时提出要建国际化城市，但在很多人眼里，深圳就是经济"暴发户"，是"文化沙漠"。

"走在外面，说起经济，我们底气十足，腰板硬得很，自豪感、幸福感满满，但一说到高校，立马就蔫了！"这是很多深圳人的共同苦恼。

短板有多"痛"，深圳决策者们身处其中，早就有深刻体会，也一直在思考如何实现深圳高教的跨越式发展。2000 年开始创建大学城，盖好校舍，引进北大、清华和哈工大来深办学，以期达到"深圳无名校，名校在深圳"的效果，就是一项具体的行动。

但 2004 年的一系列数字已经说明，短板之痛，仍没有缓解，甚至在一年年加重。

如何破解？深圳的决策者在思考，深圳的市民在期待，都很急迫！

新大学曙光初现

2004 年 7 月 14 日下午，深圳会堂，市科技、教育、人才工作会议在这里隆重召开。时任市委书记黄丽满作大会报告，市长李鸿忠主持。这次高规格的会议对深圳高等教育来说，是一个令人憧憬、让人振奋的新起点。

黄丽满的报告，提出深圳的三大目标：建设高科技城市、教育强市和人才良港。三大目标，教育是基础。教育发展的目标是：2010 年要"基本实现教育现代化"，高教要"大力发展"，届时，全市高校全日制在校生要达到 8 万人。

最为关键的是，在这次会议上市委、市政府正式颁发了《关于加快推进教育现代化的决定》（以下简称《决定》），提出"采取积极引进、合作办学、鼓励社会资本投资办学等形式，实现高等教育跨越式发展"，并要求立即行动起来，"抓紧论证增设本科院校的必要性和可行性"。

参与《决定》起草的梁北汉回忆当年情景，仍掩饰不住内心的激动，他说："那时候从市领导到市教育局和各高校领导，都想铆足劲把深圳高等教育搞上去，加快论证、增设一两所本科院校，已经成为上上下下的共识。"

新增一两所本科高校，在市教育系统内部其实早有这种设想。2002 年 1 月，理工科出身的吴惠琼成为市教育局高教处处长。她说，为了恶补高教知识，专业上更进一步，她邀请了几位教育专家作为"外脑"，包括深圳大学张祥云、李均，深圳职业技术学院邓耀彩等，几个人经常一起海阔天空地聊深圳高教发展思路。几次聊下来，大家碰撞出一个共同的想法：深圳要新建一所本科高校。

"市政府为起草《决定》征求意见时，我们高教处多次提出要把新建大学的意见写进去。"吴惠琼说，为了推动深圳高教事业的发展，高教处当时想了很多办法。

2005 年 7 月，市教育局专门成立课题组，由时任局长张宝泉任组长，一场大规模的高教调研迅速展开。上面提到的那几位，专业底子厚，研究能力强，个个年富力强，自然成了课题组的成员。此外，调研组成员还包括已从深大调入高教处的许建领。

"在我的记忆里，课题组主要去了西安、宁波、青岛、大连和香港。同时还通过广泛收集资料、人物访谈等途径，对以色列、日本、韩国、美国等国家的高等教育进行了比较研究。"梁北汉介绍，调研的目的性很强，实地去的高校都经过了认真筛选，先后去过香港科技大学、宁波诺丁汉大学、华中科技大学、大连理工大学、中国海洋大学、中欧国际工商学院、西安外事学院等，有 20 多所。"像港科大等重点关注的高校，还不止去一次。这些学校对我们很热情，很支持。每次去港科大，他们都会耐心介绍情况，提供资料，所以收获很大。"

笔者查到课题组留下来的几份调研报告，从中可以想象当年的调研情况。其中一份是去大连、青岛调研后向市教育局领导提交的，落款时间是 2005 年 8 月 24 日。这份 5300 多字的报告显示，去两座城市只有短短 3 天时间，与当地教育主管部门座谈，实地看了 3 所大学，可谓"马不停蹄"。但从结果来看，收获不小。对两地高等教育发展现状、特点做了全面了解，尤其是对他们的经验和思路于深圳有什么启示，报告给出了针对性很强的建议。比如大连和青岛对高层次人才引进的优惠政策力度很大，当时专职院士分别达到 9 人、14 人，而深圳仅有 1 人，报告强烈建议加快制定出台《深圳市高等学校"鹏城学者计划"实施办法》；在如何发展高等教育上，深圳要以更大的力度创新体制机制；等等。

大调研的核心任务，是要"论证增设本科院校的必要性和可行性"，对深圳究竟应该增设什么样的本科院校，以及采取怎样的方式举办，要进行论证并提出方案。

作为一心想干点实事的高教处处长，面对深圳高教现状，吴惠琼很是心急。调研过程中，她更深刻地认识到深圳高教之弱，在国内大中城市中，高教指标排名还未进入前 40 名，在 5 个计划单列市中排在末位。"在提交给上级的报告里，我们在列出与北上广这类超大城市，以及青岛、大连、西安这类城市对比数据的同时，甚至还列出了与今天看来是三、四线城市的对比数据。"吴惠琼如今直率地承认，"把深圳高教规模不够和省级重点实验室极差的情况写进报告，就是想刺激一下大家，进一步统一发展高教的思想，增强紧迫感！"

大调研开阔了眼界，深圳增设本科院校的思路逐渐清晰、明朗起来。

思路上最大的变化是定位从"综合性""一般性"向"理工类""高水平"的方向聚焦。

"不能重复办一所与深大定位一样的高校，两者一定要有差异，要高起点。"一位参加当年调研组的人员介绍，包括很多人大代表、政协委员在内，在这一点上的想法越来越统一、坚定。深大最初的定位主要是为解决深圳市民子弟读书问题，还有外来劳务人员的继续教育问题。

渐渐地大家把目光投到了"理工类"大学上，因为世界各地有多所这类大学创办时间不长就成了世界名校，最典型的就是距深圳很近的港科大。于是课题组有意识地加深了对港科大、加州理工、英国华威大学、华中科大、中南大学等高校的研究。"研究越深入，我们越受鼓舞，办理工类高校可以实现短时间内的超越，看来还是可以的。"吴惠琼谈起这段经历仍然很激动，"找到了一条跨越式发展的'捷径'！"

定位明确之后，设想中创办的大学名字也随之有了：深圳科技大学。

2005年10月20日，作为这次高教大调研的重要成果之一，一份长达15000多字的《创办深圳科技大学研究报告》正式出炉，很快递到了市领导的案头。沉甸甸的报告里，列举了大量翔实的数据和精彩的案例来论证创办深圳科技大学的必要性与可行性，指出深圳建设国际化城市和自主创新型城市，需要创办一所有国际影响力的大学，而且从国内国际案例来看，深圳完全有能力在较短的时间内达到目标。

深圳科技大学的目标定位是：实施大学教育、科技、经济一体化发展战略，采用全新的办学体制和灵活的运行机制，构建基础研究、应用研究和产业开发三位一体的三重螺旋模式，将人才培养、研究开发与产业发展紧密结合起来，力争用10年左右的时间，办成国际知名的高水平创新型科技大学。

报告特别强调要通过体制机制创新，突破深圳高等教育发展的瓶颈，从而实现跨越式发展。对学校经费投入、人才引进、学科建设、大学章程、校园选址等方面，报告提出了不少创造性构想。

在办学模式上，报告建议采用"市政府投入为主"或"社会投入为主"。

"这份深科大的创建报告，在论证过程中征求了市里很多部门的意见，我们跟发改部门、财政部门沟通最多。意见收集起来之后，我们再反复修改。"吴惠琼说，"报告凝聚了多人的智慧。"

兴办私立大学"受挫"

《创办深圳科技大学研究报告》上报之后，市里多位领导在不同场合对报告表示肯定，认为调研扎实、视野开阔、富有新意。但究竟怎么办、采取什么模式办，在短时间内并没有最终决定，更没有成立专门机构来推进，市领导在观察、思考。

2006年5月，一封饱含深情的信送到了深圳市政府主要领导手里，信中提出捐资20亿元，由深圳市配套20亿元、划拨3平方公里校园用地创办一所世界一流的私立大学。这封信被高度重视，一场创校谈判就此展开。

写这封信的是著名华侨企业家郭鹤年，郭先生是嘉里集团董事长，享有"酒店大王"和"亚洲糖王"的美誉。他是马来西亚首富，多数时间住在香港，对祖国充满深厚感情。在内地创办一所大学是他多年的梦想。

在深圳正积极准备办一两所新大学的时候，有人主动提出拿出一大笔钱要在这里创办一所一流的私立大学，对深圳来说，当然是千载难逢的大好事。市主要领导立即要求市教育局落实跟进，尽早拿出方案，并亲自带队去香港，拜会郭鹤年先生，商谈办学的具体事宜。

前面提到，在市委、市政府颁布的《关于加快推进教育现代化的决定》里，"积极引进、合作办学、鼓励社会资本投资办学"是重点倡导的三大办学模式，深圳对教育总投入中社会资本投入的占比还做了明确规定，希望促进社会资本投入。那时候深圳连一所在全国有点影响的民办大学也没有，而西安等城市，课题组专门去调研过，民办大学办得风生水起。引入社会资本办教育，一方面是希望带来更加灵活的机制，办出更有特色的教育满足不同需求，另一方面也可减轻财政的负担。

市教育局围绕郭鹤年提出的办学思路，结合原先课题组所做的《创办深圳科技大学研究报告》，在当年8月起草了《筹建深圳科技大学办学方案》报市政府。方案提出公办、私立、合作办学三种模式，并拟出了私立模式的谈判要点和时间表、工作方案，操作性很强。

曾参与此项工作的许建领介绍，私立办学模式由郭鹤年投资，市政府在无偿提供土地之外，还给予科研经费资助和助学贷款贴息等补贴，目标是经过若干年努力，办成世界一流创新型理工类私立大学。公办模式以市政府投入为主，积极吸引社会捐赠，目标是力争用15年左右的时间，办成国际知名的高水平创新型科技大学。合作办学模式是希望引入郭先生的资金到深圳合办大学，但后来经过分析，该模式容易引发较多问题，难以实施，很快被否决。

有一次吴惠琼去香港见郭鹤年的一位副总，带去了经过认真准备的私立大学的办学方案。在经费和人员投入的测算上，方案写得非常细致。"就是第一年需要投入多少经费，每年在招多少学生和多少老师的情况下，要投入多少经费。测算的结果是几年下来，至少要投入100多亿，郭先生计划投的钱虽然不少，但相对办一所大学的投入还差得远，根本不够用。"她说。当时用的测算工具，是高教处自己研究发明的一个电子表格，很管用，后来深圳所有新建的大学，都是用这个表格测算预算。

郭鹤年的副总看到这份方案，感到有些出乎意料，办一所私立大学居然要投入那么多钱，而且过程还那么复杂。自此，他们沟通办学的热情大减。在此过程中，深圳市政府方面也越来越觉得依靠私人资助模式，很难在较短的时间内办出一所高水平的大学，比如私立大学初创期间，要向上级争取允许破例先招硕士、博士等，可能会比公立更困难。

到 2006 年 10 月底，经过半年的沟通协商，双方主动终止了这项谈判。

在与郭鹤年商谈办私立大学的同时，深圳也在积极大胆地尝试其他办学模式。吴惠琼查阅当年高教处发文记录发现，她们谈过合作的高校还真不少。"跟香港科技大学谈过办深圳研究生院，还有跟内地的几所高校谈过来这里设分校。"在办学方式上，提出过在深圳大学先办一个学院，然后再独立出来成为一所大学，借鸡下蛋。"还有人提出，先建深圳科学院，从科研起步，最后变成一所科技大学。"吴惠琼说，这些尝试和想法因为各种因素，当时都没能实现。

甚至市里还有一个大胆设想，把深圳大学城里北大、清华、哈工大的三个研究生院合到一起，组成一所新大学。这样校园有了，师资也有了，只要往本科延伸就可以了。此方案还论证过，但在讨论落地时遇到很多问题难以解决，最后只能放弃。

深圳的决策者们深谋远虑，市领导要求同步推进市政府投资新建本科院校的研究论证工作。

2006 年 11 月，在借鉴香港等地创办城市大学的经验的基础上，市教育局起草了《筹建深圳城市大学办学方案》上报市政府。方案提出按国家规定在体制内创办一所一流教学型大学，学校各项标准遵循教育部普通本科教学水平评估优秀等级的主要指标，按一流的教学型大学设计，有别于研究型大学，始终体现以教学为中心。但具体在办学定位和理念、行政管理、教师队伍、生源结构、课程设计等方面，均与国内同类大学有明显不同，创新点很多。

很明显，深圳城市大学的定位与深圳科技大学不同，创办城市大学的目的主要是满足深圳子弟接受高等教育的需要。吴惠琼说："其实就是现在的'技术应用大学'，因为深大无法解决深圳市民子弟接受高等教育的问题，我们设计的深圳科技大学也不能解决这个问题。"当然，深圳人办事的眼界和目标始终是高远的，即使是教学型大学，定位也是"高质量"，要在全国教学型本科大学中成为"有影响的大学"。

声势浩大的高教大调研和多样化的办学尝试，目的都是要为深圳这座城市找出一个最合适的模式办一所最需要的大学！时间来到2006年底，结果已经越发清晰地展示在人们面前，公办的南科大呼之欲出！

一位对深圳高教史颇有研究的学者直言不讳地告诉笔者，如今深大和深圳大学城办学质量和影响力都非常棒。但时间定格在2006年底，情况却不是这样：深大办学供需不平衡，满怀憧憬引进知名大学办的大学城也未爆发出引人瞩目的期待的效果，与郭鹤年商办私立大学的路子又没能走下去。

在这种情况下，深圳高教如何"突围"，是大家重点思考的大问题。

"南科大"隆重面世

2007年2月28日下午，春节过后的工作日，属于南科大的"春天的故事"正式精彩上演。

市委、市政府高度重视、统筹协调，开会专题研究筹建一两所大学事宜。就在这次会上，兴办南科大的计划横空出世，会后第一次写进政府会议纪要里。

参加这次会议的还有分管教育的副市长闫小培，以及教育、发改委、财政、国土、规划和法制等部门的"一把手"，筹建一所大学涉及的政府部门全部到齐。张宝泉局长在会上介绍了教育部门前期所做的准备工作。大家一致认为，与国内同类城市相比，深圳高等教育还有"较大差距"，加快新建一两所高水平的大学，是深圳高教发展的一个"重点"，"是本届政府必须加紧推进的一项重要工作"。

基于这样的共识，会议果断决定：在综合前期研究筹建深圳科技大学和深圳城市大学的基础上，先行推进一所大学的筹建，具体命名为南方科技大学。

会议还对筹建工作提出要求：南科大筹建要做到"一流的设计、一流的建设、一流的管理"；要创新体制机制；在资金来源上南科大为政府全资投入；力争在 2008 年正式开工建设；为了尽快推进，成立以闫小培为组长的"专项工作小组"。

按照党委、政府的决策程序，筹建南科大之事紧接着又先后上了市政府常务会和市委常委会讨论通过。

细心的读者会发现，市教育局调研和提交的方案一直是"深圳科技大学"，为何这次会议把"深圳"改成了"南方"？"南方科技大学"的名字究竟是怎么来的？

笔者在采访和查阅资料的过程中，咨询了多位人士，都没能给出一个明确的答案，就连当初主持撰写深圳科技大学筹建方案的人，也不了解南科大名字的来由。吴惠琼说："我们递交的材料写的是深圳科技大学，做了会议纪要下来就变成了南方科技大学。"

2020 年 6 月 4 日，"南方科技大学创建发展访谈录"第四场座谈会在南科大举行，会上，深圳市原副市长唐杰终于揭开了这个谜底：南方科技大学的名字出自有关专家的建议。

据说一位知名院士与市主要领导讨论深圳新大学建设，谈到校名时，他认为"深圳科技大学"太地域化，不够大气，应当叫"南方科技大学"，中国的南方需要一所高端的大学。这一建议即被采纳。

"南方科技大学"这个校名，自从第一次写进政府会议纪要，之后深圳有关南科大的所有材料都没做过改变。

协调会开完，市教育局马上拿出了《启动筹建南方科技大学工作方案》报市政府，提出南科大的目标定位为高水平创新型大学，在深圳高等教育体系中居于龙头地位，是深圳顶级人才的培养基地，是企业应用研究的基础平台，是深圳的城市文化象征。

"高水平创新型""龙头""文化象征"这些用词，已经给出了这所大学非同一般的高端定位，南科大可谓一出生就含着"金钥匙"。

2007年3月21日，深圳市第四届人民代表大会第三次会议隆重召开，深圳市长所作的《政府工作报告》中，赫然写着："大力推进高等教育跨越式发展，正式启动南方科技大学筹建工作。"这是南科大第一次在社会公开亮相。

市政府常务会和市委常委会讨论通过，并且写进"两会"政府工作报告，标志着创建南方科技大学在深圳市的决策程序全部完成。浓墨重彩，创建大幕正式开启！

吴以环2010年任深圳市副市长，一直分管教育工作，亲历南科大的创建过程，直接参与了许多重大事项的决策和实施。谈起深圳决定创建南科大，她表示："南科大可以说是应运而生，承载着深圳人对高等教育的梦想，做出这项决策，体现了市委、市政府对城市负责、对市民负责的历史使命和责任担当。"

为了创办新大学，深圳市教育局广泛调研、深入研究、明晰思路、提供方案，坚持不懈推动。从市教育局当年留下的大量有关发展高等教育的会议纪要、调研报告、办学方案等材料中，可以看出他们付出之多。但最关键的还是市政府在此基础上的果断抉择。

深圳"两会"的政府工作报告见报后，虽然创建南科大的内容只有短短十几个字，仍然引起深圳市民和社会各界广泛关注，因为她满足了人们沉甸甸的期待。甚至有国内专家学者主动联系市教育局，为这所仅见一个名字的大学出谋划策。

决策不易，创建更难。谁也不会想到，后面还有多少困难等着大家去面对、去克服。

精兵强将组成筹建办

创办南科大的决策做出之后，便是紧锣密鼓成立领导架构和工作队伍，提供强有力的组织保障，确保推进的力度和速度。

2007年4月30日，市政府办公厅下发红头文件，宣布南科大筹建工作领导小组成立，教育、发改、财政等9个部门的一把手担任成员。领导小组下设筹建工作组，副市长闫小培担任组长，市政府副秘书长黄国强、市教育局局长张宝泉任副组长，梁北汉担任执行副组长兼办公室主任。

"4月份市领导找我谈话，说筹建南科大，让我来做这个工作，我说，听从市里安排。"梁北汉接受笔者访谈时说。市里选人很慎重，不仅看重他当时任深圳信息技术学院副院长，更看重的是他曾在深大工作、2001年8月至2006年9月担任分管高教的市教育局副局长的经历。

5月15日，闫小培主持召开筹建工作组第一次会议，会议议定，尽快从市有关职能部门和各高校抽调精干人员组建筹建办公室，全面启动各项工作。

梁北汉抽调的第一个人是许建领，这位年轻的教育学博士理论功底深厚，视野开阔，善于沟通协调，在深圳大学高教研究所工作时，经常被市教育局临时抽去干活。2002年调入市教育局高教处，当时已担任高教处副处长。作为骨干，他参与了之前的高教大调研，不少有分量的报告和方案均出自他之手。

另一位抽调来的骨干是韩蔚，时任深圳大学直属教研部门党总支书记。韩蔚是北师大教育学博士，对高等教育有深入研究和思考，有理想，有情怀，办事能力强。曾为深大申报首个博士点立下汗马功劳，她也因此在国家教育部相关部门积累了良好的人脉关系。去深大工作前，她是市教育局办公室干部。

梁北汉、许建领和韩蔚，三人的共同经历是"深大＋市教育局"，熟悉机关和高校两方面工作，参与创建一所高水平的大学，对他们来说梦寐以求。还有一位骨干是张晓菲，时任深圳信息职业技术学院党办副主任，有很好的沟通能力，想干事，会干事。

除了上面几位之外，当时抽调的人还包括时任深职院职业教育研究所研究员邓耀彩、时任市教科院研究中心副主任颜辉、时任深圳信息职业技术学院财务处科长陈春红、时任深圳大学建筑设计研究院建筑师刘粤宁、时任深圳广电集团英语新闻节目主持人李丕懿，还有两位司机叶金华和杨勇。这些人各有特长，从5月中旬开始，陆续到位。他们都为南科大的筹建做出了应有的贡献，在南科大筹建史上，应该记下他们的名字。

筹建办成立之后，核心的任务和目标就是一个：做好筹备工作，得到教育部批准，拿到南科大的"准生证"！根据教育部相关文件规定，申请新办大学必须具备办学方案、校园、管理团队和教师团队等基本条件。筹建办围绕工作需要，内部做了分工，成立了综合组、校园基本建设工作组和教学科研筹备工作组三个部门，组长分别由许建领、张晓菲和韩蔚担任。这三位骨干是筹建办的"三驾马车"，后来在所负责的领域，都"跑"出了各自的精彩。

综合组的主要职责是对外的联络、协调，对内的日常管理。具体工作包括组织安排重要会议，起草重要材料，制定内部规章制度，做好内部人事管理，开展经费预算、申报、使用、管理及内部财务审计，做好后勤保障等。

校园基本建设工作组的主要职责是协助、协调和统筹做好校园的规划设计、校园选址片区的搬迁、校园建设项目招投标、校园建设施工等方面的工作。校园建设涉及的方面很多，专业性很强，工作量很大，实际工作主要由市国土规划等部门去做，筹备办主要是协助、协调，使校园建设更好地适应和配合南科大的创建报批工作。

教学科研筹备工作组的主要职责是做好办学的前期准备。具体工作包括制订人才招聘方案并组织实施招聘工作，研究学校教育科研新机制新模式等。

筹建办当时被安排在市民广场一层办公，一共5间办公室。说是一层，实际上是半地下室，有的连个窗户都没有。和大家原来单位的办公条件相比，要差太多。但他们也理解，市民中心政府机构多，办公室本来就十分紧张，能在这里有个地方办公就不错了。而且筹建嘛，条件太好就不叫筹建了，大家心里都有吃苦的准备。

在筹建办组建过程中，很多单位给予了热情支持。时任深圳信息技术学院院长的张基宏就对筹备办表示：要人给人，要设备给设备！因此，从他那儿抽的人最多，一共三位，办公用的电脑、打印机都是他们捐赠的，而且都是崭新的。

筹建艰难，但回忆起来也挺有意思。许建领是到筹建办报到的第一位，他给市政府写的第一份报告是对办公室的人员组成、工作职责、办公场地、办公经费、刻制公章等事宜进行请示。报告打印在一张A4纸上，既没有单位标签，也没有盖公章，只有一个手写的签字。这份报告后来被大家戏称为"白条报告"。

"2008年3月6日，市编委发出《关于成立南方科技大学筹备办的通知》，深圳市南方科技大学筹建工作组办公室更名为南方科技大学筹备办公室。"梁北汉回忆说，"我们据此办理了中华人民共和国事业单位法人证书，我是法人，这是筹备办也是筹建的南方科技大学获得的第一个证书。"自此筹备办有了一个重要的身份。

机构成立，人员到位，筹备工作拉开架势，迅速展开。他们仔细研究《高等教育法》《普通高等学校设置暂行条例》和《普通本科学校设置暂行规定》等政策法规，以尽快满足国家政策规定的办学基本条件为目标，抓准工作的"突破口"和"牛鼻子"，确立了初创时期的四项重要工作：一是提出筹办工作思路，设计筹办工作计划；二是修改论证办学方案；三是启动校园基建；四是进行人才引进工作。筹办思路和筹办工作计划关系到南科大的筹办工作怎么开展，能否顺利获得教育部"批筹"。办学方案关系到南科大怎么办，办成一所什么样的大学。校园基建水平、人才队伍建设状况是教育部考察评估新设高校的重要条件要素。

举全市之力办一所大学

南科大的筹建，有一个鲜明的特点，从一开始就是"举全市之力"，这是一座城市在办一所大学。

举全市之力，体现在市委、市政府高度重视，市领导亲力亲为参与筹备。按黄国强的说法就是："在创建过程中，市委、市政府既是决策者、规划者，也是推动者、建设者。"

笔者查阅筹备早期的资料，从 2007 年到 2008 年，市里开的关于南科大的会议超过 10 次。

筹备办工作简报记载，2007 年 8 月 7 日，闫小培副市长带队专程赴广东省教育厅汇报，研究南科大申办筹建事宜。第二天，又立即召集市教育局和筹备办有关人员开会，研究修改办学方案。

2007 年 8 月 14 日，市主要领导听取南科大筹建工作专题汇报，要求市发改委、规划等部门，把南科大筹建作为全市的重大工程办理，加快审批流程，按照一切有利于筹建的原则开展工作。

2008 年 2 月 25 日，市主要领导率相关部门负责人到南科大现场办公，解决问题。市委、市政府将克服一切困难，以最大的决心支持南科大的各项建设工作。这次现场办公会还决定，一次性增加三位市委常委担任副组长，强化指挥协调力量。

举全市之力，还体现在南科大筹建工作上，是深圳市所有相关部门合力推动，真正是"同创"。

深圳创办南科大，教育部门是主力，但同时汇聚了深圳很多部门的力量。笔者查阅当时的任务分工情况，全市至少有教育、发改委、规划、国土、建设等十几个市直属部门领了任务，成为南科大筹备队伍的一员，有些部门的任务还非常繁重。比如，校园的规划设计，规划局来做，规划局来批。管理是他们，做规划也是他们，从头到尾都是这样。

"那段时间，所有参与者围绕一个目标，激情燃烧，奋力工作，都希望这座城市能早日拥有一所高水平的新大学。"韩蔚说，"当时大家一起带着使命感同创南科大的那股精气神，至今让人想起来就感动。"

筹办南科大的消息公布后，深圳多个区主动找到市里，拿出地块，拿出最优惠政策，抢着要把校园落户在他们那里。南山区在这场"争夺战"中获胜后，立即成立了"南山区南科大筹建办"，全力推动拆迁工作。

"当时很多事情，根本不分你我，谁能干就干，毫不计较。"梁北汉说。2008 年 3 月底举办的南科大建设动工仪式，按道理来说，是应该筹备办来负责组织。当时他正发愁人手太少根本忙不过来时，市政府办公厅告诉他，这事由市里安排，南山区政府来组织协调。"那天现场布置得热烈隆重，井井有条，我的内心充满感激！"

举全市之力，还体现在市政府对南科大创建的投入上，有气魄，大手笔，真的是"不惜一切代价"。

首先是土地，众所周知，作为一个大城市，深圳面积狭小，只有约 1997 平方公里的陆域面积，原"关内"面积仅有 400 多平方公里。校园选址在寸土寸金的"关内"西丽，占地近 2 平方公里，土地是一笔巨资。此外，校园原址上当时有 3 个自然村，拆迁补偿所需费用高达 63.9 亿元，比填海造出同样面积的地费用还高。没有"举全市之力"的气魄，根本不可能把这样一块地拿出来建南科大。

其次是经费投入。南科大的办学定位一开始就是高水平的大学，高水平的办学质量，需要"高水平"的经费支持。市政府对南科大的投入是"特事特办"，高于国家标准，高于深圳其他大学，市政府会议纪要还强调，深圳其他高校在这方面"不要与南科大做简单类比"。所以后来在招聘人才时，南科大可以理直气壮地喊出"在工资待遇上向香港科技大学看齐"。

举全市之力创办南科大，涉及的部门众多，为了形成工作合力，有力、有序地推进筹建工作，筹备办在其中发挥了十分重要的统筹协调作用。

筹备办成立不久，经过大家讨论研究，许建领执笔草拟出 2007 年 5 月下旬至 9 月下旬的南科大筹建工作计划。这份计划列出了那段时间具体的工作任务、任务分解和目标要求，并明确了完成时限。2007 年 6 月 19 日，市政府办公厅为此专门给直属有关单位下发通知，强调"经市政府同意，现予转发，请认真贯彻执行"。

于是，这份工作计划的层次和效力大大提升，发文单位从"筹备办"变成了"市政府"，权威性极大增强，筹备办协调、统筹和监督起来更加容易。另外，由于是市府办下文，除了筹备办督促落实之外，市政府还有专门部门负责定期检查、督促和考核。各相关部门都指定了专门负责人，确保各项工作有力、有序地推进。

10月份，计划所列工作基本上按时推进，比如7月底之前，筹备办即已完成办学方案等材料的准备、论证和上报。规划国土部门已初步确定了校园选址，并且完成了校园的概念设计。这些重要工作的及时完成，有力地确保了申报的进度按计划推进。

"第一份工作计划对推动整体工作的效果十分明显，实现了开门红，于是我们在10月份又制订了2007年10月至2009年9月的工作计划。"梁北汉介绍，这份计划跨越的时间更长，涉及的工作更多，有了第一份计划的经验，这份计划也更加科学、细致。为了使计划更切合实际，筹备办还专门给所有参与部门发送征求意见函，吸纳他们的意见。

在第二份工作计划里，笔者看到将申报材料递交教育部，跟进审批筹建进程，配合好教育部组织的考察、评议，加快校园选址拆迁，校园规划建设，包括校长在内的人才引进，做好教学科研的前期筹备，调研制订学校正常运行的一些基本制度等，成为这一阶段主要的工作任务。

第二份工作计划的时段还未结束之前，筹备办又根据最新情况，拟定了第三份工作计划。2008年3月18日，市政府办公厅转发第三份工作计划。这份工作计划专门附上任务分解表，分项列出主要工作、具体内容、目标要求、工作时限、主办单位和协办单位，干什么、谁来干、在什么时间内达到什么要求，一清二楚。

笔者采访几位曾在筹备办工作过的人员，他们至今对这三份工作计划印象深刻，认为对推动各部门筹建工作"极其重要"。筹建一所新大学千头万绪，举全市之力，涉及很多部门和人员，怎么让大家步调一致地把该做的工作做好，光有热情不行，还需要智慧，需要好的"方法论"。筹备办以几份详细的工作计划统筹协调，可谓是非常高效、聪明的做法。

知道怎样"把一件好事办好"，这与筹备办同志的工作经验和能力息息相关，更与他们的工作状态、精神面貌有关，如果没有一股干事创业的精神，做这种无先例可循的事是无法胜任的。

"我们抽来的，都是不计得失，想干事情的人。"这是梁北汉对当年那些部下的总体评价。事实上也是如此，如果就个人利益来说，这些被抽调的人中有的明显吃亏了。

比如工资待遇，这些被抽调人员仍然在原单位拿工资，筹备办不发一分钱，那时候工资结构中有多种单位补贴，如果你不在原单位上班，很多补贴自然也就没有了；另外，如果遇到原单位干部提拔调整，也许会错失机会。

但筹备办的同志们没有怨言，工作上个个都是拼命三郎。许建领、韩蔚、邓耀彩这几位写手，加班加点是常态。有一次，许建领连续高烧好几天，仍然坚持轻伤不下火线，最后实在坚持不住了，到医院一检查，被怀疑是传染性肺结核，只得住进传染病医院。万幸的是，后来检查结果出来，只是一般性肺炎。他得病的原因是连续加班一周，加上办公室没有窗户通风，空气质量差，导致免疫力下降。

总之，深圳市政府主导，举全市之力办南科大，贯穿于创建全过程的方方面面，这是一座城市在办一所大学。我们可以看到更多的生动实例，这也是南科大能够如此成功的"秘诀"之一。

"与城市匹配"的高端定位

筹备办成立初期，一项非常重要的具体任务是起草办学方案，作为申报的核心材料，不能有一丝马虎。为了这份方案，筹备办集中人力，集思广益，精雕细琢，数易其稿。

前面提到，2005 年启动的高教大调研，一项成果是起草了深圳科技大学的办学方案，这个方案自然成了南科大办学方案的"初稿"，筹备办要在此基础上深度修改，完善提高。

"初稿"有很好的基础，但修改工作依然繁重，原因首先是市里对南科大的定位和要求更高。韩蔚至今仍然记得，那时候在多个场合听市主要领导说过："我们想要的很简单，就是一所与这座城市匹配的大学！"她说："这体现了那时市委、市政府领导对此有历史担当，是有历史责任感的。我每次听完既振奋，又感觉责任重大。"

与深圳城市相匹配！那时候虽然没有"北上广深"一线城市的说法，但深圳的经济实力、人口规模、城市影响力，已经不可小视，而且"噌噌"往上蹿的速度很快，高新技术产业产值占深圳地区生产总值的比重及其高新技术产业的发展势头甚至超过了"北上广"，迈入这个超大城市俱乐部只是时间问题。深圳的城市定位已确定是要建成"中国特色、中国风格、中国气派的国际化城市"。和这样的城市相匹配的大学究竟应该是怎样的一所大学？南科大的办学方案必须回答。

其次，上报方案的目的是要教育部"通过"，达到"通过"的目的就必须符合规定要求。"教育部 2006 年颁布了两份非常重要的文件，《普通本科学校设置暂行规定》和《关于"十一五"期间普通高等学校设置工作的意见》，这是根本遵循。"梁北汉说，当时花了很大精力来研究这些政策，然后逐条落实，"对号入座"到方案之中。"我跟市领导汇报时就讲，比如，政策规定要办大学本科的，全日制在校生规模应在8000人以上，咱们方案就体现能够尽快达到这样的规模。另外，实验室、图书馆、教室、运动场等，所有建筑面积按本科院校的要求来设计。让审批者一看，全部满足办学条件要求。"

"我和许建领、邓耀彩一起，借鉴融合了当时课题组调研的一些成果，就是一流大学怎么办的成功经验和先进理念，以公立科技大学的办学模式，对深科大方案进行了深度修改，出了第二稿。"梁北汉介绍，根据市里要求，第二稿同时转给20多个部门，征求他们的意见，"这些部门很认真，提了近百条修改意见，我们大部分采纳了，修改出第三稿。然后召开专家论证会，听取专家意见，出第四稿。再征求省教育厅的指导意见，再修改，出了第五稿。然后报市政府四届六十九次常务会议审议通过。所以我经常说，叫'五易其稿'，其间小的修改不计其数。"

谈起办学方案的修改拟定，许建领说，其中凝聚了很多上级领导和外地专家的智慧。他说："2007年4月至7月，市教育局、筹备办领导分别多次带队到北京、广州等地拜访教育部、省教育厅领导及有关专家，陈述我市创办新大学的必要性、可行性和办学思路，征求他们对筹建南科大的意见和建议。"

其间有多位国家领导人和教育部领导来深圳参加活动，市主要领导借机汇报了南科大筹建事宜，听取领导指示、意见。比如3月3日，时任教育部长周济到深圳出席全国第二届中小学生艺术展演活动，5月17日，时任国务委员陈至立来深圳出席第三届文博会活动，市主要领导均做了汇报。陈至立听完后表示，深圳应以创新的思路筹建南方科技大学。后来，领导们的很多意见都被吸收到了办学方案之中。

　　向上级呈报筹建南科大材料的工作启动很早，2007 年 5 月 17 日，市政府第一次正式行文向省政府提出创建南科大。不久后的 6 月 8 日，又向省里递交了经修改完善后的请示报告，并附上第二稿的办学方案。9 月 30 日，受省里委托，筹备办人员飞赴北京，把相关文件材料送达教育部。这是教育部首次正式受理南科大筹建材料，材料中的办学方案，是"五易其稿"后的版本。

　　这个办学方案有很多亮点，主要体现在两方面：一是定位高，与深圳这座城市相匹配，办"国际知名的高水平创新性科技大学"；二是理念和做法具有创新性，注入了深圳改革开放的基因。

　　在南科大创建发展座谈会上，梁北汉从公办大学的角度，一口气列举了这份办学方案中的多个"创新点"：

　　第一个是管理体制方面，增设了理事会。理事会是作为学校的最高决策机构。设立的目的是想通过它来减少政府对学校办学的直接指挥。当时内地公办学校没有设理事会作为最高决策机构的，虽然有的学校有理事会，但主要是以咨询建议为主。

　　第二个创新体现在教师队伍上。一是师生比，当时提出 1:6.8，在国内是没有这么高的；二是要求教师队伍中有境外一流高校工作背景的比例比较高，要达到 40%—50%；三是教师队伍建设里面专门增设了讲席教授岗位，要求讲席教授占专任教师 10% 的比例；四是教师待遇相对较高，教师工资待遇、聘用任用机制设计时参考借鉴了香港科技大学。

　　第三个是办学规模上，实行"小而精"。从全国范围来看，当时经过高校大规模扩招、合并之后，办航空母舰式的大学似乎成为趋势，动不动就是几万人的大学。但南科大的办学方案提出，办学规模控制全日制在校生在 1.5 万人，研究生与本科生之比为 1:1。

第四个是财政投入方面。方案提出除了政府高投入以外，还要通过多形式、多渠道筹措资金，比如创立科技园、创立公司、与风投合作、知识产权转让、老师创业、成立专项基金会等，希望借助市场和社会的力量来增厚办学经费投入。

"这份南科大办学方案，解决了一个很重要的问题，就是南科大在深圳几所大学中的功能定位和分工。按照构想，南科大就是要集中火力攻最高端的东西，其他的任务由深圳其他大学承担。"吴惠琼这样评价。

笔者与原筹备办的人士谈起这份办学方案，他们在细数亮点的同时，也坦诚其中存在的不足，有些大胆的设想没有写进去。这主要有两个原因：一是制订方案的最高原则是"一切以通过'批筹'为目的"，如果上级不批准南科大筹建，实际上有再好的想法也没用，因此写进去的多数都在"政策框架内"；二是具体办学主要还是学校内部尤其是校长的事情，究竟怎么办，要等创校校长来了才能确定，办学方案主要是做个顶层设计。

论证会差点"白开了"

办学方案从写作、修改、完善到最后定稿，中间还有一个非常关键的环节，举办专家论证会。而且专家意见非常关键，是教育部批准前必须过的一"关"。

2007年7月28日，距离筹备办正式成立不足3个月，一场高规格的专家论证会在深圳五洲宾馆举办，出席会议的10位专家多位是业内翘楚，名字如雷贯耳。

他们是：全国政协常委、中国科协副主席、国务院学位委员会委员、中国工程院院士、北京工业大学前校长左铁镛，中国高等教育学会副会长、全国高等教育学研究会理事长、厦门大学前副校长潘懋元，香港科技大学首任校长吴家玮，中国科学院院士、美国MIT 电磁科学院院士、电子科技大学前校长刘盛纲，北京师范大学校长、国务院学位委员会委员、全国高校设置评议委员会委员、教育部高等教育司前司长钟秉林，中国工程院院士、教育部科技委员会管理科学部主任、广东省高校设置评议委员会副主任、暨南大学前校长刘人怀，国家教育发展研究中心原副主任、中国教育学会常务副会长、全国高校设置评议委员会委员谈松华，广东省教育厅副厅长魏中林，广东省教育厅发展规划处处长张路和深圳大学前校长谢维信。这里所列的均为他们当时的头衔。

之所以把他们的名字和头衔一一列举出来，除了表明这场论证会的规格之高，还有一个重要意图，就是向他们表达敬意。笔者在采写本书的过程中发现，这些专家不仅为南科大"拿证"立下了大功，而且他们中的很多人在南科大的办学过程中，始终给予大力支持。像吴家玮、钟秉林、魏中林等还担任了南科大理事会的理事，他们都是南科大创校史上必须记住的"功臣"。

为了邀请到这些专家，筹备办做了很多准备工作。梁北汉提前20 多天专门去北京等地拜访，当面向左铁镛、钟秉林等汇报深圳创办南科大的紧迫性和可行性，以及办学的主要思路、举措。这些专家很理解支持深圳的想法，还对如何突破相关规定的约束提出建议，比如直接办本科大学比较难，这方面很多规定存在"先有鸡还是先有蛋"的悖论，建议采取借船出海的办法解决。总之，沟通气氛融洽，效果很好。

深圳对这场论证会高度重视。会前，时任深圳市长专门到会场与专家们见面，对他们的到来和支持表示感谢。再次表示，无论是从深圳产业结构、城市战略定位，还是未来可持续性发展等任何一个角度来看，深圳都急需实现高等教育的跨越式发展，这是市委、市政府对深圳这座城市的责任，是对深圳未来发展的责任。筹办南科大，是深圳根据城市发展和产业发展需要、为实现高等教育跨越式发展而做出的重要战略决策。希望通过对高等教育机制、体制、发展模式的探索，为中国高等教育改革发展提供新鲜经验。深圳衷心希望各位专家能够大力支持南科大的创办。

论证会上，专家们高屋建瓴，一个个畅所欲言，对深圳创办南科大的决策以及办学方案，首先给予高度肯定。认为深圳决心高投入创办一所高水平研究型科技大学，有利于高等教育体制机制改革的探索。深圳具有创办一所高水平新大学的必要性、可行性和迫切性。整个方案起点高、办学思路清晰、学科结构合理，有具体可行的措施。

与会专家对高等教育都有深入研究，有的本身还任过知名大学校长，在肯定方案的同时，也从政策、管理、理论等层面提了很多建设性意见。据相关资料记载，意见主要集中在以下几方面：

一是办学定位方面。专家认为，方案定位南科大要办成"国际知名的高水平创新性科技大学"，这样的定位过于泛化。创新是大学的基本使命之一，大学的内涵已包含了创新的概念，在大学前面再冠上"创新性"，有点画蛇添足，建议改为"国际知名的高水平研究型科技大学"。

二是办学目标方面。专家认为，方案对目标表述过于笼统，要具体，建议明确表述近期、中期和远期的发展目标，并在此基础上制订学校发展规划。

三是办学思路方面。专家认为，人才培养是大学的第一任务，科研发展只是大学的三大职能之一，如果只重视科研发展，那就是办研究所而不是大学了，建议把人才培养放在更加突出的位置，明确人才培养的目标和规格。

四是办学体制方面。专家认为，创建南科大要加大办学体制机制的创新力度，深圳要争取国家和省里支持南科大成为我国高等教育体制机制改革的试验田，全方位探索建立与社会主义市场经济相适应的现代大学制度和高等教育体制。专家从不同角度提了很多具体建议：有的认为，深圳经济发达，企业实力雄厚，尤其是高新技术产业、高层次人才、研发实力等方面，位居全国前列，南科大要充分利用这些有利条件，在产学研密切结合上有所作为；有的认为，南科大除采取政府全额投资举办外，也可考虑采取政府与企业合作举办的办学体制，在我国现有的公办、民办大学之外，探索另一种办学体制模式；有的认为，公办和民办是教育部认可的两种办学体制，没有第三条路子可走，如采取政府与企业合作办学模式，从审批角度来看，将增加难度；有的认为，政府与企业合作办学，容易导致企业干预学校办学，也难吸引到高水平教师，这样就难以在短期内办出高水平；有的认为，学术委员会与教务委员会之间分工不够清楚，建议简化行政设置，同时建议进一步研究政府对学校的监督，是通过监事会还是理事会，看哪一个更有利。

五是校名方面。专家们对此有不同意见。有的认为，南方科技大学的校名很好，建议将"南方"理解为"以内地为后盾、华南为基础、香港为窗口、东南亚为远景"。有的认为，按照规定，新建大学一般应以学校所在城市名命名，冠以"南方"容易引起误解，教育部和其他省市也会对这个校名有意见，建议用"深圳科技大学"。

据当时在场的筹备办人员回忆，现场气氛热烈，思维碰撞，妙语不断，有点像一场高峰论坛，让人听后深受启迪。会后，筹备办对方案进行再次修改时，采纳了很多专家意见，比如在学校定位中去掉"创新性",增加"研究型"等。当然,对专家们本身意见就不同的地方,筹备办结合实际,采纳了其中一方的意见,比如坚持了政府全额出资,因为这是市政府经过多年充分调研以后所做出的重大决策。

这次会议的整个过程,气氛都非常活跃、融洽。然而意想不到的是,会议结束时,专家代表突然宣布:这次论证会不出具书面的评审意见!

听到这样的宣布,负责组织论证会的梁北汉马上感到脑袋变大,差点崩溃。

论证会出具书面评审意见是惯例,对深圳来说,这也是举办这次会的主要目的。如果没有专家意见,南科大的筹建就无法向教育部申报,所有的程序就被卡住,更谈不上让教育部批准通过了。

"不行,这会不能白开!"梁北汉想,一定要争取,马上行动。

"专家们如果不给评审意见,申报工作就要停滞,我这筹备办主任也就不用当了。"他首先找到左铁镛院士,说得很直白。

然后又去请求潘懋元、钟秉林等几位很熟悉的专家支持。

梁北汉的诚心终于感动了他们,这几位专家经过简单碰头,改变之前决定,同意请谈松华代表专家组草拟意见。于是,坐在饭桌上的谈松华顾不上吃饭,拿起笔在梁北汉提前准备的初稿上做了一番修改,改完马上赶往机场乘机回京。在场的工作人员把修改稿打印出来,利用专家们吃饭的空隙逐个签了字。

"现在回想起来还有些后怕,如果最后没拿到评审意见,一个'白开了'的评审会会直接影响南科大的申办进程。"梁北汉说,这是他在筹备办工作期间,遇到的最苦恼的一件事。

专家们千里迢迢来深圳出席论证会,会上表达的又是整体上充分肯定的态度,为何会议结束竟然不出具那么关键的评审意见?很多人都不理解，在综合分析各种情况之后，笔者终于明白当时专家们不寻常做法背后的真正原因，答案就在后文。

申办之路坎坎坷坷，这还只是个前奏的小波折而已。

"不宜设置"的背后

筹建申请工作争分夺秒。为了抢进度，深圳市政府早在 2007 年 5 月 17 日和 6 月 8 日，分别两次正式向广东省提出筹建南科大的请示。在 6 月 8 日的请示报告里，除了详述创建的必要性、可行性之外，还从办学方案中摘录了南科大的办学性质、学科设置和办学规模等基本情况介绍，并附上了《关于创办南方科技大学经费投入的承诺书》。

为何是向广东省而不是直接向教育部提交申办报告？因为根据国家规定，普通高校的设置权在省、部两级，深圳没有这种权力，南科大设置必须通过省政府向教育部提出。

广东省对深圳筹建南科大从一开始就鼎力支持。第一次递交材料后不久，张宝泉局长带队专程去省教育厅汇报，时任厅长罗伟其就明确表示支持，并热情地对申报材料一口气提了 7 条建议。第二次材料递交后，梁北汉带队又专程去省教育厅向魏中林副厅长汇报，同样得到了大力支持。省教育厅及时把创办南科大列入了《广东省高等学校设置"十一五"规划（草案）》并上报教育部，如果不列入计划，按规定，后续将无法再正式提出创办申请。

"每次去汇报，省教育厅领导都认真听我们谈情况，并且叫有关处室负责人参加，帮我们出谋划策，解决问题。"梁北汉说，当时分管教育的副省长宋海，是深圳出去的干部，对深圳既了解又很有感情，对这项工作支持推动的力度很大。

省里支持有多种因素，其中一个因素也很现实，当时广东省高等教育毛入学率在全国排位非常靠后，本科高校缺乏，高水平的研究型大学更缺乏。深圳需要新办大学，广东省也需要。

2007 年 9 月 29 日，广东省政府正式向教育部递交《关于请批深圳市人民政府筹建南方科技大学的函》，在这份不足 300 字的函件里，对南科大的表述是"高水平研究型科技大学"，是"培养高级人才、开展高层次学术交流、孕育重大原始创新的重要基地和载体"，筹建南科大，"对缓解广东本科高校偏少、本科教育比例偏低的状况，提高高等教育质量具有积极作用"。附件有二：一份是深圳市政府的筹建请示，一份是论证报告。

这份凝聚梦想、汗水、智慧，以及广东省大力支持的筹建报告，呈送国家教育部之后，会得到怎样的回应？无数人在急切地期待。

2007 年底，没有针对报告的专门回复；2008 年春节过了，还是没有。2008 年 4 月初，教育部的正式复函终于来了，然而拿到复函，很多人看了都感到有点沮丧。复函给出的结果并不十分明晰，不同人对此有不同解读。

这份落款时间为 2008 年 4 月 1 日的复函，只有区区 400 多字，抬头是给广东省人民政府。复函首先引述教育部组织全国高校设置评议委员会专家对《广东省高等学校设置"十一五"规划（草案）》的评审意见，称"广东省'十一五'期间应认真做好高等教育的内涵提升，挖掘现有高校的资源潜力，严格控制新增高校数量"，指出"深圳市现已有 5 所高校，不宜再设置新的深圳南方科技大学，建议把深圳大学做强做大"。

复函提到的教育部组织全国高校设置评议委员会专家对《广东省高等学校设置"十一五"规划（草案）》进行评审，时间是在 2007

年 7 月 11 日至 16 日，参加评审的多位专家不久又来深圳参加了南科大办学方案论证会。他们非常了解当时教育部对高校设置的政策，有的甚至直接参与了政策制定，南科大"不宜设置"就是他们根据政策做出的结论。

"严控数量""不宜设置"，很多人看到这里，心一下子就凉了，这不就是明明白白地说，南科大不要办了吗？加上 2007 年 3 月教育部主要领导来深圳，深圳方面汇报创办南科大的设想时，据传部领导的回复也是这种基调。于是，"教育部不支持深圳创建南科大"的声音，在社会上一下子流传开。

在流传的过程中，又增加了很多解读。比如，原因不仅仅是"严控数量"，实际上教育部对深圳能不能办好大学，持怀疑态度。他们认为应该努力先办好深圳大学，不要三心二意再去折腾办"南科大"了。

教育部真的不支持创建南科大吗？看完复函，梁北汉得出的结论并不如此。而且结合种种迹象，他坚定地认为，在南科大创建这件事上，教育部是支持的。

梁北汉得出这样的结论，是基于对高校设置政策的透彻了解，和复函中的最后一句话。复函结尾写道："按照《教育部关于'十一五'期间普通高等学校设置工作的意见》规定的程序要求，你省有关高等学校设置问题请按要求在 2009 年提出。"

复函前面说"不宜设置"，并没有一口否决，没有断然说"不准设置"，最后还让广东省 2009 年提出申请。梁北汉分析，教育部实际上是表态支持创建南科大的，只不过要按程序提出。

为什么会是这样呢？因为 2006 年教育部颁布的有关高校设置的文件，对新建高校设筹申请、建校标准、筹备时间、考察评议等都做了明确规定，总体精神是"控制数量，提高质量"。在教育部工作安排中，对全国各大区域高校设置的申请、评议安排了不同的时间，广东省被安排在 2009 年第四季度。

"其实筹备办成立的时候我就听到传闻，说教育部不赞成深圳创办南科大。我认为那时候不明确表示同意，恰恰是教育部在依法行政。"梁北汉认为，一方面教育部出台政策的基调是"控制数量"，另一方面广东提出申办新设高校的时间还没到，这时候深圳提出创建南科大，教育部如果立即就同意，反而没有按规定办，怎么自己制定的规定自己都不执行呢？另外，那时候全国各地新办高校的热情高涨，如果违反规定给深圳特批了，对其他地区也无法交代。

"当年创办深圳大学城我就经常跑教育部，接触的领导从部长到司长、处长，感觉这些干部的政策观念都十分强，政策水平都很高，给我留下了非常深刻的印象。"梁北汉说，收到教育部复函后，他也听到了各种议论，于是在做好筹备办人员思想工作之外，他专门把自己的分析判断在筹备工作简报上做了通报，题目是《教育部复函明年重新提出创办申请，市领导批示抓紧推进各项筹建工作》，提出要坚定信心，集中精力做好校园基建、人才引进和教育部评议审批的前期工作等三项关键性工作。

梁北汉认为，后来又有新的证据进一步支持了他的判断。2009年 3 月底，时任全国人大常委会委员的吴启迪带了教育部一个调研组到深圳调研深圳高等教育改革发展情况。其间专门让筹备办把原来参加办学方案专家论证会的专家，请回来在五洲宾馆开了半天的座谈会，并听取了南科大筹建情况汇报。"吴启迪原来是教育部副部长，她来深圳是受周济部长委托，如果不是支持南科大筹建，就没必要专门来听取专家意见和筹备办的汇报。"梁北汉分析说，"这些情况和判断，我都及时跟市领导做了汇报，他们也表示认可。"

如今，综合各方面信息来看，当时社会广泛流传的"教育部不同意深圳创办南科大"的传言，确实与事实不符，对教育部是一种误解或"冤枉"。

但复函的表述确实容易让人产生不同解读，"不宜设置"就是"不适宜设置"，不是不准设置，什么时候"适宜"？ 2009 年提出来再说吧，也可能那时候"适宜"，也可能继续"不适宜"。

笔者认为，这份"话没说死"的复函释放出一个重要信号：就是南科大能不能创办成功，决定权还在深圳自己！如果你创建工作不努力，条件达不到，2009 年提出来之后，教育部的回复也许仍然是"不宜"；如果推进工作出色，条件达到了，那时候就是"适宜"了。

筹建南科大的"准生证"没有拿到，在这种情况下，如何作为？当时，深圳没有气馁，没有停下筹建申请的脚步观望，而是从积极方面去理解教育部复函背后的意图，并全力推进筹建准备工作，尽早满足创建条件。这又是一次"正确的抉择"。

引才方案"精雕细琢"

人才引进的情况，直接影响申办考评能否通过，也直接影响今后的办学大计。南科大人才招聘方案从制订到最后出台，经过了长达 9 个多月的修改完善，可谓精雕细琢。

早在 2007 年 11 月，筹备办就拿出了初步的人才招聘方案，提出除招聘校长之外，还要同时招聘副校长和主要部门负责人，一共34 位。市主要领导听完汇报后认为，校长之外的其他人才的招聘，要等校长来了之后再进行，提出了"以校长招聘为核心，先确定校长，再会同校长商定其他人才招聘"的招聘方针。这样做，有利于发挥校长的主导性和创造性，形成以校长为核心的团队，便于学校今后的管理和工作。

朱清时后来一直对市领导确定的这项招聘方针给予高度评价。他认为，如果学校副校长和相关学院的院长等都招聘好了，新校长来了之后也就是一个"执行角色"，无法按照自己的理念思路来办学了。"如果真的是那样，我也不会来南科大当校长了。"朱清时说得很肯定。

筹备办根据市领导要求，对人才招聘方案做了大幅修改、"瘦身"，这样的方案实际上就成了校长招聘方案。2008 年 2 月 29 日，市政府召开常务会议，研究南科大人才招聘和校园规划建设两个方案，并原则通过。要求市人事局会同筹备办一起，进一步修改完善方案，然后递交市委常委会讨论。

7 月 23 日，人才招聘方案经市委常委会讨论通过，然后由招聘工作小组修改确定并印发。一所大学的校长招聘方案，历经 9 个月打磨，先后上市政府常务会和市委常委会讨论通过，说明深圳对南科大创校校长的选拔是多么看重。

招聘方案共分招聘方式、拟任校长的基本资格条件、拟任校长的职责与职权、校长的待遇、工作机构和计划等 10 个部分，全面细致。

在南科大筹建过程中，市里一直要求把改革创新贯穿到工作全过程，在这份方案里，创新和突破在很多方面都有体现。

首先，这种全球公开遴选校长的方式，在国内公办大学中从来没有。传统的做法都是组织内部进行，范围也不可能太大。南科大校长遴选不仅公开，而且遴选范围面向全球，不局限国内。这项创新，市教育局在制订深圳科技大学方案时，就写了进去，说明早有想法。

其次，在操作层面，最大的突破是引入猎头公司代理。这在国际上虽然常见，但在国内公办大学中还没有先例。力主这项创新的主要是市人事局，尤其是时任局长王敏。一般来说，猎头公司会在充分了解客户需求的基础上，利用合法专业的人才搜索渠道，并通过专业的人才评价技术对人才进行筛选，为客户筛取最适合的人才。大家认为，这种采取政府购买服务的市场化方式，可以让专业的人来做专业的事。

另外，公办学校出任校长有年龄限制，这是法定的。在实际操作时，工作小组根据实际情况，及时调整放宽了限制，年龄放宽到63周岁。

很多人都非常关心方案规定的南科大创校校长的待遇，待遇有一定竞争力，不算低，但也不能算是很高，和社会的传闻有差距。方案提出，校长薪资分为工资和岗位津贴两部分，工资按一级教授标准支付，薪酬构成为：一级教授年工资（20万元）＋岗位津贴（80万至100万元），合计年薪为100万至120万元之间。住房方面，市政府提供安居房，并提供20万元安家费。另外，市政府协助解决配偶就业和子女上学等生活问题。各方面待遇考虑周到。

在操作层面，方案确定成立两个工作机构：南科大校长遴选委员会和南科大校长招聘工作小组。

遴选委员会由南科大筹建领导小组部分成员和高校专家组成，负责校长人选的资质标准、候选人测评等专业评审工作。专家约占遴选委员会总人数的70%，包括左铁镛、刘人怀、刘盛纲、吴家玮等，多位参加过办学方案的论证会。时任深圳市委常委、组织部部长王穗明担任主任委员，闫小培担任副主任委员。

招聘工作小组全面负责拟任校长招聘工作的具体事宜，王穗明任组长，成员由市委组织部、市人事局和筹备办人员出任，日常工作由筹备办负责。

方案确定招聘工作的步骤是：根据遴选委员会委员的意见进一

步明确拟任校长的基本资格条件；邀标确定猎头公司，委托猎头公司开展招聘；遴选委员会对猎头公司提交的候选人进行评审、面试，筛选出3—5名人选，提交推荐报告；招聘工作小组研究确定拟任校长推荐人选；按市管干部规定和程序，提交市委常委会审定最后的拟任校长人选；履行干部任用的相关手续，完成招聘工作。

这份创新、周到、操作性强的方案确定之后，备受关注的南科大校长全球遴选活动便拉开了大幕。

在后来操作过程中，王穗明部长多次召开工作小组会议，及时解决各种问题，确保遴选工作顺利推进。

制订人才引进方案，征求了很多专家意见，不少专家分析认为，当时是从国际引进人才的大好时机。吴家玮就跟筹备办负责人说，20世纪80年代以来出国的留学生，很多已经在国外大学重要岗位任职，有一些人愿意回国服务。如果开出比较优厚的条件，可以从中引进一批。另外，当时恰逢美国爆发金融危机不久，很多大学和研究机构的日子不好过，这对深圳引才是有利因素。

朱清时当选创校校长

深圳五洲宾馆，多次见证了深圳发展的历史时刻。2009 年 9 月 10 日教师节当天，这里再次见证深圳教育界的一件大事：时任深圳市代市长王荣把一本红彤彤的聘书颁发给朱清时院士，朱清时成为南方科技大学创校校长。

前一天，时任副市长唐杰专门飞到合肥，代表市委、市政府把朱清时接到了深圳。

这次校长任职仪式的规格之高，在深圳高校中从未有过。陪同王荣一起出席的还有市委常委李意珍，及王穗明、唐杰三位市领导，以及刚刚上任的市教育局局长郭雨蓉等多位正局级干部。

王荣在仪式前的会面中充满期待地表示，深圳的发展靠的是不断开拓创新，创办南科大也要依靠这种精神，通过体制和机制创新吸引高端人才，勇于探索，追求卓越，把南科大办成高水平大学，在我国高等教育改革中发挥先导和示范作用。这些表述，再次阐述了市委、市政府对南科大创办的定位、思路、目标。

第二天，全国很多媒体报道了这条消息。这不仅仅是南科大筹建进程上的里程碑，也标志着南科大筹建从此进入了"朱清时时代"——一个更受国内外教育界关注的时期。

此时的朱清时从中国科学技术大学校长的位子上卸任刚刚一年，他在此职务上连任两届，长达十年。在中科大历史上，连任两届的校长只有郭沫若和他，可见朱清时在全国高教界的地位和声望。

朱清时 1946 年 2 月出生于四川成都，1968 年毕业于中科大。他除了是位杰出的大学校长之外，首先是一位杰出的学者，是化学家和自然科学家，中国科学院院士，在化学研究领域建树颇多。曾在国内外多个著名大学和研究机构做过研究工作，比如美国加州大学、布鲁克海文国家实验室、加拿大国家研究院、法国巴黎第十一大学、英国剑桥大学和牛津大学等。

这样一位杰出的大学校长、学者，是怎样被慧眼识珠的深圳遴选到南科大创校校长的位子上的？我们来回顾当时遴选的过程。

南科大校长招聘工作小组成立后，相关责任部门立即分头展开工作。2008年11月21日，王穗明召开会议，确定从5家猎头中选择罗盛咨询作为邀标公司，这是美国一家全球性人才搜寻与领导力咨询公司。

随后，候选人的搜寻、沟通、评测工作成为重点。在全球搜寻人才的过程中，除了罗盛公司利用自身人才网络资源搜寻外，遴选委员会专家、筹备办和遴选工作小组的工作人员都在利用个人关系寻找、推荐候选人，多管齐下。其间也有一些大学校长、专家毛遂自荐，希望成为候选人。

在这过程中，朱清时始终是大家认可的一位热门候选人。但他对出任南科大校长却"没有想法"，最后是什么原因让他下定决心接受参与遴选的？

2020年7月21日，笔者来到合肥，在中科大朱清时的办公室，就南科大创建发展问题，对他进行了两个多小时的专访。在这次专访中，他详细回忆了当初被遴选担任南科大校长的经过。

朱清时说："2008年9月份我卸任中科大校长时，还不知道深圳要办南科大。快到年底开始有人给我吹风了，吹风的人是电子科技大学原校长刘盛纲院士和当时在深圳大学工作的陈国良院士，这两人是南科大校长遴选委员会委员。但那时我说，不可能去深圳当那个校长。我担任中科大校长10年，以前还是中科大学生，中科大在全世界这么多校友，大家都认为母校校长是学校的象征，我怎么可能退休后跑去竞聘一所新大学的校长呢？这样会伤校友们的心。"

据梁北汉回忆，在 2008 年 12 月 20 号左右，他和许建领、韩蔚曾专程去合肥拜访朱清时，目的是想邀请他参加遴选。对这次拜访，朱清时记忆犹新："梁北汉他们说深圳要举全市之力创办南科大，给我留下的印象是，深圳想在雄厚的经济基础之上迅速引进一流人才，办一所像港科大一样的一流大学。我觉得深圳的想法很好，确实有这种可能。但是我明确表示，我可能不行啊，我是老校长，不是精力不行，而是我背负着太多中科大校友的期望，我不能让他们觉得不愉快。梁北汉特别强调是罗盛公司在做招聘，还给了我校长招聘说明，包括待遇之类的。我看了之后都没在意，这些离我很远，根本不会考虑这个，不是待遇问题。"

经过这次当面沟通，朱清时对此事的态度已经非常明确。但深圳特别希望他能出任校长，认为他的资历、能力、精神、气质等与构想中的南科大特别契合。按照遴选程序，在遴选委员会委员投票之前，除了材料审核之外，还要由猎头公司与候选人面谈。深圳催促猎头公司与朱清时联系见面，但猎头公司联系朱清时多次，结果都是遭到拒绝。

时间已经到了 2009 年，眼看其他候选人的工作都已做好，3 月下旬遴选委员会就要开会投票，朱清时这儿却连面也不愿意见，求才心切的市领导非常着急。梁北汉更着急，他了解到，此时的朱清时正在北京享受他的退休生活，指导故宫博物院的人研究古陶瓷。他是化学家，喜欢古董，对古陶瓷研究很痴迷，还收藏了不少"坛坛罐罐"。一退休，就被故宫博物院古陶瓷研究基地聘为学术委员会主任，大红聘书始终放在他中科大办公室显眼的位置。梁北汉不得不再给朱清时拨打"求助"电话，恳请他无论如何都要花点时间与猎头公司见个面，朱清时勉强答应了。

"见面时间大约是 2 月份，地点就在故宫附近的红墙酒店。罗盛公司的老总来聊了一个小时，那就算见过了，我仍然没有答应。"朱清时说。

"真正的转折点是什么？是王穗明来了。所以我说南科大建立王穗明立了大功！"朱清时说到这里，明显提高了声调。

这里提到的"王穗明来了"，是指 3 月 20 日，王穗明带着梁北汉、许建领等人亲自去中科大，再次盛情邀请朱清时。当时，还带去了深圳市市长《致朱清时院士的一封信》，充分表达诚意与尊重。

"那天我请他们吃饭，王穗明拿出了市长的邀请信。我才明白候选人已经定了，遴选会议有一个程序，5 个候选人要去现场面试，每个人要陈述自己的办学想法，然后遴选委员们投票。其他几个人都答应了，就我一个人还没有答应，他们觉得这样不好办，一定让我去一下。市长的邀请信就是邀请这个。"朱清时回忆当时情景，说王穗明很会做工作，介绍了深圳情况，描绘了美好的前景，"她跟我说，你去一下，愿不愿意都去一下，先让他们投个票再说嘛。"

但朱清时不为所动，他心里清楚，如果去一下可能就"陷"进去了，何况他还有其他顾虑。他回答王穗明："你有没有想过，如果我站在遴选委员会面前去竞聘一个校长的位子，全世界中科大的校友会有何感想？万一聘不上，谁都下不了台。"她一听，一下子明白了。梁北汉说，从合肥回深圳之后，王穗明马上召开会议，决定取消面试环节，改为直接投票，等校长遴选委员会推荐出三个候选人的时候，再单独面谈。

深圳市委、市政府的诚意，一下子打动了朱清时，他开玩笑地说，面试环节一取消，自己就"掉进坑里"，必须同意了。

"候选人都是教育界很有地位的人，那 4 个都同意了，现在临时因为你就把原定的面试取消了，深圳方面面子上也过不去啊。这时候我真的不能拒绝了，才决定去参加遴选。"朱清时感慨地说，"世界上很多事最终做不做，不是你想了很多理由决定的，在这种互动的时候一下子发现你掉到'坑'里面去了，你不能不去了。如果我没有同他们吃饭，吃饭时没有跟王穗明说这个，说了她没有果断取消，道义上我还是自由的，可能结果不会像后来那样了。"

朱清时同意之后，3月26日至27日，遴选委员会在深圳麒麟山庄召开会议，左铁镛、潘懋元、刘盛纲、钟秉林、谈松华、陈国良等16名委员，以无记名投票的方式从5位备选人中选出3位校长候选人，朱清时得票第一，成为南科大校长第一候选人。

内心还有些不放心的梁北汉，为了坚定朱清时的决心，在邀请他来深圳面谈之前，先给刘盛纲和陈国良打了电话，请他们帮忙做工作。这两位院士是朱清时多年好友，说话果然管用。

朱清时谈起两位院士对他的影响，说道："当时我到北京开会，陈国良打电话说，你在北京，我到北京来看你。他比我大近10岁，我说不敢当，你怎么专门到北京来，他说有事。见面也就是半个钟头，就说一件事，遴选委员会投票了，大家都投我，让我一定不要放弃这个再干一番事的机会。刘盛纲是打电话，他说我们这一代校长十多前年就想在中国推动教改，但是条件不成熟，没有搞成。现在深圳真有条件做，真想做，你要这次不去教改的话，可能又得耽误二三十年，以后才可能有机会了。"朱清时说，刘院士就是这么说的，这番话真的打动了他。"我们这一代校长，对教改是有梦想的，每次国家开会，大家在一起都会谈到教改。为了教改梦想，我必须去深圳！"

聘书颁发仪式上，朱清时接受媒体采访时表示，将把创办南科大视为"一生中最重要的工作"。后来的事实证明，这份工作给他的人生带来了太多之"最"：最具挑战、最费心力、尝受最多酸甜苦辣，同时，他的社会声望也在此期间达到了顶峰。

深圳"借助国际人力咨询机构协助，并与组织干部任用审批程序相结合"全球公开遴选南科大校长，堪称高水平人才引进工作的创新之举。对这种方式以及遴选的结果，社会上可谓好评如潮。

吴家玮在结果公布后接受媒体采访时说："校长遴选的结果是顺利与成功的，这么好的一个校长完全了解国情。这是一个试验，虽然没有完全与国际接轨，但摸着石头过河，是一个好的开端。"还有人认为，深圳大张旗鼓地全球遴选校长，是对南科大一次非常成功的营销。

朱校长的"办学宣言"

在期待和关注的聚光灯中，为教改而来的朱清时走上了一个耀眼的新舞台。他在这里将怎样开创一番新事业？作为创校校长，他的办学理念和教改思路到底是什么？

在中科大采访时，朱清时专门找出一份当年深圳市委常委会讨论通过的《深圳市人民政府关于南方科技大学（筹）创校校长有关事宜的意见》（以下简称《有关事宜的意见》）文件。这份文件极其特别，里面的"有关事宜"，主要是有关朱清时 2009 年 4 月 16 日给市领导所写信件中的内容，可见这封信的重要性。

朱清时接到通知去深圳面谈时，清楚地知道这次很关键，这是他提想法、提要求的最佳时机。"我知道没有比这更好的机会了！"他说，"这个学校怎么建，我认真想了一遍，写了一封长信给他们。我说你们在决定前，先了解我想怎么办，然后大家再来看能不能取得一致意见。我为什么今天拿这个文件给你们看呢，因为后来我在南科大 5 年做的，很多都是这封信上写的。"

朱清时 4 月 16 日递交的是邮件，4 天后来深圳，又把经过修改的信打印出来亲自交到市主要领导手上。领导告诉他，信里提的意见市里都同意。熟悉官场的他深知，这种承诺容易"打水漂"，或者"新官不理旧账"。他表示感谢的同时，直截了当地说了自己的顾虑。于是市领导当即表态，如果你担心，那就上市委常委会讨论通过，形成相关决定。这正是朱清时想要的回答，他欣然应允，并在后面的沟通中一直坚持要"上会"。

就在朱清时来深圳的当天下午，唐杰根据时任市长的批示，召集市教育局、财政局、法制办和筹备办的负责人开会，专题研究信中提的每一条建议，并形成书面意见，可谓雷厉风行。

在深圳期间，朱清时除了与市领导面谈之外，还参观了南科大选址现场、南开大学深圳金融工程学院等地。他提出校园建设要节能环保，充分考虑自然采光。要安排南开大学金融工程学院作为南科大过渡校区，并尽快挂牌"南方科技大学（筹）"，把它建成招聘人才和试点办学的基地，为破格得到博士学位授予权打下基础。

随后，在王穗明、唐杰直接安排下，筹备办根据朱清时的信件内容、来深考察期间提的建议，以及南科大人才招聘方案和办学方案，起草了《有关事宜的意见》。这份材料对朱清时的办学建议基本是"照单全收"，并对如何落实建议进行了详细回答，有态度，有举措，而且很具体。写好之后，经朱清时确认，6 月 9 日提交市政府党组会研究并原则通过。7 月 15 日，又提交市委常委会原则通过。

深圳市对朱清时超常规的礼遇、重视和支持，让他很感动，更坚定了他来深圳办好南科大的决心和信心。他来南科大工作，也有了"尚方宝剑"。

这封信主要表达了朱清时校长创办南科大的最初想法，以办学内容为主。深圳回应的这份《有关事宜的意见》，分为办学、过渡校区、校园基建和创校校长待遇四大部分。

第一部分关于办学。朱清时提的这方面建议最多，文件归纳了四个方面。

一是确保"办学自主权"。朱清时提出，依《高等教育法》办学，要赋予学校最大限度的办学自主权。文件因此提出："进一步完善《南方科技大学章程》并报市人大审议批准，以立法的形式充分保障南科大的办学自主权。条件成熟时，南科大实行法定机构运行模式。"

二是学校内部管理体制、机制创新方面。朱清时提出，学校实行党委领导下的校长负责制，条件许可时，书记和校长由一人担任。另设教务长、科研长、总务长、干事长（秘书长）各一人，由教授委员会选举产生，他们与校正副书记一起组成学校领导班子（党员进入常委会）。文件对此提出："学校实行党委领导下的校长负责制，创办初期（第1—5年），如创校校长是中共党员，书记、校长由一人担任，不分设。""逐步实现由教授委员会选举产生，按组织人事制度报备。学校的党委和行政班子成员按照党管干部原则履行干部考察任免程序，报中共深圳市委审定。"

三是学校初期发展战略方面。朱清时提出，南科大的目标是办成世界一流的研究型大学，追求质量和精品，为此，要全球招聘20—30名世界一流教授，以他们为核心建立相应的系和学院；2010年开始招收本科生，先参照中科大少年班的方式办精品班，2012年在全校范围内开展研究生教育。文件完全同意朱清时办精品的定位，以及人才引进的计划，并且提出"办学第一期（第1—5年）市政府按一定比例给学生提供全额或差额奖学金，以吸引海内外优秀生源，包括农村优秀生源"。

四是人才队伍建设与待遇方面。朱清时提出，3年内招聘20—30名世界一流教授作为学术带头人兼讲席教授，平均给予每位研究基地建设费和启动经费1000万元，享受与港科大相同教授待遇；两年内招聘50位国内一流的骨干教授，从香港招聘若干名经验丰富的管理人员，以上述人员为核心带动全面的人员队伍建设。文件同意朱清时提出的引进规模和待遇，并且进行了细化，比如，对引进的20—30位学术带头人，"待遇参照港科大教授的待遇，并考虑深圳的物价指数等因素通过设立特设岗位的形式给予解决（年人均工资100万元左右），并享受国家、省、市有关人才引进政策规定的相关待遇"。对引进的50位骨干教授，待遇按照前者的60%执行。非常设岗位教师原则上按照深圳市属高校同级教师待遇确定。

第二部分关于过渡校区。朱清时建议安排南开大学金融工程学院校区作为南科大过渡校区。

第三部分关于校园基建。朱清时提的节能环保等要求，文件表示同意，提出"创校校长到位后，与市发展改革、财政等部门充分沟通的前提下，保证其提出对校园规划设计、基建、教学科研设施设备配置的权利"。

第四部分关于创校校长待遇。朱清时对自己的待遇没有提任何要求，文件重复了南科大人才招聘方案的内容。

这封信件和后来的建议凝聚了朱清时的经验、智慧、心血和梦想，体现了他的办学理念和思路，是他的"办学宣言"，有些想法在中科大校长的位子上想做却没有能够做，他认为南科大要快速办成一流，起步时就必须那样做。

再次向教育部申报

根据第一次申报时教育部的回复意见，2009 年 8 月 10 日，市政府向广东省再次正式递交了筹建南科大的申请。距离第一次申请时隔两年，深圳的筹建条件已今非昔比。

首先，城市定位在国家战略中的提升。2008 年 12 月，国务院批准《珠江三角洲地区改革发展规划纲要（2008—2020 年）》，从国家层面赋予深圳"综合配套改革试验区""国家创新型城市""中国特色社会主义示范市"等重要定位，深圳获得多项改革"先行先试"的权力。这样的定位，自然对高等教育有更高需求。

其次，省市主要领导的高度重视和支持。一位时任广东省主要领导在深圳视察时明确表示，省委、省政府大力支持深圳创办南科大，同时指出："地铁修不了，我们不吃不睡到北京跑也得办下来；要是学校办不了，我们也要有这样的劲头。"时任深圳市主要领导刘玉浦、王荣、王穗明、闫小培、唐杰等，对南科大筹建工作不仅高度重视，而且亲力亲为。

深圳经济高速增长，财政收入增加更快，有充足的财力创办一所新大学。2008 年在国际金融危机影响下，深圳地区生产总值仍然达到 7806.54 亿元，比上年增长 12.1%，完成地方财政一般预算收入 800.36 亿元，比上年增长 21.6%。

另外，举全市之力办南科大效果明显，各项筹备工作取得较大进展。比如人才引进方面，遴选了朱清时院士担任校长；对外合作方面，与毗邻的香港科技大学等高校合作进展顺利；校园建设方面，已拥有 2.5 万平方米共 4 栋楼的启动校区，新校园规划基本完成，拆迁量已完成三分之一，首期建筑设计进入单体设计阶段，施工队伍已进场施工。

在给省里的请示报告里，专门列出一部分写通过创新推动南科大建设的若干举措，比如在《高等教育法》框架下赋予学校最大的办学自主权，实行教授治学等等，明显是充分吸收了朱清时校长提出的办学理念、思路和举措。

教育部之前的复函指南科大"不宜设置"的同时，要求办好深圳大学。深圳对此很重视，曾专门成立小组调研如何办好深大，并形成了一份报告呈送教育部。

在这份请示报告里，又特别拿出一部分来界定南科大与深大的不同定位，指出南科大旨在解决深圳高端人才和理工科人才缺乏，基础研究能力薄弱的问题，是"规模较小的理工类研究型大学"。深大是一所综合性大学，在校生规模当时已经达到2.8万人，在办学水平上将与经济特区同成长、相匹配。

请示报告最后还对校名做出了说明，提出"南方科技大学"这个校名虽然不符合规定要求，但能较好地反映立足珠三角辐射华南的办学意图，建议继续使用。但同时表示，如不能采用，也可以改为"深圳科技大学"。

向省政府提交的这份请示报告，至少有四个显著特点：一是回应了教育部的关切；二是突出了深圳的办学优势和已做的准备；三是比较好地体现了朱清时校长的办学理念和思路；四是通篇都透出强烈的创新精神。

省政府批准深圳筹建南科大申请之后，于2009年9月29日再次向教育部呈送报告，并附上深圳递交的相关材料。

根据规定，再次申请必须再召开专家论证会，并提交论证报告。2010年4月12日，广东省高校设置委员会专家开了论证会。根据专家意见，深圳修改了办学方案。这份办学方案的最大特点，是更多地站在国家层面思考南科大的创建。比如，第一次申请递交的办学方案，在论证办学必要性时，提的基本上都是深圳经济社会发展的需要。这一次在"必要性"上列举了三点：建设一流大学是实现民族复兴的必由之路，建设一流大学将推动我国高等教育体制、机制创新，建设一流大学是深圳社会经济发展和城市建设的必然要求。前两点非常突出，都是服务于"国家战略"。

为什么会有这样的变化？这与当时的大背景有关。2010 年 4 月，《国家中长期教育改革和发展规划纲要（2010—2020 年）》（下称《纲要》）经国务院常务会议审议正式通过，从起草到推出，前后长达数年，凝聚了众多专家的智慧，最大特点就是"改革"。落实《纲要》成为教育系统当时最重要的任务。在向教育部领导和国内专家汇报、沟通的过程中，深圳早早获悉了《纲要》的精神内涵，也被教育部和专家们寄予厚望，希望南科大能够成为落实《纲要》的精彩范例。

在这种背景下，深圳自然很敏锐地发现了机会和突破口。吴惠琼说："如果只是解决深圳自己的问题，深圳自己搞就行了。所以我们要把建南科大变成国家的事情，做全国高等教育改革的一个示范，从各个层面考虑为高等教育解决什么问题，为国家解决什么问题，最后才是解决深圳高等教育的问题。这样才好理直气壮地去争取部里的支持，成功的可能性也最大。"因此，在这份论证报告中，我们能看到多处提到《纲要》，有的甚至直接拿来引用。比如《纲要》提出探索拔尖创新人才培养模式，论证报告中就提出南科大要"以此为己任"。

论证报告出来时，朱清时校长到任已半年有余，他的办学思想和举措有了更多融入，给市里提的建议全部写了进去。论证报告改革创新的力度很大，全面具体。比如办学理念方面，提出"学校坚持'追求卓越、学术自由和学者自律'的大学精神，积极探索建立具有中国特色的现代大学制度"。发展思路方面，强调超常规模式，坚持精品战略，培养拔尖创新人才，实现跨越式发展，师生比为1:8。在体制、机制创新方面，提出制定南科大章程、管理办法和管理条例；建立理事会作为学校的外部治理机构等；依法自主办学，学校领导和管理职责主要由党委会、校务委员会、学术委员会和校长承担。

和论证报告一起递交教育部的，还有《深圳南方科技大学章程（草案）》、校园基本情况、行政和学术组织机构示意图等6个附件。这些材料的递交还有一个小故事，按教育部要求，必须5月1日前送达，但省政府给教育部的函4月30日才印发。于是，市教育局派吴惠琼和许建领亲自去北京递交。许建领回忆说："我们当天上午从广州拿到材料后，直飞北京，赶在傍晚到达教育部。当时已下班，值班室人员说材料可先放到那里，'五一'节后上班再进行交办。但我们不放心，为了万无一失，和吴惠琼商量，我留下来，一直等到节后到部里看着文件进入了流程，才放心地返回深圳。"

看到了"批筹"的希望

南科大创建发展过程中，有一些节点非常关键。在参与南科大创建的很多人眼里，2009年12月28日就是一个这样的日子。

这天上午，深圳市领导闫小培、南科大校长朱清时、市教育局局长郭雨蓉和梁北汉、吴惠琼、许建领来到北京大木仓胡同，就南科大筹建工作向教育部做专题汇报。教育部部长袁贵仁非常重视，亲自率部长助理林蕙青、发展规划司司长韩进、高等教育司司长张大良、政策法规司司长孙霄兵听取汇报。朱清时现场详细汇报了办学方案，闫小培汇报了深圳筹备情况。

袁贵仁部长听完汇报，做了一番热情洋溢的讲话，对办学方案和深圳所做的筹建工作给予充分肯定，明确表示对南科大筹建的态度是：积极支持、共同探讨、扎实推进、力求成功。并对今后的筹建工作提出要求，希望南科大为中国高教改革做探索，戴上国家高等教育综合改革试验校这顶帽子。

随后，林蕙青和几位司长又分别对筹建工作发表意见，对南科大筹建非常支持，同时针对方案中要创新突破的方面，从国家政策层面谈了他们的看法。比如建校初期能不能招收研究生，招收高二学生是否可行等。讲得非常具体专业，说明他们对这次汇报做了充分准备，专门对方案做了深入研究，韩进在现场一口气竟列举了十个需要探讨研究的问题。

下午，郭雨蓉又马不停蹄地到韩进、孙霄兵和发展规划司副司长宋德民办公室拜访，重点介绍了深圳筹建南科大的工作机构和机制，并就如何落实袁贵仁部长要求、进一步推进南科大筹建工作做深入沟通。下午的分别拜访，确定了很多具体的推进措施，对后面南科大的"批筹"发挥了很好的促进作用。

谈起这次专题汇报，郭雨蓉面带笑容，仍然激动。她说："教育部明确表态支持南科大筹建，让我们看到了"批筹"的希望和曙光，太令人振奋了。就我所知，在这之前是没有过的。"郭雨蓉从教育部公开表态支持这件事上，还看到了当时南科大的办学方案已相对成熟，改革的思路和方向已经成型。"如果我们这个方案做得不好，或者根本不具有可行性，改革路向不是全国改革需要的，我想教育部不会表态支持。这也说明朱校长来了之后，在较短的时间内在原有办学方案的基础上不断修改完善，思考改革路向，做了大量卓有成效的工作。"

梁北汉说："我在筹建办工作两年多，如果说最高兴的事，就是这次在教育部听到袁贵仁部长的讲话。他大力支持南科大筹建，并寄望南科大在高等教育综合改革试验校方面有所作为，说明南科大不仅"批筹"有望，而且教育部给予的定位很高。"

毫无疑问，这是南科大筹建过程中，最重要也是收获最大的一次汇报。据说轻易不喝酒的朱清时校长，当天晚饭主动喝了两杯。消息带回深圳，参与筹建的人在高兴的同时，工作信心和动力更足了，当然也感到肩上的担子更重。

从筹建启动，深圳就不断创造、利用各种机会，向上级领导和有关专家汇报沟通，宣传推介，坚持不懈地争取他们的了解、支持，力争早日拿到"准生证"，这方面的例子举不胜举。许建领回忆说："为获得教育部批准筹建、设立，已记不清市、局领导带队到教育部做了多少次汇报请示。"

筹备办成立当年的8月7日，闫小培就率队到省教育厅汇报。与罗伟其厅长一起研究筹建工作，罗伟其提出南科大筹建一定要"高水平、高质量、高起点"。过了十几天，闫小培又再次率队向省政府汇报。时任副省长宋海听完汇报，在肯定的同时提出建议，希望办学方案凸显南科大办学特色，说明与其他科技大学的不同之处在哪里，强调区域针对性。这种汇报，不仅能让省里及时了解深圳筹建南科大的进展和想法，获得更大的理解和支持，还能从中获得很多有益的建议，不断改进筹建工作，更快达到教育部的"批筹"条件。

除了主动拜访之外，如果有相关领导来深圳出席活动，那简直是天赐良机，市领导一次也不会放过，总是见缝插针找机会，让领导们对南科大有更多了解。

吴以环回忆说，2010年9月6日，深圳经济特区成立30周年庆祝大会在深圳大学城体育馆隆重举行。会议结束，按照接待安排，教育部一位副部长由教育系统接待。分管教育的她意识到机会来了，极力劝这位副部长去南科大看看，说南科大筹建进展很快，已今非昔比。这位副部长以怀疑的口气问了很多问题，因时间紧张，不太愿意去。"最后这位副部长还是去了启动校区，听完汇报，看完现场，刮目相看，马上态度变了，后来对南科大筹建工作一直非常支持。"吴以环说，来深圳南科大现场看完之后，信心大增的领导不止一位。

为了给领导汇报，临时准备材料是常有的事。许建领讲了一个亲身经历的故事：2011年1月，一位国家领导人到深圳考察，他要负责起草南科大筹建情况汇报材料。下午下班时把匆忙准备的材料报给郭雨蓉局长，被对材料要求一向严格的郭雨蓉直接打了回来。后来他连夜加班，不敢马虎，一晚上没睡。许建领说，写到最后，南科大的情况已经烂熟于心。

对专家的拜访、沟通同样很多。2008年1月11日，时任英国诺丁汉大学校长杨福家院士一行莅深，得到时任深圳市长亲自接见并向其介绍南科大创建情况，听取建议。杨福家院士建议办南科大要有超前眼光，高起点、高标准、高质量、创造性地办学，后来他还向校长遴选委员会鼎力举荐了朱清时院士。

这年的4月2日和7月16日，闫小培分别会见了同为第十一届全国政协一次会议海外列席代表的加拿大的杨诚教授和美国加州州立大学长滩分校的叶先杨教授，向他们介绍筹备情况。两位教授当即表示，愿意通过各种方式支持南科大。

上述三位专家后来还多次以邮件的方式，对如何办好南科大提出具体建议。杨诚甚至从海外专家学者的角度，起草了《关于支持深圳尽快创办国际化高水准研究型大学，探索中国高等教育改革新路的建议》提交全国政协，全国政协收到后，将这份建议交教育部作为决策参考。

"对全国高校设置评议委员会专家的汇报沟通，更是做到了'全覆盖'，要让他们在评议南科大时支持，前提是要了解。"梁北汉说，工作做细，效果自然会显现出来。

新办高校的审批权在教育部，为了取得教育部支持，广东省同样做了大量工作。"南科大创建这件事，我们厅里是不遗余力地找机会跟教育部的部领导、司局级领导进行沟通，介绍深圳高等教育和经济社会发展情况，突出深圳办一所高水平理工类大学的必要性、迫切性。另外，那时广东省和教育部有个联席会议制度，省领导见了部领导，都会说说南科大的事。"罗伟其很有感触地说，"你只讲支持，别人不了解你办的事，怎么会一下子就表态支持？我们汇报，也不是马上就让人表态。从了解到理解，再到支持，总有个过程。通过多渠道、多层面的沟通、汇报，形成共识，教育部是越来越支持南科大了。"

不能有一项工作掉队

2008 年 3 月 28 日，正值春色烂漫的时节，上午 10 点，随着时任深圳市委书记刘玉浦高声宣布"南方科技大学、深圳大学新校区建设现在动工"，南山桃源街道福光村里，10 余台推土机轰鸣而动，开始对校区内部分建筑进行拆迁。

这次仪式之所以广受关注，除了它是南科大筹建进程中的重要节点，标志着校园建设正式铺开之外，还因为它的规格和选择的时间点。

那天，广东省副省长宋海、省教育厅厅长罗伟其到场了，深圳市委书记、市长到场了，几乎全部市领导到场了，市属各个职能局的局长们也都到场了。一所大学校园建设的启动仪式，如此隆重，十分少见。

在时间点上，南科大那时刚刚确定选址不久，校园很多规划还在招标之中。尤其是筹建报告前一年递交上去之后，教育部不仅没有正式的回复，连个口头的支持表态也没有给。南科大能不能申办下来，还是一个大大的问号。这种时候却搞一场声势浩大的学校建设启动仪式，出于什么样的考虑？

"那天仪式我参加了，印象很深刻。当时我是市环保局局长。拆迁仪式叫作'南方科技大学（筹）暨深圳大学新校区建设动工仪式'，为什么这样叫？讨论时我也参加了，因为南科大还没有获批，所以挂上'深大新校区'。仪式最大的效果就是彰显了深圳建设南科大的决心，不管有多大困难，我们深圳人办南科大的决心不变，不仅要办成，而且要办好！"郭雨蓉对当时市委、市政府干事的魄力，感触深刻。

市委、市政府是有决心和魄力的："我们要克服一切困难，不断细化工作实施方案，实行目标管理，倒排工期，加强协调，加强督察，以最大的决心、最大的勇气和最大的魄力，强力推进各项建设工作，使南方科技大学早日具备办学基本条件，顺利通过教育部考察评议审批，早日建成招生！"

"批筹"和校园拆迁，是那时候南科大筹建面临的最大困难。深圳从筹建启动开始，就抱有遇水架桥、逢山开路的大无畏精神。

2007年8月14日，南科大筹建工作汇报会议上，明确了创建工作的思路：创新路径，加快进度，加强领导，强力推进；采取同步论证、同步上报、同步规划、同步建设的原则，四项工作齐头并进；只要有利于工作开展的，全部并联推进。

"四个同步"原则，体现的是背水一战的决心与豪气，只准成功，不留后路。创建工作时不我待,不能走一步看一步。不能有一项短板,不准有一件事拖后腿。南科大还未获批, 就早早选定校址, 并大张旗鼓地举办启动仪式开建, 就是出于这样的考虑。

筹建工作包括申报材料起草、校园建设、人才引进、办学筹备等,前面对起草申报材料和人才引进等做了详细的介绍,下面再看校园建设和办学筹备是如何"齐头并进"的。

市委、市政府对南科大校园建设项目确定的原则是:"规划、选址、论证、上报、项目启动同步推进。"

根据筹备办拟定的工作计划安排,市规划局 2007 年 5 月份立马启动校园选址工作。6 月 6 日,闫小培听取专题汇报时,已经从南山、龙岗、宝安等区,初步选出了五处作为备选。8 月 20 日,市政府常务会议已经原则确定南科大校园放在大学城地区。校址还未最后确定,南山区就提前成立"南方科技大学南山筹建办",由时任副区长王东具体负责,一场深圳经济特区成立以来规模最大的拆迁安置迅速展开。拆迁建筑面积约 147 万平方米,涉及南山福光、田寮和长源三个自然村,须搬迁 5 万人。如此艰巨的任务,至 2009 年 8 月底深圳再次向省政府递交筹建报告时,已经完成拆迁面积 39 万平方米。制订补偿方案、逐户谈判、拆迁等,难度超出想象。

在南山区穷尽一切办法推进拆迁安置的同时,市规划部门组织专门小组,按照"一流"的标准要求,马上启动了校园规划设计。2008 年上半年举办南科大校园规划设计方案国际招标,当年 9 月评审出中标方案。原市规划局城市与建筑设计处处长黄伟文介绍,按照一般规律,给一块地做规划,一定要有业主先提出需求,这样规划专家做规划时才能有据可依。而当时南科大校长还未遴选,规划部门根本不知道"业主"会有什么要求,这种情况下马不停蹄做规划,主要就是为了不拖申报的后腿。第二年 1 月,市政府通过了南科大校园规划实施方案，次月，市工务署全面启动校园基本建设。一环接一环，环环相扣。

办学实质性准备工作在确定朱清时担任校长后，开始大幅提速。其中最关键的是安排启动校区建设。2010 年 1 月，经过艰难的谈判，深圳市终于购回了南开大学深圳金融工程学院的校区，南科大进入，装修改造，迎接教育部现场考评。

进入启动校区后，挂牌南方科技大学（筹）。2010 年 2 月，根据实际需要，市机构编制委员会下发通知，明确南科大（筹）为市政府的直属事业单位，经费形式为市财政核拨，南科大将尝试事业单位法人治理结构改革。上年的 12 月 29 日，市政府办公会议纪要已明确梁北汉不再担任筹备办主任，由朱清时担任，筹备办多数人员回到了原单位，只有韩蔚、刘粤宁、李丕懿选择留下。这时候筹备办与南科大（筹）实际上已经融为了一体，韩蔚担任副主任，大家在朱清时校长的领导下开展工作。2011 年 4 月，市委组织部发文，市发改委社会发展处原处长叶秦、市科技工贸和信息化委员会机关党委原副书记董朝君调入南科大（筹）担任副主任，加强筹建力量。如今叶秦担任南科大总会计师，董朝君担任深圳职业技术学院副校长。

郭雨蓉介绍说："那段时间市政府设计了一个架构，希望能够齐头并进推进学校的建设。第一个是由主管建设的副市长做指挥长，下面是'校园建设办公室'，负责征地、拆迁、建设等方面工作。第二个是由主管教育的副市长牵头，下面是'筹建办公室'，负责上下沟通，报批文件，向上申报学校设立。第三个是'办学办公室'，主要由朱校长负责，任务就是考虑怎么办学。这'三架马车'分工合作，发挥的作用很大。另外，当时王穗明副书记分管教育工委，基本上特别大的事都由她来统筹。"

　　"四个同步"的筹建原则，贯穿始终，确保了筹建工作尽快满足申报新大学条件。朱清时校长到位、有了比较完善的办学方案和较好的启动校区、新校区建设进展迅速等等，这些实打实的筹建"成果"，让深圳2010年4月向教育部递交论证报告时，有了更好的条件和更足的信心。

第二章

办学在风雨中启航

2010年12月20日，天时、地利、人和，教育部批准南科大筹建，深圳终于拿到梦寐以求的"准生证"！

筹建期中的南科大，无法独立招生。办学又必须有学生，怎么办？寻求外部合作，却遭婉言相拒。因为此时"去行政化"等多项改革，南科大正处于舆论的风口浪尖上。被逼无奈，朱清时"豁出去了"，熬夜写了一封公开信，宣布"自主招生、自授学位"。

社会反应意想不到的强烈，众多家长和学生自愿参加这场史无前例的教改，以至于招生说明会人气爆棚，但这场破天荒的改革面对的也不全是掌声。临近考试，学校派人去北京拿一份权威试卷，过程有点像做"地下工作"。

2011年3月1日，南科大在"像一所小学"的启动校区正式开学。通过自主选拔考试的45个学生成为勇敢的"教改小白鼠"，给他们上课的老师，包括3位大名鼎鼎的院士。

改革之路非坦途，事非亲历不知难。"去行政化"改革在争议中前行，组织部门为南科大选拔两位局级副校长引出一场风波；有关方面要求教改实验班参加高考，结果遭学生拒绝；港科大3位教授高调离开，让朱清时一度感到"几近崩溃"。面对困难，南科大和朱清时毫不退缩。第一批教授签约，首个书院揭牌，办学和改革在风雨中继续加快推进。

4年后，首届教改实验班毕业生的出路令人欣慰，超过75%的学生进入世界著名高校攻读博士学位。他们与老师一起，书写了南科大的历史。

教育部正式"批筹"

2010 年 12 月 24 日，是深圳人尤其是南科大人值得铭记的日子。这天，教育部正式发文，同意筹建南方科技大学，俗称"批筹"。从深圳市决定筹建到获得教育部批准，南科大筹建工作已经走过 1300 多个日日夜夜。

那时候，南科大推出"去行政化"等破天荒的改革，冲击既有的做法和观念，正处于舆论的风口浪尖上，南科大的一点点动静都会被媒体敏锐地捕捉到。但在"批筹"这件事上，结果出来了，深圳的媒体似乎反应迟钝。北京的《新京报》在教育部发文的第二天，该消息就正式见报了，而深圳的媒体到了次年 1 月 17 日才正式报道。"淡定"背后的原因，令人遐想。

其实，深圳方面应当早就知道"批筹"的结果了，但却一直"不声不响"。在正式下文"批筹"之前，有两个极其重要的"关口"要过：一个是教育部组织的专家考评组现场评议，另一个是全国高等学校设置评议委员会开会投票。

2010 年 5 月 24 日，吴启迪率领教育部专家考评组一行 10 人来到深圳，对设立南科大进行了为期两天的考察评议。前面介绍过，吴启迪 2009 年曾率领教育部调研组来深圳调研高等教育，专门听取过南科大筹建情况汇报。这次来看，南科大筹建的进展让她和其他专家们非常满意。考评组在听取反馈意见时，对深圳大力发展高等教育的决心和做法表示"钦佩与感动"。吴启迪称南科大在筹建过程中，就努力探索解决长期困扰我国高等教育发展的"瓶颈"与难题等，对全国高等教育发展具有启发意义。评价之高，令深圳备受鼓舞。

同年 9 月 27 日，教育部召开全国高等学校设置评议委员会会议，投票通过批准南科大筹建。据说，这次专题会议并不是所有专家委员都参加，而是主任会议。相对来说，这些主任专家对深圳和南科大更加了解，有人说，这也是对深圳的"特殊照顾"。"像钟秉林先生，从筹备办成立，我就跟他保持经常联系。他一直关心支持南科大筹建，又是评议委员会的副主任委员，对我们顺利通过，发挥了非常重要的作用。"韩蔚说。参与筹建的人，是从内心感谢这些专家的支持的。

当深圳获悉教育部要马上发文时，大家还是忍不住地激动与兴奋，希望早日看到那份批文。于是，深圳市教育局派专人去教育部拿文件。这任务落到了常跑教育部的许建领身上，他说："要求我拿到'批筹'文件才能回到深圳。在教育部附近的山水宾馆，我总共住了 8 天，每天都到教育部沟通。"最后看到文件基本走完了签批程序，许建领才回到深圳。

这份备受关注的文件首先告知广东省政府，同意设置南科大，学校代码为 14325，筹建期为三年，然后提了五条"有关事项"。

第一条是教育部表明态度，在南科大筹建期间会给予指导和大力支持，争取该校"早日筹建成功"。这里"筹建成功"是指正式批准成立。按照国家规定，高校获批筹建后，筹建期满，教育部要再组织考评，通过才算正式成立。这也就意味说，"革命"尚未成功，深圳还需努力！

第二条是让南科大早日完善大学章程（申报提交的是草案），并提出了章程修改的原则，比如坚持改革、开放和创新，坚持立足国情、从实际出发。修改后，再上报教育部。

第三条是要求进一步明确学校的定位和发展思路，在如何培养拔尖创新人才上，制定更加具体有效的措施。

第四条是明确南科大的领导和管理由广东省负责，要统筹解决好办学经费。

第五条是明确筹建期间可以试办本科专业，并且要"按我部有关规定处理"。

读者会发现，"南方科技大学"名称不合规定要求，但教育部还是批准了这个校名，背后的原因是什么？曾经担任南科大第一届学术委员会主任的唐叔贤院士向笔者讲述了一件事。朱清时曾跟他说，有一次参加中央某主要领导主持的会议，领导关切地问他退休后在做什么，他回答说筹办南方科技大学，领导接着说："南方科技大学，好！"有人因此猜测校名获批可能与这有关。其实，名字能够过关，原因可能是多方面的，比如那时南科大已经被国内外广泛关注，尤其是朱清时来了之后，热度直线上升，到教育部批准筹建时，已经相当有影响力了，再换名字已不合适，说不定还会引来一波负面舆情。

"对南科大来说，'批筹'是非常关键的一个节点，说明筹建工作得到了教育部的正式认可，拿到了'准生证'，给不给办的问题彻底解决了。"郭雨蓉谈起这段经历，仍然记得当年朱清时拿到"批筹"文件时的情景，"朱校长很兴奋地跟我说，这个学校代码要跟南科大一辈子了！"她说，直接批准筹建大学，实际上是一种突破，是教育部对深圳的高度信任和支持。如果严格按照规定按部就班地做，只能从专科开始先办学院，然后一步步办成大学。

"2010年12月20日，南科大拿到的虽然还是'准生证'，但在很多人眼里，南科大已经正式出生了，因此理事会后来决定将这一天定为南科大的建校日。"韩蔚说。

教育部"批筹"对南科大来说，是掀开了新篇章。朱清时当年接受记者采访时坦承，虽然南科大被海内外知名学者寄予厚望，但由于没有被教育部正式"批筹"，很多学者仍然在观望。"批筹"之后，南科大将全力推进教师招聘、学生招录等一系列工作。

有了合法身份，南科大在朱清时的带领下，办学工作全面加速。

"准生证"来之不易

从深圳市决定筹建，到教育部正式"批筹"，时间长达三年半有余。筹建之艰，拿证之难，可想而知。

有人把南科大筹建与深圳大学创办相比，1983年年初，深圳向中央提出创办深大，5月份国务院就正式批准同意。紧接着深大就筹备招生，当年9月开学，连上课的教室都是借深圳电大的。深大从提出创办到最后招生开学，只用了南科大筹备时间的零头。当然，这主要是因为时代不同、政策有变，审批程序更加规范了，二者不能做简单类比。

但南科大的筹建与其他新办学校比起来，也显得更加不易。曾在筹备办工作的一位人员说，有一次到教育部发展规划司某处长办公室，这位处长指着办公桌上高高的一摞文件说："从来没有说批一所大学的文件和材料放这么高的！"

这中间的原因很多，不再多叙。南科大最后能拿到"准生证"，"修"成正果，归纳起来，无外乎是天时、地利、人和三者"共振"的结果。

最大的"天时"，是恰逢国家颁布实施《国家中长期教育改革和发展规划纲要（2010—2020年）》。《纲要》是党中央、国务院审时度势、落实科教兴国战略、应对未来挑战制定的纲领性文件，重要性怎么强调也不过分。那段时间，贯彻落实《纲要》成为中央到地方各级政府的一项重要任务，对教育系统来说，更是责无旁贷，成为工作中的重中之重。

国家希望各地能够积极行动，一些地方和学校能够成为试点，成为推动《纲要》全面落实的"抓手"和"示范"。当深圳市的人员去教育部汇报时，部领导不止一次地提出，希望南科大能为中国高等教育综合改革做试验。从现实层面来说，这也是落实《纲要》的大局需要。

从《纲要》自身来看，其突出的"改革"主题，与深圳市和南科大的"气质"高度契合。

《纲要》出台的深厚背景，是中国教育长期以来积累了一些深层次的矛盾和问题，最集中的表现是"钱学森之问"——"为什么我们的学校总是培养不出杰出的人才？"解决这些矛盾和问题，只能靠改革，国家需要走出一条高等教育发展的新路子。

因此，翻开《纲要》全文，扑面而来的是清新的改革气息。全文分四部分，第三部分讲体制改革，涉及人才培养、考试招生、现代学校、办学体制、管理体制等多个方面。比如，推进政校分开、管办分离；落实和扩大学校办学自主权；探索教授治学的有效途径；各类高校应依法制定章程，依照章程规定管理学校；尊重学术自由，营造宽松的学术环境；探索符合学校特点的管理制度和配套政策，克服行政化倾向，取消实际存在的行政级别和行政化管理模式；等等。措施大胆、超前，很多是突破性的。

深圳正是靠改革起家、靠创新发展的经济特区，改革和创新已经渗入城市的骨髓。深圳在改革开放方面成功"杀出了一条血路"，完成了国家交付的无数个"探路"任务。南科大秉承深圳基因，从决定筹建那天起，就扛起了"教改"的大旗。朱清时院士更是一位为圆梦改革而上任的校长，使命感和紧迫感让他还未到任，就描绘了一幅改革蓝图，上任之后更是大刀阔斧地推进。

还有一个"天时"之利是，国务院批准了《珠江三角洲地区改革发展规划纲要（2008—2020 年）》，从国家层面赋予深圳多个新使命，比如"综合配套改革试验区""国家创新型城市"等。创建南科大，符合"珠三角"高教改革发展的需要。

在这种大背景下，南科大生逢其时。教育部和广东省大力支持南科大的创建，并寄予厚望。郭雨蓉说："中国高等教育在扩大规模、合并学校、调整结构之后，需要新一波的发展动力。这个动力寄希望于改革上，为教改而生的南科大，正好赶上了这么个好机遇，非常幸运！"

"地利"当然是南科大生在深圳。深圳作为中国首批经济特区之一，是改革之城、创新之地，自然更容易获得国家的信任和支持。另外，经过 30 年的改革开放，这座城市已经具备了创建一所高水平大学的硬实力。教育部考察一个地方有没有条件新建高校，主要看四个方面：一是地方经济社会和教育发展的紧迫性；二是地方教育改革发展状况；三是地方政府对高校经费的保障状况；四是拟设置高校须达到国家规定的同类学校的设置标准。第一条，深圳高校严重不足，远远不能满足经济尤其是高新技术产业的发展需要；第二条，深圳教育改革发展有目共睹，因为基础教育发展当时被评为广东省首个"教育强市"；第三条，深圳经济实力已经紧跟超大城市北上广，对高校经费的保障力度在全国名列前茅；第四条，依靠三年多的努力已经达到设置标准。总之，这座城市不仅急需而且完全有实力新办一所高水平的大学。

"我觉得南科大筹建的最大特点是'先建设，后拿证'。深圳大学则是'先拿证'，拿到'出生证'才建设。南科大是连'准生证'都没有拿，就干了起来。"梁北汉总结说。南科大从一开始就必须干好，没有退路，而要干好，关键在"人和"。

　　"人和"之利方面，从深圳来说，首先是市委、市政府在创建南科大上所表现出来的那种决心、气魄和行动力。深圳政府为主导，协调全市各方力量，贯穿于创建南科大全过程的方方面面。后来一届又一届领导，咬定青山不放松地坚持。南科大筹建班子有三位市领导挂帅：市委副书记王穗明担任南科大校长遴选委员会主任委员，负责创校校长招聘和高端人才引进工作，常委副市长抓拆迁规划和校园建设，一位主管教育的副市长抓办学申报。在南科大筹建过程中，市领导们不仅决策，而且亲力亲为，用副市长吴以环的话说"我们都是干活的"。筹备办留下的工作简报里，留下了大量市领导的"干活"记录。没有他们坚定有力地持续推动，在遇到那么多困难甚至挫折的情况下，筹建工作不可能坚持三年半，也不可能最后成功。

　　其次是筹建办和市教育局做了大量艰苦卓绝的工作，付出了大量心血和汗水。时任市教育局局长郭雨蓉坦言，她到教育局工作重中之重的任务是筹办南科大，2009 年到 2012 年，几乎一半工作时间贡献给了南科大。作为筹备工作的主力军，筹备办和市教育局工作的好坏，对能否获得"批筹"起着关键作用。他们始终抱着使命感做事，办公条件艰苦，个人收入受影响，经常熬夜加班写材料，都毫无怨言。当申办遭遇挫折，社会上风言风语流传，他们坚定信心，不气馁，仍然保持激情燃烧的状态。他们的工作方法卓有成效，从一开始就找准了筹备工作的关键点、突破口，也就是聚力满足教育部申报的条件，在此基础上制定策略，踏准节奏，做到事半功倍。

　　再次，是举全市之力下形成的合力。筹备不仅是准备各种材料，还有实实在在的校园建设、人才引进等工作。在市委、市政府统一协调部署下，市发改、规划、财政、人事、工务署、环保等部门，以及南山区区委、区政府竭尽全力做好分内事，确保了筹备进度"齐头并进"。最后考评组来深考察，给出了高分。

　　还有一个特别关键的"人和"因素是朱清时校长。无论是当时还是现在来看，遴选出朱清时院士担任南科大创校校长，都是不二选择。他在关键时刻推动了深圳乃至中国高等教育的改革。他的资历、智慧、眼界，尤其是富有使命感的改革精神和勇气，让各方面对办好南科大有了更多的信心。他上任之后，在很短时间内完善了办学方案，实质性地启动了办学工作。采访中他坦承："创建南科大的成功要感谢不止一位中央领导的支持，特别是时任国务委员刘延东，我还专门到她办公室汇报过，这让我更有信心和底气来推动教改，办好学校。"

　　南科大筹备申请虽"道阻且长"，但最终在各方大力支持和努力下获得批准。

终于有了启动校区

启动校区

2010 年 1 月，深圳市政府常务会议决定：市政府以 1.76 亿元的补偿金额收回南开大学深圳金融工程学院 15 万平方米的土地使用权、2.5 万平方米的地上建筑物及价值 2100 万元的教学设备设施，供南方科技大学（筹）作为启动校区使用，并力争在 2010 年春节前完成用地、地上建筑物和教学设备设施的移交工作。

据笔者了解，启动校区得来十分不易。南开大学深圳金融工程学院建成后运营一直不正常，内部关系比较复杂。深圳市法制办办理收回手续时，因种种原因进展缓慢，但南科大招老师招生都急着要地方，办事一向雷厉风行的王穗明心急如火。据说有一次她拿起电话，足足"骂"了相关负责人 40 分钟。这一"骂"，还真有效果，启动校区的事很快就办妥了。王穗明接受采访时说："朱清时院士是那么优秀的校长，遴选委员会专家都说他好，又是我去合肥动员他来深圳的，我当然要全力支持他办学。有时候为了推动南科大筹建工作，不得不发脾气。"

2010 年 5 月，南科大启动校区正式启用。经过三年的筹备，南科大终于有了独立的办学场所。韩蔚他们满心欢喜，不仅自己工作环境改善了，更重要的是有地方招老师和学生了。

该校区位于深圳市南山区西丽大学城东侧，与清华大学、北京大学和哈尔滨工业大学三所高校的深圳研究生院相邻。校区包括行政楼、教学楼、后勤服务楼、师生公寓共 4 栋建筑物以及其他办学附属配套设施。园内有标准田径场、篮球场、排球场、足球场等设施配套，多媒体教学设备、监控和网络系统布局有序，各类办公设备以及后勤服务等设施较为齐全。

由于原来就是南开大学在深圳的办学场所，启动校区规划建设符合基本办学要求，因此成为南科大创校办学的"孵化器"，是实施书院制教学和引进高层次人才的基地。

　　但启动校区当时在深圳的位置比较偏僻，加上南开大学在这里的办学基本没有展开，因此，校园环境和设施设备的维护不佳，校园给人狭小、简陋之感。在这里正式启航办学，艰难困苦可想而知。那些从国内外知名大学来这里工作的教授，对比原来的工作环境，会觉得反差太强烈。但这些早期的南科大人以"垦荒"精神克服重重困难，满腔热情地投入南科大筹建中来。

　　当谭斌从美国的斯科普斯研究所学成回国，准备来到南科大大展拳脚时，眼前的一切让他有点傻眼了。"当时我的感觉是，这哪里像一个大学，分明就是一所小学。"

　　中科院院士唐叔贤，如今仍然经常跟朋友津津乐道地回忆当初住在启动校区的情形："我们从食堂走回办公室要经过一片杂草地，晚上的时候要跟小动物们抢路，走着走着就能遇到青蛙和蛇。我的房间里除了蚊子，还有壁虎。壁虎就住在我的打印机里。有次我晚上打印东西，它突然从打印机里爬出来，我和它都被对方吓了一跳。"

　　"原始"的不仅是校园环境，这里的科研实验室和设备也几乎"一穷二白"。谭斌的研究方向是有机化学，2010年博士毕业，2012年9月加入南科大，成为在南科大成长起来的第一个"杰青"（国家杰出青年科学基金获得者）。他回忆道，生活条件艰苦点容易克服，可没法做实验，对他们的科研生涯来说是个巨大打击。为了不使自己的科研生涯中断，大家想尽一切办法，创造科研条件。

　　有机化学是一个以实验为基础的学科，启动校区没有科学实验室，谭斌就把学校的教学实验室充分利用起来做实验。

　　当时，学校的教学实验室里有4个通风柜，谭斌和化学系副教授刘心元一起，把它们利用了起来，不上课的时候就在里面做实验，上课的时候就把放里面的他们实验用的东西收起来。

　　实验室的问题解决了，没有检测仪器和设备怎么办？刘心元毕业于香港大学，利用这层关系，每到周末，他就把做出来的样品拿到香港大学检测。后来，他们想办法与中国科学院深圳先进技术研究院、北京大学深圳研究生院建立了联系，不用每周跑香港了，两人骑自行车，就能把样品送到实验室。

在解决实验室这个问题上，吴文政选择了和谭斌一样的办法：到处"蹭"实验室。不同的是，吴文政把自己"蹭"成了实验室建设专家，并参与了南科大科研实验室的建设和管理。

如今担任南科大公共分析测试中心副主任的吴文政是香港人，作为香港大学博士后出站后，他来到南科大工作。虽然做了心理准备，但启动校区的简陋程度还是超出了他的预期。为了做科研，吴文政来到南科大的前三年，几乎利用周末走遍了香港每一所高校的实验室，以至于后来他"对香港每个高校的科研配套状况都非常清楚"。

吴文政当时做的是一些跨学科的研究，涉及物理、材料、化学、生物等多个领域，这些领域的实验器材他也都要用到。为了满足科研需求，他不断到香港各个高校调研，学习香港高校在科研建设方面的经验，并着手采购相关仪器设备。

恰逢南科大开始筹建科研实验室，吴文政责无旁贷地肩负起了前期调研和规划工作。"当时就是想着自己的科研不能耽误，同时还要把学校的科研条件创造起来。况且，当时也确实很需要有科研背景的人参与进来，所以我从写实验室建设申请书到弄平面图、装修、采购设备，全程都参与了。"

实验室建好了，设备也采购了，吴文政又因担心设备管理不善，不能被很好地利用，主动参与了后期管理。他也顺理成章成为学校公共分析测试中心的负责人。"因为全程参与了它的建设，感觉就像自己的孩子一样，得把它看护好。"

"小楼里有大师"是朱清时心中理想大学的模样。南科大启动校区是名副其实的"小楼"。只有四栋建筑物，每栋约五层。校园虽小，却有多位大师。如中科院院士就有朱清时、唐叔贤、陈国良、张景中，还有港科大创校校长吴家玮、港科大教授李泽湘等。虽然有的人后来离开了，但都在这里留下了深深的印记。

在这个小小的校园里，有一大群理想主义者为南科大的梦想奋斗。他们为了"建一所不一样的学校"的愿景，冒着可能失败的风险，有的放弃可以看得见的未来，有的放弃颐养天年的生活，有的放弃安稳的工作，大家聚在一起，白手起家，把艰苦熬成诗意，把困难凿成希望，一起创造南科大的未来。

在这里，老师和学生们一起追求着南科大的梦想，条件虽苦，但其乐融融。他们吃住都在一起，亦师亦友。校友余丹丹回忆当年的学习生活时说："当时老师和学生都很少，大家互相都认识。每当过节，比如中秋节、元宵节，学校食堂免费开放，我们和校长、老师一起吃饭，感觉很像一个大家庭。"

从2010年5月启动校区投入使用到2013年7月开始搬入新校区，南科大办学从这四座小楼出发，在风雨中前行。南科大人探索中国高教改革的未来，用实际行动回答"钱学森之问"。

"逼"出来的自主招生

2010 年 12 月 15 日，夜已深，周围的一切归于平静。朱清时在床上辗转反侧，怎么都睡不着。他刚刚写完了《致报考南科大考生、家长的一封信》。这封信的内容让他如履薄冰，他要以公开信的方式向社会宣布：尽管还没有获得教育部的招生许可证，但是南科大决定不等了，将推出"教改实验班"，进行自主招生、自授文凭。

这是一场前所未有的高教改革。"最后，我坚定了，就是豁出去了。这封信发出去后，南科大已经开弓没有回头箭，无论发生什么，我们只能硬着头皮走下去。"朱清时说。

很多改革都是被"逼"出来的，朱清时走出这一步，也是被逼无奈的选择。

按照当初上报的南科大办学方案，2010 年将通过自主招生，面向全国（或指定区域）招收 50 名优秀高二学生入学。通过办实验班，形成精品本科教学的课程体系和核心队伍，随后，以其为核心逐步扩大成南科大的本科教学体系。

但在朱清时发出招生公开信之前的大半年里，实际操作时，招生问题一直是南科大迈不过去的坎儿。

国家出台的《普通高等学校设置暂行条例》规定：设置普通高等学校的审批程序，一般分为审批筹建和审批正式建校招生两个阶段。从审批筹建到审批正式建校招生，需要 1~5 年时间。其中完全具备建校招生条件的，也可以直接申请正式建校招生。

几乎没有新建学校能够一步到位"完全具备建校招生条件"。南科大筹备虽然遵循"四个同步"原则快速推进，但 2010 年也不可能达到那些"基本"的条件要求，比如学校图书不少于 6 万册，以 3 个以上不同学科为主要学科等。

但在朱清时眼里，招生办学是南科大当时不得不做的事情。因为只有招生了，一系列教改实验才能真正启动。"我在中科大工作这么多年，很清楚如果我任期这 5 年没有招生，我们这 5 年就不会有成功。一个学校始终都是筹备，还怎么成功？如果这 5 年有可能有学生毕业的话，唯一必须做的就是 2010 年招生，2014 年毕业。从时间上来说，办第一届教改实验班是逼上梁山。"朱清时说。

经过争取，教育部允许南科大与其他高校联合招生。实际上，这是教育部为教改实验开的绿灯。因为按照惯例，尚在筹建阶段的学校，连联合招生的资格都没有。

当时南科大提出与中国科技大学合作，计划从报考中国科技大学少年班落选的苗子里挑选生源，但是按照有关规定，联合招收的学生，必须是中国科技大学学籍。

这时朱清时说不可能同意这样做："如果我们的学生是中科大学籍，相当于南科大变成了中科大在深圳的分部，那么改革试验的意义就很小了。"

在这期间，深圳市领导和朱清时一起，还去国内其他大学寻求合作，以解决教改实验班招生合法性问题。但去了之后，对方主要领导都临时外出办"急事"去了，根本没露面。后来才知道，那时候南科大"去行政化"等改革在国内争议四起，他们不愿意"蹚浑水"。

在这种情况下，朱清时决定不再等待，他要进行一场史无前例的试验，跳出现行教育体制，探索一条全新的道路。

2010 年 12 月 16 日，《致报考南科大考生、家长的一封信》和《2010 年南方科技大学教改实验班自主招生简章》一起出现在南科大官网。

这封公开信朱清时用"南科大迈出的一小步，将是我国高教改革的一大步"作为标题。信里，他抨击了现行教育制度的弊端，向社会宣示其改革的决心。朱清时在这封信里写道：

"按照一些旧的规章制度，南科大一步到位地建成一所研究型大学的目标是不可能实现的。这些规章制度规定：要想创办一所新的高校，只能先办大专或学院，若干年后办得好者，评审合格，再升成大学。然后再一个个地申请硕士、博士点，几十年后才可能建成一所研究型大学。这些法制化了的规章制度的原意是由教育部代表国家来保障、控制全国学位的质量，但同时也使大学失去了办学自主权，造成高校'千校一面'的畸形状况。

"这些规章制度的弊端，是剥夺了大学'招生'和'授学位'的核心自主权，导致我国大学缺乏内在的发展活力。为了实现南科大的目标和定位，也为了回归大学应有的办学自主权，尝试建立现代大学制度，我们把'自主招收高二学生''自授各类学位和文凭'作为教改先行先试的内容。

"在过去三十年改革开放的历程中，深圳人已经懂得，改革不可能不与旧的规章制度发生冲撞，改革不能一味靠等批复，深圳精神就是'敢闯'。

"三十年前，第一批丢掉铁饭碗下海人的勇气、小岗村人包干到户的激情，鼓舞着我们决心迈出今年自主招生的第一步。

"南科大的教改实验可能会遇到许多困难。但是，大学能自主招生、自授学位，才有真正的办学自主权，才能推进我国现代大学制度的建设。这是我国高教改革的必由之路。"

南科大试图在我国高教改革上蹚出一条新路子。这封公开信发出后，如同平地起惊雷，一石激起千层浪，引发了社会关于自主招生、人才培养等高等教育改革话题的热烈讨论。

实际上，朱清时做出这个决定是经过深思熟虑的。《纲要》明确了"建设现代学校制度,落实和扩大学校办学自主权"的改革方向。《深圳市综合配套改革总体方案》中明确"深化改革,充分发挥经济特区的'试验田'作用,大胆探索,先行先试,全面推进综合配套改革,力争在重要领域和关键环节取得新的突破,在全国率先形成科学发展的体制机制,为发展中国特色社会主义创造新鲜经验"。在朱清时看来,教改实验班的推出在一定程度上是因时而谋,应势而动。

朱清时并不担心这些孩子们会被耽误。他当了十年的中科大校长,很清楚办学规律。张伯苓当初创立南开大学,初期一个系只有一个教授——数学系是姜立夫教授、物理系是饶毓泰教授,饶教授什么课都讲,学校的几个工友就是管理团队。学生也不多,但培养出了陈省身、吴大猷等大师。在朱清时看来,南科大首届教改实验班招收 50 名学生,用中科大的经验,用深圳的财力,聘用最好的老师,他可以每个礼拜请一个院士来给学生上课、座谈,让这些学生"吃小灶",可以保证让他们受到很好的教育。

但朱清时依然如履薄冰。他担心"教改实验班"的学生以后拿不到教育部认可的学位,会影响学生未来就业和报考研究生。他更担心的是,南科大的教育改革得不到社会的认可,在招生咨询的时候就半路夭折。

如果有一所大学,在未经国家教育部门批准的情况下,自主招生,并且毕业时发的毕业证得不到教育部门的承认,这样的学校你敢上吗?

2010 年 12 月 18 日下午,这一切似乎有了答案。

从发出公开信到召开招生咨询会的这两天里,南科大的招生咨询电话已被打爆。虽然想到了现场大概率不会冷场,但火爆程度还是出乎了每个人的意料。

近千名来自全国各地的学生和家长拥向南科大,可容纳 200 人的会场座无虚席，连走道里都站满了学生和家长。采访的媒体把整个教室挤得水泄不通，很多记者只好坐在嘉宾讲话的讲台上。因会场实在容不下不断推门而入的咨询者，南科大校方不得不额外增加了两个分会场。

朱清时和英国剑桥大学教授陈应天、香港科技大学教授李泽湘、中科院院士张景中等豪华教师阵容一起亮相。据当时媒体报道，走进会场的那一刻，朱清时搓了搓手，不抽烟的他问身边的同事要了一根烟，吸了半根后，掐灭，大步流星地走了进去。

朱清时表达了南科大将参照香港科技大学建校的模式，一步到位地建成一所高水平的研究型大学的决心。陈应天教授对物理学的课程设置做了介绍。李泽湘教授介绍了创新人才培养课程体系。

现场的学生和家长大部分都是深圳市的，也有不少人从黑龙江、湖北、湖南等地远道而来。出人意料的是，在招生会上，很少有家长对可能拿不到国家统一文凭表示担忧。

一位在深圳居住了 13 年的家长说，在深圳的 13 年让他明白一件事情，在深圳这样的地方，文凭不重要，只要你有能力一样可以过得很好。

一位湖南的家长说，目前的高校教育有不少问题，她希望能够在南科大这样一个创新的学校里，给孩子提供一个更广阔的天地，把孩子培养成真正的创新型人才。

还有一位深圳的家长说，他本来想送孩子出国读书，让孩子在国外的教育体制下能够好好学习，他听了南科大这样一个招生理念后，就赶过来感受一下是不是和自己的想法一致。

事后，朱清时接受媒体采访时，多次表达了自己的感动，"大家是用实际行动来支持南科大和南科大的改革"。

这是南科大筹建以来，朱清时少有的畅快时刻。从王荣手中接过聘书那一刻起，朱清时就面临着无数的争议和质疑。有人说这是南"科"一梦，要在中国内地建起这样一所理想的大学，不过是白日梦而已。而对于朱清时来说，"南科"梦是他的梦想，是一代人的梦想。

招生咨询会的火爆至少证明，在"南科"梦这条路上，虽然有质疑，有不解，但南科大并不孤单。许许多多的学生和家长，愿意冒着风险，和南科大一起书写中国的高教改革史。

45 个勇敢的"小白鼠"

教改实验班开学典礼

2010 年 12 月 19 日，经过了前一天的喧哗，这一天的南科大显得安静了许多。校园里，十多名家长窃窃私语；教室里，一场别开生面的考试正在进行中。

　　南科大在此前公布的招生简章里表示，首届教改实验班的学生主要来源于两方面：一是报考了中国科技大学少年班，参加了2010年6月高考，且超过当地一本分数线的学生；二是高中学校及社会推荐的优秀生源。前者可直接参加复试，而后者需要参加笔试后，再进入复试阶段。

　　这天来参加考试的，正是当年报考了中科大少年班，且超过当地一本分数线的学生。

　　这批参加复试的学生有16人，年龄明显比高中毕业生要小，看起来十四五岁的模样。这场复试要整整持续一天，上午是学习能力测试，下午是面试和心理健康测试。南科大招生简章明确规定，复试侧重考查学生的理解力、想象力、表达能力等。

　　你怎么理解牛顿水桶实验？这是当天上午进行的学习能力测试的考题。参与南科大物理课程设置的著名物理学家陈应天亲自来到考场，他向学生们简单介绍了牛顿水桶实验，让他们写出各自的理解。

　　素有神童之称的深圳考生王嘉乐是这批考生之一，他马上抓住了这个题目的考点。谈起这次考试，他说："牛顿通过水桶实验提出了绝对时空观，也就是时间、空间是绝对的。其实也就是考查大家对相对论的认识。答卷就是一张空白的A4纸，想写多少写多少。"

　　据南科大校方的说法，南科大的使命是培养将来科学领域的领军人物，笔试题主要考查的是学生对未知领域做出猜想的能力，也是对学生创造性思维和发散性思维的考查。"试题的内容你懂一点，但又不全懂，就看你如何猜想了。毕竟科学就是对未知领域不停猜想，然后证实或证伪。"王嘉乐说。

　　考查的结果让陈应天很惊喜："我以为这样高深的问题，最多只有一两个学生能够回答，没想到绝大多数的人都回答得很好。我对南科大的生源很有信心。"

结束了上午笔试，当天下午 2 点 30 分，王嘉乐踏入面试考场，三位面试官是朱清时、张景中、陈应天。

"你以后想做什么？"考官问。

"10 年之后有自己的科研成果。"王嘉乐答。

"那你为什么选择南科大？"考官又问。

"这里是小班教学，而且任课老师都是国内外一流的专家和教授。"王嘉乐答完，考官微微颔首。

面试过后，南科大又对这批学生进行了心理测试。

"请你画一棵树，并用文字描述你画的树，答题时间 5 分钟。"这是心理测试的最后一道试题。

这其实是绘画测试中比较常用的一种，叫作"房树人测验"，因其准确率较高而广泛应用于临床心理学的诊断中。按照南科大校方的说法，这道题旨在测验考生的观察能力、表现能力、心理健康情况，以及对未来的憧憬和期望等。通过绘画分析可以确定一个人的情绪、人格特征和心理现实，甚至还能看出绘画者的人生经历。

"我当时画了一棵圣诞树，枝繁叶茂，挂满了礼物。"王嘉乐说。就这样，王嘉乐过关斩将，顺利拿到南科大教改实验班的录取通知书。

2011 年 1 月，南科大面向社会和高中学校推荐生源的笔试、面试也如期而至。这次招生面向全国，报名人数超过 1100 人，经过精心筛选，最终有 168 人获得笔试资格。

如何能保证招收到符合要求的学生？笔试试卷由谁来出？"我们虽然是自主招生，但我们要请国家权威机构命题。我们希望学生参加的笔试，在难度、权威程度、考核情况上都不亚于高考，只不过我们不与高考混合，而且我们有自己的评判标准。"朱清时说。

朱清时希望由权威部门出题，可当时的南科大正处在风口浪尖上，权威部门是否愿意冒这个风险呢？

　　韩蔚负责落实考卷的相关工作，她一开始找到了国内某著名教育考试院来出题，这个考试院也答应了。可后来，迫于某方面的压力，考试院改口说做不了。

　　韩蔚意识到，必须动用不一般的力量来做这件事。教育部考试中心负责给全国出高考题，同时也给"华约""北约"这些高校联盟出题，地位和权威性自不待言。"要是教育部考试中心都不敢给南科大出题，估计全国没有机构敢做这件事了"。

　　时任教育部考试中心主任的戴家干曾任北京师范大学副校长，而北师大是韩蔚的母校，韩蔚找到了母校校长钟秉林，钟秉林帮她联系了戴家干。戴家干当即答应支持南科大，并安排了具体负责人。

　　眼看自主招生考试时间就要到了，按照约定，韩蔚要去北京取考卷。出发那一天，朱清时亲自把她送到机场。

　　到了考试中心，对方工作人员拿着密封的档案袋告诉韩蔚，这是给你们的试卷。韩蔚高兴地去接，对方却说，现在没办法给你，这个事情现在没法做。

　　无奈，韩蔚又去找了钟秉林，钟秉林说再帮她想想办法。那天晚上，韩蔚一刻都没有睡着，不停地打电话，着急、焦虑。深圳很多领导在大后方坐镇，时刻关注她在前方的情况。

　　第二天，韩蔚继续去考试中心软磨硬泡，她说："对方工作人员当时接了一个电话，跟我说让我出去转一圈，过一会儿再来。其实他们是在商量对策。我回来后，他们给我一张小纸条，上面写了一个北师大的地址、一个名字、一个电话，跟地下工作者接头暗号一样。我领会到了意思，什么都没有问，马上去了纸条上写的那个地址。"

　　到了纸条上写的地址，对方问韩蔚，是不是从深圳来的，姓韩，得到肯定答复后，对方拿了一个大纸箱给她。韩蔚认真慎重地处理好包装后，直奔机场。回到深圳已经是凌晨一点半，南科大所有的同事都在办公室等着，没有一个人走。

如今谈起这些，韩蔚仍然很感激北京那些领导和朋友，如果没有他们当时的鼎力支持，南科大的改革之路，会走得更加艰难。

这次笔试在全国共设置三个考点：北京、武汉和深圳。北京的考点设在中国人民大学附属中学，江苏徐州的汪常玉是这场考试的考生之一。

汪常玉就读于丰县中学，一座历史悠久的国家级示范性高级中学。他的成绩在全年级排名前十，按照当时的成绩，他大概能考上武汉大学这样的高校。

2010年10月，汪常玉从父亲口中知道了南科大招生的消息。"看新闻时就想，我一定要读南科大，为的就是那不一样的办学理念，那一片更自由的天空。"

在汪常玉眼中，南科大无论是高教改革，还是教授治学，都对即将进入高三年级、迎来人生大考的他具有巨大的吸引力。

2011年1月，他从徐州奔赴北京，在人大附中参加了当年的笔试。"考试在一间阶梯教室内进行，黑压压的全是人脑袋。"

汪常玉的综合能力在那场考试中崭露头角，他说："有一道关于热力学的考题没学过，但凭借对已有知识的掌握，我解了出来。"那次笔试为他刷掉了一大批竞争者，他顺利接到面试通知，并过关斩将。2011年2月18日，汪常玉收到了南科大教改实验班的录取通知书。

经过2010年底和2011年初的两批次招生，南科大选拔了50个学生，作为首届教改实验班的成员。这场完全由学校主导的招生，为中国的人才选拔机制划开了天窗。

长期以来，高考都是中国最得到公众认可的人才选拔方式。但朱清时对此有个形象的比喻：森林里的动物各有各的本事，但有一天大家讨论，说为了追求公平，现在大家比赛爬树，谁爬得好谁就占据高位。结果猴子很高兴，大象就很恼火——它根本不会爬树。高考就是爬树。几十年来，中国的年轻人都被用爬树的方法选拔，结果很多年轻人觉得自己，爬不高，是因为自己没有能力，就失去信心了。所以中国的年轻人受这个伤害很大。

"南科大改革做的事情，就是通过自主招生考查学生各方面的能力，让有天赋的孩子，即使不会爬树，也能接受好的高等教育。"朱清时说。

2011 年 2 月底，这批不靠"爬树"选拔出来的学生来到南科大报到，原来招生 50 人，最后来了 45 人。他们中年龄最小的 10 岁，最大的 18 岁，其中女生 14 人。

入校之初，这些学生全部和学校签订了《自愿申请就读南方科大教改实验班协议书》，做好了拿不到教育部承认的文凭的准备。他们深深认同朱清时的说法："抛下铁文凭，捡起真本事。我们的文凭，让社会来承认。"为中国教改，他们甘做"小白鼠"。

对朱清时来说，这也是背水一战。因为离开了教育部的认可，学校能不能办下去、学生能不能找到工作、有没有新生愿意来读书，这些完全靠社会对学校是否认可。只有把教学质量搞好，让学生们学到真本事，让他们获得社会的认可，南科大的这场教改实验才有胜算。

教改实验班开启的，是一场探索之旅、改革之旅、创新之旅、精彩之旅，必将载入中国教育发展的史册。

三位院士给教改实验班上课

2011 年 3 月 1 日，南科大正式开学。历经 4 年的筹备，南科大终于迎来了自己的首批学生！ 45 名学生的到来，为校园带来了勃勃生机。

按照南科大的安排，这批学生要先进行为期两周的军训。当晚，除了让学生们集中了解军训相关事项外，学校还组织大家集体观看电影《放牛班的春天》。

这是一部法国电影，影片讲述的是寄宿学校一群反叛的孩子的故事。对他们，学校用尽了各种办法都管理不了。一名音乐教师到来后，让学生们加入合唱团，用音乐解脱了束缚孩子们身心的枷锁，打开了孩子们封闭的心灵。这部影片充满了对传统教育的反思，也深具教育意义，让人对南科大的教改充满期待。

南科大这群来自五湖四海的学生，一开始就被打上了理想主义的标签。他们被外界评价为"个性强，不易管理"。南科大如何因材施教，让这些孩子们迎来自己更美好的春天？这道留给南科大的考题，全社会都在翘首期盼答卷。

"南科大不仅要向学生传授一流的知识，而且要帮助同学们培养起健全的人格，以及好奇心、兴趣、想象力、直觉和洞察力这些创新人才必需的能力，也要培养批判和独立思考能力，不仅仅要获得这种能力，而且要运用这些最宝贵的能力来诠释自我。" 3 月 20 日，为期两周的军训结束后，南科大举办了简朴的开学典礼，朱清时在致辞时诠释了南科大的培养理念和目标。

开学典礼后，南科大迎来备受关注的"开学第一课"，连美国《科学》杂志都派了记者来采访。

上午 10 点钟,上课铃声响起,45 名学生走进三楼的阶梯教室里,他们手里拿着英文原版教材——《基础物理》。给他们讲课的是中科院院士唐叔贤。唐叔贤是著名的材料表面科学与技术专家,在美国高校任教 25 年,1994 年回到香港,先后担任香港大学物理系主任、香港城市大学常务副校长。

唐叔贤讲课以互动为主,将一个又一个的问题抛给大家。他时而用英文,时而用中文。讲着讲着,学生们一阵躁动,唐叔贤才意识到,他刚刚飙了一段粤语。

在唐叔贤的记忆里,那堂课他上得很开心,学生们积极回应老师,英文笑话大家也听得懂。课堂休息时,一群学生围住老师,一个又一个问题问个不停。"这批学生好奇心特别强,思维很活跃,感觉学生整体水平挺高的。"唐叔贤说。

按照南科大的办学方案,前两年本科新生不分专业,学习同样的理工科基础课,数学、物理、化学、计算机、生物等。

第一学期,教改实验班的学生共上 16 周课,专业知识和实验练习相结合。每节课 50 分钟,周一和周二上下午要上满 8 节课,主要是英语、数学和物理,以老师讲授为主。周三则轻松一些,只有下午 4 节课,分别是国学经典和体育,为学生留出自由安排的时间。周四和周五同样要上 8 节课,但以练习和实验课程为主,例如微积分练习题,特别开设导师辅导课,让老师更专注于学生个体,同时为学生在大三时进入研究院"预热"。

学生的所有课程都尽可能使用英语教授,使用英文原版教材,大多数课本都是经典教材。"这可以使我们将来留学时,与国外先进大学的课程无缝衔接。"王嘉乐说。

学校还特别设置小组讨论课,一节课 45 分钟,帮助学生理解所学内容，提高表达和互动能力。而体育课一节课 90 分钟，让学生们锻炼出更加强健的体魄。

王嘉乐说，初入南科大时，大家感觉学习和生活节奏比高三还要紧张。早上 7 点起床后，他就得按照课表奔赴各个课堂，一天上八九个小时的课是常态。尤其许多课程为全英文授课，如果课前不预习，可能会跟不上讲课的节奏。"几乎每天都有晚自习，我们同班同学都在图书馆里待到挺晚，大家经常一起讨论。"王嘉乐说。

在学生杨思源看来，刚来南科大的两个月是最幸福的时光，从学习到生活，新生的南科大到处充满着生机和活力。

"在一般人眼里，理科课程往往枯燥无味，但我们的课堂上总是充满笑声。教线性代数的张贤科教授热爱诗词歌赋，常给我们朗诵他即兴创作的七言绝句，课程进入较困难的一章时，他还用《易经》的'乾卦'开导我们：人生总有起伏，遇到困难要知难而进，永不放弃。教物理的李元杰教授自信开朗，声音洪亮，常给我们分享他的人生经验，说到兴起，还会讲起国内物理圈子的传奇和八卦，逗得我们哈哈大笑。教微积分的王学峰教授是一位'海归'，要求严格，认真负责，他常常比较东西方教育方法的差别。还有张景中院士，这位著名数学教育家是一位非常可爱的老爷爷，只不过出于身体原因，他的'第三代微积分'只能以讲座形式开设……"杨思源在她的博客里写道。

教改实验班在中国最小的大学校园里，接受的可能是中国高校中最好的本科教育，给这个小小班级上课的都是大牌教授。教改实验班校友张至回忆说："第一学期的时候，大部分课程由三名院士给我们上，微积分是张景中院士，计算机基础课程是陈国良院士，大学物理是唐叔贤院士。最基础的课程都是院士授课，而且几乎都是英文授课，说出去很多人都不太相信。"

一个本科教改实验班，用上这么"豪华"的教师团队，说明朱清时推进教改的决心，只准成功，不能失败。另外，这也体现了南科大办高水平研究型大学的定位。

选拔局级副校长的风波

2011 年 4 月 29 日，深圳市委组织部发布一则公告，拟对南方科技大学（筹）副校长等 7 个职位进行公开推荐选拔。其中南科大副校长 2 名，选拔基本资格为具有大学本科以上文化程度，年龄在 55 周岁以下，具有职位相关的工作经历或相关专业知识，现任国内高等院校正处级以上职务的教育管理干部，或现任深圳市正局级职务或副局级职务 2 年以上的干部。

"不是大张旗鼓号称去行政化吗？为何选个副校长还要指定是局级官员呢？"没有多少人会想到，这则公告甫一公布，社会热议竟如潮水般涌来，南科大和深圳组织部门再次被推上舆论风口。

去行政化，学校取消行政级别，确实如批评者所言，是朱清时上任之后提出的一项重要改革。

"政府为南科大选拔两位正局级副校长，颠覆了南科大里没有干部级别这一概念。"时任 21 世纪教育发展研究院副院长熊丙奇在接受媒体采访时表示，"由党委组织部门来任命副校长，与过去管理学校的模式基本一致。"熊丙奇甚至在媒体撰文提出："深圳的这一招聘，暴露出政府部门对学校的固有管理思维，已经给南科大造成了严重的伤害，让一直走在去行政化改革道路上的南科大前景存疑。"

事实上，在沸沸扬扬的指责批评背后，中间也存在一些误会。

深圳组织部门给南科大配备副校长，主要是考虑南科大进入办学阶段后要加强行政管理力量，何况朱清时也有这方面想法和要求。至于副校长级别问题，据当时媒体报道，有知情人士表示这是因为各方沟通不充分，有没有行政级别并没有十分明确。

朱清时当时向媒体透露，他在答应就任南科大校长前，曾写信向深圳提出几个条件，其中涉及希望政府为南科大派两位行政副校长，以便更好地与政府沟通，"但不知道是按照他们的办法，一下子行政级别的什么都来了"。

另一方面，朱清时对市里的做法也表示理解："南科大要求高标准，所以我们在副校长人选上非常慎重。我们一直不急于做这件事，因为我们学校想去行政化，想以教授为主体，等教授到位了之后再选这些。当然，市里头帮我选，也是出于好心，想帮我们把领导班子早点搭好。"

不少人认为这是在行政化环境中推进去行政化的"过渡"措施。去行政化的南科大在筹建中遇到一些具体困难：一方面，由于要与政府部门打交道，没有级别的学校将处处受到制约；另一方面，没有级别的大学行政岗位，很难吸引现有在岗的行政管理人才。对此，将副校长岗位设为正局级，将有助于南科大与政府部门打交道，也可吸引国内优秀管理人才来应聘。

这一点得到了筹备办相关工作人员的证实。当时南科大在向社会发出行政管理人员的招聘之后，一些重要的岗位，由于没有行政级别而无人应聘，一度有全市副处级以上的干部都不愿到南科大任职的说法，这使学校的"去行政化"处于一种喊声嘹亮、但应者寥寥的尴尬境地。

根据深圳市委组织部公告，此次公开选拔分为9个程序，包括：发布公告，报名，递交材料，资格审查，市委全委（扩大）会议进行民主推荐，市委常委会议根据民主推荐得票情况按照职位数 1:3 的比例研究确定差额考察对象，市委组织部组建考察组对考察对象进行考察，市委常委会议按照职位数 1:2 的比例提出拟任建议人选，市委全委会议差额票决产生拟任人选、任前公示、办理入职手续等。

2011 年 5 月 26 日，深圳市委组织部官网发布公告，经深圳市委常委会研究决定，共有上海财经大学信息管理与工程学院院长覃正等 9 人已经被确定为南方科技大学（筹）副校长公开推荐选拔职位考察对象，深圳市委组织部将于近期派出干部考察组进行考察。

2011 年 6 月 7 日，《南方科技大学管理暂行办法》正式发布，并于 2011 年 7 月 1 日起生效。这个"暂行办法"以深圳市长令的形式颁发，在南科大治理中具有"基本法"的地位，对副校长的产生过程作了明确规定：南科大可以设若干名副校长，协助校长处理校务，但副校长须由理事会根据校长提名聘任，校长卸任后，副校长需由新校长提名并经理事会重新聘任。由此，选拔"局级副校长"的事情发生了变化。

2011 年 7 月 16 日，南科大第一届理事会第一次会议召开。会议审议并批准聘任 1 名行政副校长。根据校长朱清时的提名，并经全体参会理事举手表决，一致同意聘任覃正为南科大副校长。

从一开始由组织部门选拔任命，到最后变成由校长提名、理事会聘任，可以看出南科大建立起来的新机制与传统做法有很大不同。

需要说明的是，当初计划为南科大同时选拔 2 位副校长，最后只聘任了 1 位，背后的原因是理事会认为要按照理事会规定的程序来操作聘任。

至今，南科大副校长的产生，一直按照"暂行办法"的规定在运行。

对参不参加高考意见不一

2011 年 6 月 7 日，全国高考第一天。南海之滨的深圳潮湿闷热，黏糊糊的热浪裹袭着每一个人。

时钟指向 9 点，南科大为教改实验班学生准备的两间高考考场空无一人。因无人领试卷，在开考 15 分钟之后，考试被迫取消。这场高考风波，以南科大首届教改实验班学生无一人踏进高考考场宣告结束。

消息甫一传出，引发媒体争相报道。这个被简单解读为二元对立的舆论场里，似乎"不考"就是支持改革，"考"就是背离改革。事实上，情况要复杂得多。

从南科大创建伊始，上到教育部，下到南科大，大家目标是一致的，就是推动教改，为中国高教改革探路。但哪些可以改，哪些不能改，能改的怎么改，改到什么程度，在这些具体问题上，各方有不同的看法。当"高考"这道选择题被抛出来之后，各方必须在"考"与"不考"之间做出选择，矛盾冲突自然就爆发出来了，而且非常剧烈。实际上，无论支持"考"或支持"不考"，大家的目标可能都是"让教育改革能继续走下去"。

因为要求教改实验班学生参加高考，当时教育部成为众矢之的。

5 月 27 日，教育部例行发布会上，新闻发言人提及南科大时表示：任何改革首先要坚持依法办学，要遵循国家基本的教育制度，以制度来保障学生的合法权益。

高考就是"基本教育制度"，这是改革的"红线"，只有在不跨越的基础上，学生的合法权益才能得到保障。

教育部的表态被理解为：南科大自主招生的 45 名教改实验班学生，必须参加高考。随后，深圳市政府和南科大，对学生和家长们进行动员，劝说学生们参加高考。

实际上，这是一场特殊的高考。在校方发给学生们的通知里，高考被称为"高等学校学籍注册考试"，而不是"全国普通高等学校招生入学考试"。在具体操作上，学生们不需要回到原籍贯地，南科大校内特设考场，使用广东省高考试卷，录取分数线由南科大划定。

而走完这一程序后，学生们能得到他们本应得到的保障：如果参加高考，将可以获得教育部承认的学籍和文凭，这将给学生们带来"双保险"，毕业后报读研究生、找工作等选择，都会像其他高校毕业生一样不会遇到障碍。

其实一些社会人士不理解中国的国家文凭制度，它是国家建立的整体的教育质量保障体系，学位由国家颁发，而高考成绩是获得国家高等教育学位的必备条件。

一些业内人士认为，这场特殊的高考，其实是体现了政府的通融。在他们看来，教改不一定非要突破高考的底线，有限度地做出妥协，可以让学生们规避风险，最大限度地保护他们的利益。

显然，南科大的许多老师也认可让学生们参加高考的做法。经过学校的游说，部分学生和家长在一开始都同意了参加高考。但在"缺乏对改革担当的勇气"的批评中，大家最终又选择了放弃。

5 月 28 日，教育部召开发布会次日，在合肥参加活动的朱清时主动约见了《新安晚报》的记者。这是他在这场风波后，第一次也几乎是唯一一次正面回应此事。

显然，朱清时对于"任何改革首先要坚持依法办学"的说法并不认同。"如果说改革都要按照法律法规来办，那么就没有今天的深圳经济特区；教育界也需要这样的'先行先试'精神，而南科大要走的正是这'先行先试'的一步。"

从道义上讲，朱清时当时很难去鼓励学生们参加高考。半年前，朱清时举着"自主招生、自授文凭"的教改大旗，摇旗呐喊，吸引了一群志同道合的人来参加教改实验。大家主动放弃一纸文凭，带着理想，甚至还有一种"舍我其谁"的悲壮，立志一起为中国教改探路。他们的共同信念是：一起背水一战，学到真本事，靠能力获得社会的认可，为教改提供样本。

"大家有了国家发的文凭，'背水一战'就不存在了，即使将来改革成功了，也不再是当初'背水一战'的成果，而是因为国家发的学历文凭很受欢迎。"朱清时认为。

"那你是否反对学生们参加高考？"对于这个问题，朱清时始终没有正面回应。此时的他，已经处于极其痛苦的"两难"境地，无法公开明确地表示支持还是反对高考。支持，非他所愿；反对，公开与教育部对抗也非他所愿。

5月30日，落款署名为"南科大学子"的作者在南科大论坛主页发布了一封《致所有关心南科大发展的人们的一封公开信》（以下简称《公开信》）。《公开信》以学生的身份回应高考问题："教育部做出这项决定，我们是可以理解的，同时也是难以接受的。"

《公开信》中说："南科大从呱呱坠地就打出了自主招生、自授学位的响亮口号，这是学校的特色和努力方向，也是我们引领文化、强调个人自主发展的最重要保障。可以说，这是我们45名同学共同的价值观念，是把我们团结在一起的共同信念。我们甘愿放弃了一切，成为一些人眼中的小白鼠。在南科大的同学绝大多数都怀着'抛下铁文凭，捡起真本事'的心态。在现在无数毕业生疯狂报考公务员的情况下，我们从未担心过自己的职业和未来。因为我们都怀着一颗'试验'的心态，我们想在培养自己的创新思维和独立思考精神上做出努力。我们的老师，也在积极地向我们传达着这样的信号。我们对自己的选择坚定不移，对南科大的未来充满希望。"

这封两千多字的公开信被大家看作教改实验班 45 名学生的共同心声。

事实上，学生们的想法并非全然一致。有人认为可以理解教育部的要求，希望能有沟通、对话的机会，正如公开信中所写："并不是高考了就是不改革了。"

学生们很想知道校长的想法，但朱清时始终没有表态。此后有媒体采访，他只是说："参不参加高考，由学生和家长自己决定。我们负责改革，但是学生前途要由他们自己决定。"

在教改实验班高考风波后，虽然很多人为教改实验班学生拒考欢呼，但也有人在媒体上对教育部的做法表示理解。因为高考不仅事关社会基本的公平正义，还关系到教育的基本秩序。中国高校两千多所，教育部要从全局出发来思考和把握改革，一旦涉及基本的教育制度，改革自然要慎之又慎。

拒考事件发生后，有学生给朱清时发了一条短信，内容是：以后我有儿子孙子的时候，他们问我你这一生做过什么事儿吗？我就可以很自豪地说，我曾经参加过中国的高教改革。

港科大三位教授离开

从接过南科大聘书的那一刻起，朱清时就清楚，改革的路不可能是一帆风顺的，一定会有争议、有冲突、有质疑。即便如此，教改实验班推出后接二连三的风波，还是让朱清时始料未及。

"高考风波"余波未平，6月16日，三名参加筹建工作的香港科技大学教授发表公开信，全面否定南科大的各项工作，批评南科大既没有管理团队也没有学科框架；既没有学术团队也没有学生教育培养大纲和方案；既没有清晰的学校定位也没有发展路径图；既没有内部管理规章制度与问责机制，也没有外部监管问责法规。

这封公开信在社会上引起的反响，丝毫不亚于此前教改实验班学生拒绝参加高考事件。肩负教育改革使命的南科大和朱清时，再次陷入舆论旋涡。

港科大电子工程系教授李泽湘是发表公开信的三位教授之一。他 1979 年即被公派赴美留学，具有很深的教改情结。早在 1986 年，他就与同学一起编写了一份关于高校改革的建议书寄至教育部。

朱清时刚刚来南科大上任，便接到了李泽湘的电话，他告诉朱清时："为了一代人的高教改革梦，愿意来南科大做义工，并将竭力促成南科大与港科大的合作。"

建校之初，南科大一直把港科大作为学习借鉴的样板和目标。港科大建校 20 多年就跻身世界名校，南科大希望借鉴港科大模式，一步到位建设世界一流的研究型大学。

2009 年 12 月，南科大和港科大签署了合作协议，港科大承诺在南科大筹办期间，帮助其进行院系规划和人才培训，派骨干教师和管理人员参与其建设工作。此次发表公开信的三位港科大教授李晓原、李泽湘、励建书，便是在此合作框架下，被邀请作为南科大筹建团队核心成员，从事人才引进、学科架构与课程体系设计、薪酬体系制定、招生考试等工作。

2011年3月，为南科大服务一年多后，李泽湘、励建书、李晓原从南科大不辞而别。走时，他们"将学校种种问题，向深圳市委、市政府相关领导做了5小时的面谈"。

6月16日，《南方周末》整版刊发李晓原、励建书、李泽湘署名文章《要改革，不要口号：南科大筹建团队核心人员为何退出与朱清时的合作》。

这封公开信全文7000多字，从"自主招生，自授文凭""学生拒考风波""高校去行政化""教改实验班""校长监管制度"等各个方面阐明与朱清时在办学理念上的分歧。

信里提出，"自主招生，自授文凭"绝不是高教改革核心，高校的"自主招生权，自授文凭权"只是"表"，而教授质量、教育质量、管理质量才是"里"。无论国外还是国内，从根本上能支撑高校"自主招生权，自授文凭权"的是一个学校建基于教授质量和教育质量之上的"质量信誉"，而不是具有这些权力本身。

关于学生拒考事件，公开信用词更加激烈，以"鼓动学生'不参加高考'不是改革而是'文革'"作为小标题。信中说，在任何国家，统一的高校入学考试制度本身并不是问题，问题的实质在于是否应该用高考成绩作为（所有）高校的唯一或最重要的录取和评价标准。问题的实质在于如果不用高考成绩作为唯一或最重要的高校录取标准的话，如何才能在这个诚信缺失的社会环境中，从机制、监管和操作上做到录取工作的公正、公平、公开和合理，以使所有人特别是社会弱势群体的机会得到维护和保障。

信中说"教改实验班"是为口号服务的人质。"教改实验班"从开始到现在从来没有一个课程培养大纲和方案，甚至第二学期第二学年的课程设置到目前都还没有确定；培养的具体目标和学科分类也没有制定；学生们自己也不清楚。一个没有管理团队、学科框架、学术教员团队、内部管理制度、课程大纲、发展路径规划的空头大学用什么来奢谈高教改革呢？又用什么来实践和体现任何有意义的教改措施呢？

李泽湘在接受媒体采访时说，他们认为南科大在内部建设上的用力远远不够："这40多个学生，将来他们如何选择专业？如何学到有用的东西？像工科，国内的专业划分其实还比国际上细一点，具体怎么分、怎么做，都是需要专家委员会讨论的。出一个初步框架其实不难，每个学校的课程设置其实网上都可以查到，但是你采用哪种作为起始点，借鉴什么修改什么，培养的人才标准是什么，都是需要讨论的，被大家接受才能执行的。所有学校进行新课程体系的调整、改革，都是需要严肃、认真地对待的。"

港科大三位在南科大工作了一年多的知名教授，在影响力巨大的《南方周末》上发表公开信，直指他们眼中南科大改革的种种"不足"，其威力如同核弹一般巨大。南科大改革路上的种种分歧和争议暴露在公众面前，种种理想的躁动和现实的困境不断冲突，南科大到底前路如何，此时已被外界提升到"妥协或是幻灭"的高度。

多年后，朱清时回忆创办南科大的经历，对港科大三位教授的出走及这封公开信的发表，依然觉得痛心。"这是我办南科大遇到的一次沉重打击。这种质疑让我们跌入低谷，我们又付出了很多辛苦，才重新恢复公众的信任。"

"李泽湘等人的办学观点是按照香港科技大学的模式，先成立一个专家委员会，来帮南科大搭建框架，制定学校的各项规章制度、确定专业设置。定下后再按计划，将教授一个一个调进来，一个萝卜一个坑地去填。香港科技大学这个过程用了 5 年时间。我认为我们当时不具备这些条件。"朱清时解释说。

朱清时能理解港科大三位教授的办学思路，但他认为并不符合南科大办学实际。在朱清时看来，南科大的使命是为教改探路，而不是按部就班地办个学校。既然要改革，时机很重要。一有机会就要马上抓住，因为改革的机会可能转瞬即逝。抢抓机遇，因时制宜，是朱清时推动改革的重要方法论之一。

朱清时当时接受媒体采访时说，2010 年决定招生，其实是条件最"成熟"的时候。教育部领导讲话明确支持南科大自主招生、自授学位，南科大给深圳市政府打的报告也都批复了。如果没抓住，到了第二年，可能就不行了。

另外，朱清时也不认可三位教授要先定好学科框架的说法。"南科大要引进高水平人才，远没有到想要什么人就能引进什么人的程度。内地大学人才竞争激烈，我们不可能说，你想建一个什么专业，你就到国外去把一流的人请回来就行了，我们只有先把真正一流的人才赶快抓住，然后根据他们的特点来设定专业学科。"

唐叔贤院士如今谈起这起风波，仍然非常赞成朱清时的观点："当时，深圳和香港的办学环境有一定差距。香港的高校很容易吸引全球人才关注。因为大家都知道香港高校待遇好，在美国可能都没有这个待遇。所以他们习惯了大手一挥就能吸引一大批人才。当时南科大并没有这么得天独厚的条件。所以要是招不到优秀的人才，框框画得再精细也没有用。"

在唐叔贤看来，朱清时是个非常聪明、思路清晰的校长。"朱清时当了十年中国科学技术大学的校长，有丰富的办学经验，我相信他脑子里是有大框架的，他认为当时的关键不是花时间建框架，而是尽快告诉大家，我们这里有条件，大家赶快过来。等把最优秀的人才吸引过来后，再根据人才定更细的框架。我认为他这样做更加符合当时的实际情况，有利于南科大的发展。"

港科大三位教授的公开信发表后，朱清时接受了《南方周末》的专访，他说改革者做的事，往往不是一下子就能让大家理解的。分歧总会在改革中存在，不能说我不理解，社会舆论就要将其扼杀。政府也是一样，要宽容。如果一时不理解，没有看到成绩，也要让他们尝试，给他们机会。允许改革者尝试，才有可能出现新鲜事物，产生多样性的社会生态。

随后，著名评论员笑蜀发表了一篇评论——《争议南科大，何须尽责朱清时》。当年7月，朱清时参加湖南卫视《岳麓实践论》节目录制，主持人张丹丹问朱清时："是否觉得大家对南科大过于苛刻？"朱清时引述了这篇评论里的句子："南科大终于引爆了舆论。南科大校长朱清时终于要求我们宽容改革和改革者。这种要求很悲凉。"

他对着静默无声的观众席叹了口气，轻轻摇头："我看到这句话，眼泪都快流出来了。"

第一批签约教师到位

2010年底，没有获得招生权的南科大启动了教改实验班的自主招生。在朱清时看来，这是一个要抓住的重要改革时机。从招生的火爆程度看，也已经达到了学校和朱清时的预期。但正如港科大三位教授所说：这种紧急启动的招生，让学校筹备不足、各项配套不完善等矛盾凸显。

2011年3月20日，南科大迎来"开学第一课"。有媒体评价，南科大教改实验班的第一学期是在"连滚带爬"中开学的。

学校为教改实验班的45名学生的第一学期开设了8门课程，但学校的全职教师仅有从清华退休的张贤科教授和从华中科大退休的李元杰教授，其余教师虽然也是大牌，但全是兼职。有些课程，要由多位教师兼职。比如陈国良院士教授计算机课程，他的时间不能完全保证，于是学校又请来了其他3位兼职教授组成"教学团队"，计算机课便有四位老师在上。

校领导与第一批签约教师的合影

南科大除了在学术团队的组建上陷入困顿，在校务行政管理服务方面也捉襟见肘。南科大在向社会发出招聘行政管理人员的信息之后，一些重要的岗位，由于没有行政级别而无人应聘。

学生拒绝参加高考风波、港科大三位教授出走并"炮轰"朱清时和南科大等事件，让南科大这座本来就风雨飘摇的孤舟更加岌岌可危，随时都有倾覆的风险。连朱清时后来也承认那段时间差点"崩溃"。南科大还能不能继续走下去？还能走多远？这成为社会热议的话题。

这样的南科大，还能吸引到人才吗？还有人愿意来吗？

其实朱清时来了之后，南科大即正式启动了人才引进工作。

2010年9月15日，南科大在官网上发布了面向全球招聘教师的公告。按照南科大以理、工学科为主的定位，学校首先将设置理学部和工学部。此次招聘的高级人才均为理学部和工学部服务。其中，理学部面向数学、物理、化学和生命科学的所有领域招聘高级人才，工学部则面向电机工程、计算机科学与工程、机械工程、材料工程所有领域的人才广开门路。

按照招聘公告，副教授以上的岗位，包括领军教授、讲座教授、教授或研究员、副教授，均需要具有博士学位或相应学历，及相应的教学和人才培养经验。而高级工程师要求具有硕士及以上学位或同等学历，高级管理人员应有本科学历、学士及以上学位和副高及以上专业技术职务。

该公告随后在海外人才招聘会上发布。2010年10月，朱清时带领南科大团队到日本参加深圳市第七次海外招聘会，为慕名前来应聘的中国留学人员讲解南科大的办学理念和人才政策，并走访了仙台东北大学、东京工业大学等三所日本著名高校，请他们一起探讨帮助南科大筹建世界一流研究机构的初步构想。随后，朱清时又带领南科大团队到美国麻省理工学院、哥伦比亚大学等招聘揽才。

2011年4月8日，世界最权威的学术期刊之一——美国的《科学》杂志对南科大教改做了大篇幅报道。这个报道让南科大在海外声名鹊起，为南科大在海外延揽优质人才做了"注脚"。

既然是放眼全球招聘人才，就必须要有与之相匹配的薪酬体系。2010年10月底，南科大（筹）行政和教职人员薪酬体系方案获深圳市政府批准。该校引入的学术领军人才薪酬待遇将与港澳地区的知名大学基本持平，年薪在115万元以上。同时，享有国际声誉的高尖端人才，比如诺贝尔奖获得者或者是潜在获得者的薪酬还可以"一人一议""一事一议"。除此之外，讲座教授80万—90万元，正教授60万—70万元，副教授40万—50万元，助理教授20万—30万元。

这个参照香港科技大学、香港中文大学制定出来的薪酬体系，在国际人才竞争中并不是特别有吸引力。但作为深圳市政府全资建设的公立大学，当时南科大的薪酬显然远远高于内地其他高校。

按照朱清时的设想，引进人才的第一步是要聘请高级科学家为领军教授，这些人必须在科学研究上和国际上取得卓越成果，有伯乐的胸怀，能够发现并凝聚人才。依靠领军教授，南科大再从全世界招聘年轻有为的人员，从副教授开始做起，在南科大的环境下培养成为大师级的教授。

重点引进年轻有潜力的"黑马"人才，是朱清时根据当时南科大的实际制定出的重要引才策略。后来的事实证明，这套策略极其成功有效，南科大当年低成本引进的一批"黑马"，如今很多都成为了大牌教授。怎样才能找到这些"黑马"？朱清时说关键是要让真正有水平的领军教授做引才的把关人，要有一套"学术的事让学术说了算"的机制。

2011年3月，中科院院士唐叔贤以领军教授的身份正式加盟南科大，负责人才引进、科研等工作。

唐叔贤坦言，自己加盟南科大之前没有在内地工作过，选择南科大，一方面是因为深圳确实需要一所国际性的高校，这使他对南科大的未来有信心。另一方面，也是更重要的是，他被朱清时校长教授治学的理念吸引，希望能一起建设一所不一样的大学，探索更有效的人才培养模式。

加盟南科大后，如朱清时设想般，唐叔贤当起了"伯乐"。

"唐叔贤院士对学校的人才引进工作做出了重要贡献，我们最早签约的十个教授中，有六七个都是从香港来的，因为挨得近，比较了解，很多都是被唐院士亲自动员过来的。"朱清时说。

2011年6月24日，港科大三位教授发表公开信后第八天，香港高校的三位教育研究人员陆为、许宗祥、徐虎与南科大签约，受聘南科大副教授之职，这也是南科大正式签约的首批副教授。他们签约后均为全职教师，负责学生的专业课及学科建设。其中，陆为原为香港大学研究助理教授，许宗祥原为香港城市大学高级研究助理，徐虎原为香港城市大学高级助理研究员。

人才的加盟，让一时陷入困顿的南科大重新有了生机和活力。2012年1月，南科大官网公布，学校签约引进了领军教授、讲座教授、教授、副教授和助理教授等各层次优秀人才50余名。

"这些最早加入南科大的老师，和教改实验班的学生们一样，都是理想主义者。他们本来可以选择一所四平八稳的学校，一个可以看得见未来的岗位。可他们选择了南科大，一个没有什么依靠，只能凭着自己的能力和努力背水一战的地方。从这个角度上说，这些老师们都是英雄。"韩蔚说。

陆为接到南科大的邀请时，手上已经有了一个理想选择，他入选了中国科学院的"百人计划"，正准备过去，是南科大"一起建一所不一样的大学"的愿景吸引了他。

在香港大学物理系的一间会议室里，陆为做了半个小时的演讲，全方位介绍自己的工作和科研内容，听众只有一人——唐叔贤。陆为介绍完毕后，唐叔贤又对他进行了半个小时的提问。

经过这一个小时的深谈，唐叔贤确认，陆为是南科大需要的人才，与朱清时沟通后，南科大向陆为发出了副教授的聘任书。

"当时也看到了社会上对南科大的负面评价，还是选择过来，是因为觉得这是一所有改革愿景的学校，我想参与到它的建设中来，做一点自己从来没有做过的事情。"陆为说。

同样来自香港大学的吴文政，是土生土长的香港人。2011年，即将博士后出站的他在唐叔贤的动员下，加入了南科大。在吴文政印象里，南科大是一个没有细节、只有理想、只有愿景的学校。但正是因为这样，他认为，这里将会充满机会和挑战，也会有巨大的潜力。

吴文政看得很长远，深圳市政府对产业和科研上的大举投入，让他觉得深圳的发展更具潜力。而南科大是一个全新的学校，能参与建设一所新学校，让他觉得有很高的成就感。

于洪宇选择南科大的原因跟吴文政相像。2011年，拿到北京大学聘任书的于洪宇，从新加坡回到国内。后来他选择了南科大，一来，是因为他看好南科大的前景。深圳举全市之力创建世界一流研究型大学的愿景，让他对南科大未来充满期待。二来，在于洪宇看来，南科大提出的"回归教学本原""书院制"等理念是世界上好大学的通用做法，符合科研教学规律。三来，跟国内其他高校相比，南科大副教授、助理教授等不用依附于教授做科研，可以独立做学术领头人，研究自己喜欢的领域。

当年于洪宇只有35岁，对于科研人员来说，这正是一个极有创新能力和创业激情的年龄。在他看来，南科大这个崭新，或者说一张白纸的平台，也意味着无限可能。

就这样，在艰难中起步的南科大，逐步集聚起了一批高起点的师资力量，他们和南科大一起成长、一起发展，为了一个共同的愿景——南科大的明天更美好。

首个书院揭牌

近代学者林语堂曾这样描述他心中的"理想大学"：应是一班不凡人格的吃饭所，这里碰见一位牛顿，那里碰见一位佛罗特，东屋住了一位罗素，西屋住了一位拉斯基，前院是惠定宇的书房，后院是戴东原的住房。

这与朱清时心中"小楼里有大师"的理想大学异曲同工：老师和学生们同吃同住，大家一起聊人生、聊理想、聊科学，学生可以随时与大师"翩翩起舞"。

2011 年 9 月 9 日，南科大首个书院"致仁书院"举办揭牌仪式。在学校全体师生的见证下，朱清时与唐叔贤共同为"致仁书院"揭牌。唐叔贤院士担任致仁书院的首任院长。

"致仁"出自"格物致知，格心致仁"，寓意为"不断探索真理，到达清明通透的境界"。书院牌匾上，朱清时亲笔题写的"致仁书院"四个字沉静雅致。

南科大启动校区一共四栋楼：行政楼、教学楼、后勤服务楼、师生公寓。致仁书院位于师生公寓。公寓一楼是书院的公共空间，二楼三楼是教师宿舍，四楼五楼是学生宿舍。教学科研一线人员和专家，作为兼职辅导员，管理书院，指导学生的学习和生活。

启动校区条件有限，从硬件来说，刚成立时的致仁书院略显简陋，但学生们却有许多关于这里的美好回忆。

教改实验班学生张至记得，那时一到课余时间，大家就聚在书院一楼的公共空间里，一起看书、聊天、玩桌游。这里还会开选修课、举办讲座，为学生们进行一些通识教育，学生们的社团活动也都在这里举办。

老师和学生们吃住都在一起，大家无论是学习还是生活都融为一体。"老师们不仅是在上课的时候授予我们知识，生活中碰到各种事情、遇到了困难或是有什么想法，都可以跟老师们沟通。老师们针对我们的问题给出建议，就是良师益友的那种感觉。"张至说。

在课堂上，大家是师生；但到了书院里，就成了亲密的朋友。教改实验班学生杨思源说："晚饭常常是师生围坐一桌，边看新闻边天南海北地聊天，从苹果的平板电脑在技术和设计上的进步与不足，到华尔街背后的种种内幕，聊得随意尽兴，酣畅淋漓。"

在大多数学校，一个老师面对成百上千的学生，上课匆匆，课下应对无暇。但南科大的学生，课下可以随时找老师，吃饭的时候可以在食堂找，实在不行，就下楼敲老师的门。甚至，教授会上楼敲学生的门。

关于致仁书院，南科大至今流传着一段佳话。

教改实验班有位同学晚上 10 点有问题想不通，在网上给教授留言，没想到 5 分钟后，住在楼下的教授就敲开了他的门，和他面对面讨论，一聊，就聊到 11 点 30 分。

陆为和不少南科大的老师一样，他的办公、住宿，都在校内。他鼓励学生，任何时候有任何问题，可随时到他屋里讨论。"教改实验班的这群学生是我见过的最有独立思考能力的学生，对于很多问题，他们都有独到见解，不会人云亦云。我们经常在一起讨论，从课上到课下，包括宿舍。"

唐叔贤院士记得，有次他晚上跟学生们约在书院里做个交流，说有时间、有兴趣的学生们可以参加一下。唐叔贤本来以为来三五个学生、问几个问题就差不多了。没想到的是，教改实验班所有的学生都来了，围着他问个不停，讨论完学校的事情，又问唐叔贤在美国的工作、生活，在香港的情况，到内地来后的感受等。"他们很主动，完全没有觉得我是老师，他们是学生，就毕恭毕敬、谨言慎行，他们敢问、敢说、敢做。"

"相信很少有大学能有这样的环境，让学生能和那么多顶尖的老师随时对话。"教改实验班学生郄博宇说。

从首届教改实验班开始实施的书院制，经过不断发展完善，现今已经成为南科大重要的办学特色之一。如今走进南科大新校园，在美丽的阅湖旁的学生公寓区，临湖有一排房子，致仁书院的活动空间便在里面，外墙上朱清时书写的"致仁书院"四个字特别醒目。

毕业出路令人惊喜

自主招生、自授文凭，这是一场史无前例的改革，一次惊心动魄的试验。南科大教改实验班像是一场"豪赌"，赌上的不仅仅是40多名学生的前途，还有朱清时的半世荣誉。

2010年12月，朱清时发出那封教改实验班招生的公开信后，始终如履薄冰。这些学生身上凝聚着他对中国高教改革的期待，社会上始终有人对这种教改模式存在着质疑和担忧。这些拿不到国家学位文凭的学生们，到底前路如何？这个问题像一把达摩克利斯之剑，始终高悬。不仅家长、教师、朱清时和深圳市的领导担心，甚至广东省教育厅、教育部的领导都非常关心。

四年多后，这一切终于尘埃落定。南科大教改实验班超过75%的学生进入世界著名高校攻读博士学位，其他选择就业或者自主创业的学生也有了美好的前途。

"我对这批学生和家长,总算有了个交代。"朱清时获悉学生们的出路之后,如释重负,满心欢喜。

被牛津大学录取的王嘉乐是南科大历史上第一位毕业生。2014年3月,还在读大三的王嘉乐获得了牛津大学材料科学与工程系的录取通知书;当年6月,他提前毕业,拿到南科大自授的毕业证和学位证;10月奔赴英国伦敦攻读牛津大学博士学位,那年他17岁。

"面试一共经历了10轮,教授们问了许多具体的专业问题,好几次我都觉得要失败了,但幸好最后我还是回答出来了。"在王嘉乐看来,南科大让他养成了批判性思维和独立思考能力,这对于科研大有裨益,也让他变得自信。他认为扎实的学习基础和自信清晰的表达是他进入牛津大学的敲门砖。

一所刚刚创办的大学,一位没有国家承认的文凭的学生,却被世界知名的大学录取,曾有国内媒体记者致信牛津大学研究生院询问原因。牛津大学相关新闻发言人称,牛津大学的博士课程青睐那些有卓越学术潜能的申请者,只要有迹象表明申请人具有这样的潜力——这可以在很多方面予以证明,包括学术成就、发表文章、研究计划和论文引用等。

物理专业毕业生通晓在多个录取通知里选择了加州理工学院,并拿到了全额奖学金。在南科大物理系讲座教授何佳清的印象里,通晓是一位很全面、学习能力很强的学生,在大三时就在何佳清的邀请下,担任《先进电子显微学》课程的助教,这个岗位一般需要博士生担任。在大学四年里,通晓的学习成绩一直名列前茅,每年获得奖学金。她作为队长带队参加2012年iGEM(国际基因工程机器大赛)并获得银牌,还是南科大学生组织《铮锋》媒体工作室的创始人。"加州理工学院强调培养学生的领导力(leadership),我想这也许也是他们看中我的原因之一吧。"通晓说。

化学系的吴子珊被耶鲁大学录取。当年耶鲁大学化学系在中国内地仅录取了两名博士生，除了吴子珊，另外一位是毕业于南开大学化学系的一名硕士生。同样是化学专业的范紫藜，同时被加州大学圣地亚哥分校、印第安纳大学布卢明顿分校、威斯康星大学麦迪逊分校、加拿大英属哥伦比亚大学、明尼苏达大学双城分校和杜克大学录取；毕业生杨鑫，则同时被马里兰大学帕克分校、圣母大学、德州农工大学和匹兹堡大学录取。

2020年春节，新冠疫情肆虐。由南科大材料科学与工程系副教授孙大陟及南科大首届毕业生张至团队共同研发的防雾新材料——60万片防雾酒精湿巾和2万瓶防雾酒精喷剂，火速驰援抗击新冠疫情的主战场湖北省。

一则略显平淡的新闻，因被媒体突出了南科大首届毕业生、研发新材料等字眼，显得意味深长。即便时隔十年，教改实验班的学生依然能轻易牵动公众的神经。那场不同寻常的试验，那种独一份的荣光，就像是加在他们身上的光环，让他们一直闪闪发光。

和大部分教改实验班学生的选择不同，化学系的张至选择了留校创业。

张至从小就是个很有主见的孩子。他15岁考入南科大，大三选择了化学系，可真正进入实验室后，发现自己最感兴趣的是材料方向。选修了材料科学与工程系副教授孙大陟的材料基础课后，张至跟孙教授深入探讨了自己的未来。相较于做科研、发论文、教学，他更希望自己能实现科研成果转化，把技术变成产品，成为现实生产力。

不少人劝张至进一步深造，张至也深知创业的风险，可他认定了自己的方向，愿意承担风险。毕业后，张至继续留在学校实验室里，除了写论文、做研究外，大部分时间是把最接近产品的几个技术做成应用技术。2016年3月，张至和孙大陟一起注册了深圳南科新材科技有限公司，该公司是南科大较早一批有学校参股的校办企业之一。

2017年，"南科新材"首批产品落地，公司拿到了1500万元的天使融资。2019年底，产品正式进入市场，开始销售。

"我们这届的同学大部分都去国外攻读博士学位，就业的就去华为、大族激光这些深圳企业，薪水、待遇也很好。这证明社会还是很认可我们的能力。一步步走来，看到学校现在发展得这么好，真正发自内心地觉得，跟南科大在一起的四年，是我一生的骄傲。"张至说。

2015年1月9日，南科大低调地为第一届教改实验班的学生举办了毕业典礼暨学位授予仪式。当时，南科大新任校长陈十一尚未到任。朱清时当天专程从合肥来到深圳，他没有出席毕业典礼，但参加了学生和家长们在典礼之后的庆祝活动，还拍了一张合影。

事后，他给家长们写了一封信，里面写道："孩子们是英雄，也是受益者。他们得到的不仅是一些真才实学，他们的经历也是难得的财富。哈佛、剑桥的学生都不能与他们相比。目前，教育界的一大弊病就是用同一模式塑造每个学生。这些孩子们的与众不同是他们的最大竞争力。"

这批学生有不同的个性、不同的追求、不同的经历，接受了不一样的教育，他们将来的发展和成就会怎样？教改实验班的学生们始终是南科大的牵挂。

一起创造历史

多年以后，已经从教改实验班毕业的张至依然清晰记得2010年底那场招生咨询会的情形。偌大的教室里坐满了人，一条横幅格外显眼，上面写着"跟我们在一起的四年将会是你一生的骄傲"，后来，张至正式来到南科大报到，教学楼里拉的也是这条横幅。

年轻的张至心里的那一丝不确定、一丝犹豫，瞬间被充溢而出的激情填满。他知道自己要走的是一条不寻常的路，一条充满未知的路。当时的他，想象不到四年后的样子。但他感觉整个人被点燃了，这是他的选择，他的使命，他要和南科大一起创造历史。

2015年，拿到南科大学位、学历证书的那一刻，张至内心充满了骄傲。严格来说，这是一份不被国家承认的"非学历证书"，但张至不觉得遗憾，他举起这份沉甸甸的证书，在心里默默地说："跟你在一起的四年是我一生的骄傲。"

这是一群仰望星空的人共同创造的历史。

本该功成身退的朱清时自从担任南科大校长之后，失眠便常与他相伴。"我就是要为中国高教改革做一场试验"，这是他常挂在嘴边的一句话，为了这句话，他付出了太多太多。

"回答钱学森之问""自主招生、自授文凭""教授治校、去行政化""一步到位办成亚洲一流的研究型大学"……南科大的每一项改革都直指中国高等教育问题的症结。朱清时不仅是要办一所研究型大学，而且是要为中国的高教改革冲出一条路来，就像当年深圳"杀出一条血路"那样。

这是他的梦想，也是他这一代人的梦想。

风乍起，吹皱一池春水。

张至和他教改实验班的 44 名同学是近几十年来中国高等教育史上最特殊的一群学生。这群"中国高中生中最有理想主义色彩的一批人"，放弃国家认可的学历教育，以非凡的勇气参与到教改实验中来，是勇敢的"小白鼠"，更是"盗火者"。

2011 年来到南科大任教的吴文政，那时候周五和老师们一起聚会，大家都会聊同一个话题：下周一，我们的学校还在吗？

韩蔚的微信名是"枕戈待旦"，从加入南科大的那一天起，这是她的状态。

他们要一起建设的是一所准备回答"钱学森之问"、立志为中国培养创新人才的学校；同时，这也是一所从零起步，却自断了退路的学校。

老师们为学生们"开小灶"，把本科生当成研究生培养，手把手带着做实验，和学生们同吃同住，随时解决他们学业、生活各方面的问题，堪称亦师亦友。

学生们比高中时更刻苦，几乎每晚上都要在图书馆里待到九十点钟。他们不放过每一次跟老师讨论的机会，不错过每一场大师的讲座，像树苗一样，源源不断地汲取养分，快速成长。

没有实验室，老师们自己调研、申报、画图、装修，筹建实验室；缺教职人员，图书馆筹建负责人兼职做英语助教……必须学到真本事的紧迫感，为教改探路的使命感，让大家夙兴夜寐、枕戈待旦。

为了"办一所不一样的大学"，南科大每一步都走得不容易。它就像在大海中航行的孤舟，随时随地都有倾覆的风险。因为顶风前行者遭受的挫折和阻力最大，且无可参照。

它每走一步又都在全社会的聚光灯下被不断放大，赞美有之，质疑有之，诋毁亦有之。

在南科大有点"风雨飘摇"的这几年里，有的人留下，有的人离开，甚至有的人采取了激烈的方式跟南科大彻底决裂。但正如朱清时所说，改革一定是伴随着争议、质疑、反对。而理想主义者不会轻易被世俗裹挟，始终坚持理想和信念。

教改实验班学生杨思源在毕业典礼上说："我们经历了一所大学从无到有，在各种旋涡中发展前进的过程。不管遇到多大的困难，不管有多少争议，南科大都坚持过来了。如果要问南科大所给予我的财富是什么，我想，是一种为了追求自己的理想有所付出的信念。"

万事开头难，南科大办学的开头两年，更是难上加难！但师生们一起，为了同一个梦想，坚忍不拔地奋斗，一起书写了南科大艰辛而辉煌的办学"序章"。

第三章

跃升新平台

2012 年 4 月，南科大迎来又一个重要节点：获教育部批准正式成立。提前"去筹转正"，体现教育部对南科大的支持，也说明南科大筹备工作做得不错。

拿到"出生证"的南科大成为合法教育平台，办学进入了正常轨道。招生怎么招？万众关注。不走传统老路子！经过激烈讨论，"631"招生模式出炉，南科大探出一条各方接受的新路子。

办好学校必须有好学生。朱清时深谙办学之道，他亲自出马，并规定全员致力招生宣传。很多学校不给南科大这个新面孔"面子"，教授们只能站在校门口发招生材料。最后，"631"模式首次实行，从 8 个省招了 188 名新生，平均高考成绩高出一本线 69 分。

办好学校必须有好教师。南科大有一套"引才理论"，重点盯住"有潜力的年轻人才"。过程中深圳政府很给力，破例为南科大引才制定特殊政策，大幅提高科研启动经费标准，使学校引才大幅提速。

以理工科为主高起点建设学科体系，宁缺毋滥。引进了哪方面人才，立即发挥他们的才能建立该学科体系。一步一步，南科大学科建设不断完善。

2013 年 7 月，南科大师生开始搬进盼望已久的新校园，硬件设施发生了质的飞跃。从此，拥有了合法身份、一流校园、优秀的学生和充满热情的老师，南科大迎来了快速发展的新篇章。

拿到正式"出生证"

南方科技大学成立大会上部分师生合影

2012 年 4 月 16 日，南科大终于盼来了梦寐以求的好消息：教育部正式批准"去筹转正"。教育部官网发布《教育部关于同意建立南方科技大学的通知》，表示根据《普通高等学校设置暂行条例》等有关规定，以及全国高等学校设置评议委员会讨论议定，同意建立南科大。

4 月 25 日，南科大举行了简朴而热烈的庆祝仪式。现场在启动校区最大的一间教室，参加人员不多，主要是学校师生。出席当时仪式的多位人士告诉笔者，那天有一个场面非常感人，一直对南科大筹建鼎力支持的王穗明是坐着轮椅来的，临上台时换了一根拐杖，一拐一拐的。原来，大运会期间她没日没夜地忙，过度疲劳，一次在走楼梯时摔倒，脚骨裂了，打上了石膏。她说，在南科大这么个大喜的日子里，她无论如何都要来。现场她发表了热情洋溢的讲话，强力的支持和深切的期待尽在其中。

从 2007 年深圳市决定筹建南科大起，历经 5 年多的不懈努力，南科大终于有了办学的"合法身份"。"'去筹转正'是南科大建设发展中具有里程碑意义的重要时刻，也是中国高等教育改革发展过程中具有深远意义的重要时刻。"朱清时当时接受采访时兴奋地说。

自"批筹"之日起，南科大何时能"转正"就一直是社会关注的焦点。

2010 年 12 月 20 日，教育部批准南科大正式筹建，筹建期 3 年。按照《普通本科学校设置暂行规定》，拟要求"去筹"、正式设立的普通本科学校，须在其正式批准的筹建期满后，由其主管部门向教育部提出正式设立的申请。

2010 年底，处于筹建期，尚未获得招生权的南科大打出"自主招生、自授文凭"的口号高调招生。次年 3 月，南科大首届教改实验班正式开学。但由于戴着"筹建帽子"，能不能筹建成功获得正式的"准生证"还是未知数，因此学校在人才引进与学校建设方面面临诸多困境。而接下来发生的教改实验班学生拒绝参加高考风波、三名港科大教授退出并发表公开信批评学校等事件，更是让这艘"教改之舟"处于风暴之中。

学生们毕业后拿不到国家承认的学位、学历文凭，老师们每天都在担忧：我们的学校明天还在吗？南科大此时急需获得"转正"认可，以稳人心。

2011 年底起，朱清时开始向媒体透露，南科大正积极争取教育部的"去筹转正"。"我们现在正在紧锣密鼓地准备各种材料，在硬件和软件方面做各种准备。如果能够去筹，得到转正的身份，南科大就是国家的正式教育平台，我们就可以在此平台上做各种改革和试验。"

2012年初，广东省教育厅相关人员到南科大进行"去筹转正"考核，南科大"去筹转正"进入倒计时，朱清时在多个场合谈及"去筹转正"后的打算。

2012年4月，经过不到一年半的筹备期，南科大提前"转正"，获得"合法身份"，比规定的三年筹备期缩短一半多，这可否解读为教育部对南科大改革的认同和支持？

朱清时对此回应：教育部也很希望对教育改革进行试点，但是改革能到什么地步还需要探索。教育部这次迅速批准建立南科大，就表明了对改革的有力支持。可以说，教育部通过改革常规审批的方式对南科大改革进行了有力支持。

《教育部关于同意建立南方科技大学的通知》明确，南科大全日制在校生规模暂定为8000人，是一所多科性本科学校，由广东省领导和管理，学校发展所需经费由广东省统筹安排解决。同时，应遵守《教育法》和《高等教育法》的基本精神，依法办学，遵循国家基本教育制度。

在通知中，教育部希望加强对南科大办学思想和发展战略的研究、规划和设计，加强学科建设，积极开展科学研究，在办学实践中不断探索具有中国特色的现代大学制度，探索创新人才的培养模式，办出特色，办出水平，为广东省、深圳市经济发展和社会进步做出贡献。

教育部"去筹转正"消息公布后，不少人欢呼：南科大的春天终于要来了。

"两年多来，南科大筹建工作迅速推进。在校园建设、完善硬件设施、开展教改实验等方面，特别是在构建现代大学治理结构、完善管理体制和机制等方面进行了广泛探索，取得阶段性成效。"在朱清时看来，南科大"转正"给筹建工作画上了圆满的句号，"转正"意味着南科大的改革有了合法的平台。"学校没有正式身份时，除了招生，其他工作也会遇到阻碍。南科大获准立校，成为依法办学的高校品牌，这是一件好事儿。"

"这个进展，是教育部、广东省、深圳市、南科大等各方共同努力的结果，是一件大喜事，很值得高兴。"朱清时说。

但也有不少人提出疑虑：'合法'的身份、政府的支持能否助南科大改革一臂之力？如果不能自主招生，回到计划招生，一张试卷定终身，那么南科大的改革是否就失去了意义？甚至有人认为"转正"意味着被"收编"了。

朱清时显然对在"合法"平台上推进改革充满了信心，他当时接受媒体采访时表示："通知里要求'南科大要在办学实践中不断探索具有中国特色的现代大学制度，探索创新人才的培养模式'，这也是我们下一步推进教育改革的方向。南科大'转正'后拥有合法办学的平台，更有利于探索改革途径。而关于自主招生，我们按照南科大招生改革试验的思想，结合当前时间紧迫的现实，已经初步拟定了一个以高考为基础的自主招生方案。"

"去筹转正"之后的南科大，会以怎样的姿态和方式，在新平台上继续推进改革？很多人都在拭目以待。

首创"631"招生模式

南科大转正之后，拥有了合法的招生资格，但究竟怎样招生？各方意见一开始并不统一。

合法化意味着毕业生可以拿到国家承认的学历证书，但前提是遵守国家的基本教育制度，这样高考就是一道不能跨过的红线。

如何在尊重高考基本制度的前提下，探索创新人才选拔机制？

2012年5月29日，南科大"去筹转正"后一个月，教育部批复了南科大的"631"综合评价录取方案，即采用"以高考为基础的综合评价录取模式"，高考成绩占60%，高中阶段的平时成绩占10%，南科大组织的能力测试成绩占30%，最终构成考生的综合成绩，学校按考生综合成绩择优录取。

这种全国独一无二的招生模式，在中国高等教育改革史上留下浓墨重彩的一笔。它在尊重高考制度的基础上，体现了学校在人才判断标准和培养教育上所追求的特色与个性。

对南科大如何招生，学校和政府主管部门各自都有多种考量。最后"631"综合评价录取方案横空出世，实际上是双方激烈讨论的结果，涉及高校招生录取的公平性、科学性和自主性多个层面。

按照朱清时原本的设想，南科大拟采用"433"的招生模式，即自主招生考试占40%，高考占30%，学生平时成绩占30%。从"433"到"631"，高考成绩所占份额由小变大，而承载着高教改革的希望的自主招生仅占30%。南科大招生方式"回归"高考，不少媒体提出疑问：南科大妥协了吗？被"招安"了吗？

高考招生涉及千家万户，事关社会的公平，教育主管部门在这种大事上的考虑更加慎重。

在中国教育资源偏少且不均衡的背景下，高考选拔是个残酷的竞争选拔机制。除了承担选才功能外，高考还背负着诸多社会功能。而高考录取制度改革实际是一场关于制度公平性和选才科学性的平衡和较量。

传统的高考评价手段是按照高考分数录取，是一种相对客观公正的遴选手段。但高考存在一定的片面性，会做题的学生不代表创新能力就强，一些偏才怪才没有办法通过高考脱颖而出。出于多元选才的目的，高校试图扩大自主选拔权，通过综合评价科学选拔人才。比如南科大首届教改实验班实行的自主招生考试，通过独立思考能力、想象力等五个维度的考察，能筛选出更符合学校培养理念的学生。

然而，高校招生自主权的扩大始终伴随着社会对其公平性的质疑。高校主管部门给予高校评价学生和选拔人才的权力，如何保证学校的评价是客观公正的？高校获得选拔权之后，是否会诱发新的不公平现象？

谈起当年南科大招生改革，时任广东省教育厅厅长罗伟其说，他始终坚持公平是高考改革方案首先要遵从的原则，然后才是科学性。高考改革要从有利于公平，有利于人的成才成长，有利于高校选才，有利于基础教育、素质教育的实施等方面综合考虑。科学性的基础、前提作用不言而喻，但公平性优先于科学性应是高考改革的指导思想，坚持把高考、录取公平放在第一位，以科学性确保公平性，改革方向要做到不偏不倚。

按照朱清时原本的设想，学生平时成绩占30%。加强对学生平时成绩考核，可以避免"一考定终身"，也能对学生有个更加全面的评价。但也有人认为这样的想法很可能"看起来很美"。学生的平时成绩由学校掌握，各个学校如何能有一个统一的评价标准？如何保证每个学校都能对学生有个客观、公正的评价？这些执行起来所要面临的现实问题，使得大家不得不审慎考虑，最终学生平时成绩占比调整为 10%。

南科大自主考试占 30%，在不少人看来，这个比例让"自主"的成分并不高。实际上，在商量方案的过程中，朱清时也试图争取将平时成绩减少的 20% 加到南科大自主考试上，但省教育主管部门认为，这打破了公平性和科学性的平衡，不宜采纳。

也许有人会提出疑问，南科大首届教改实验班不就由南科大自主招生吗？事实上，首届教改实验班几乎不存在公平性的问题。教改实验班自主招生、自授文凭，参与者都要承担失败的风险，靠着学生和家长们参与教改的勇气和魄力，才有了这场教改实验。这届学生拟招生 50 人，实际最后只报到了 45 人，也证明了这并不是一个让大家争相追逐的"香饽饽"。而随着南科大转正，在教学、师资建设、招生、文凭等方面获得合法"身份"，公平性和科学性的问题也就显露出来了。

朱清时坦言，教改实验班招生时出现了太多风波，学生们承受了舆论压力，他不希望学生们再承受这些压力。同时，自主招生需要一整套的招生办法和考核办法，保证招的学生非常优秀，而南科大创校初期还没有一整套这样的体系。

"实际上这样的方式也不可持续，在我们本身的招生体系不完备的情况下，我们也希望能借助更多的社会资源，这就是高考。所以我们接受了教育部门的建议，最后确定了'631'方案。"朱清时说。

罗伟其接受笔者采访时，谈到"631"方案最终敲定是在一次小范围沟通会上，他说："2012 年 4 月南科大批准设立之后，朱清时校长、吴以环副市长、郭雨蓉局长一起来厅里找我，说招生究竟怎么招。我说教育厅支持你们改革，但改革要符合相关的政策和规定。"

于是，他提出了"631"的招生方式。其间有人提出高考占比是不是降低一些，罗伟其没有同意，他说"6"代表国家高考占主体，这是原则。在一番激烈讨论之后，大家基本取得了一致意见。罗伟其安排教育厅马上把"631"方案报到教育部，很快获得了批准。

这是南科大改革的一小步，中国教育改革史上的一大步。南科大"631"模式推出后，受到了越来越多高校的认可，一些高校部分"复制"了这种做法。

2014年，与南科大共同定位为研究型大学的香港中文大学（深圳）公布了招生方案。港中大（深圳）2014年实行两种录取方式：在广东省以外省市，完全依据考生的高考成绩择优录取。在广东省内参照南科大实行"631"招生模式。2019年，港中大（深圳）"631"模式综合评价招生扩大到广东、浙江、山东、上海、福建、江苏6省市。

2017年，深圳北理莫斯科大学采用综合评价的录取模式，即"631"模式进行综合评价排名，择优录取。考生须参加并通过该校组织的学校测试，全部在提前批次录取。

据统计，2019年，在广东省开展基于高考基础的综合评价招生录取模式（即"631"模式）试点工作的高校达到11所，包括北京外国语大学、浙江大学、中山大学、华南理工大学、南方科技大学、西交利物浦大学、北京师范大学-香港浸会大学联合国际学院、上海纽约大学、昆山杜克大学、香港中文大学（深圳）、深圳北理莫斯科大学。

除了广东省，近年来，多元评价机制也成为各地新高考的改革趋势。浙江、上海、山东、北京等地，陆续开展综合评价录取试点工作。"依据统一高考成绩、学业水平考试成绩、面试成绩、普通高中综合素质评价等进行录取，高考成绩占比原则上不低于总成绩的60%。"这成为各地开展综合评价录取试点工作的共识。

据不完全统计，2019年全国共有99所高校开展综合评价招生试点，其中包括清华大学、北京大学、北京外国语大学、中国科学院大学等14所高校面向多地区进行综合评价招生，其余高校在省内进行综合评价招生。

"631"模式同时也成为深圳中考自主招生模式之一。2019年，深圳大学附属中学自主招生申请获深圳市招生考试办公室同意批复，在全国率先采用"631"高中招生录取模式。2019年，深大附中拿出50个名额进行自主招生，中考成绩占60%，学校面试占30%，学业水平考试占10%。2020年，南科大附中也开始实行"631"的模式招收高一新生。

"'631'这种招生模式对促进学生多元发展、促进学校提升素质教育和全人教育是有积极作用的，学校可以按照自身特色招到更合适的学生，应该在更大范围内得到推广。"广东省特级教师雷声这样认为。

在8个省录取188名

2012年5月31日，南科大"631"招生模式获批之后第三天，朱清时出现在四川成都香格里拉酒店会议室，面对10多家当地媒体，他反复介绍了南科大的办学理念、招生人数、报名和选拔方式。

这是南科大"去筹转正"后除深圳外的首场招生说明会。朱清时选择在自己的家乡召开，在他看来，一方面，家乡人念及同乡之谊，更容易给予他理解和支持；另一方面，朱清时在任中科大校长时曾数度入川，在这里招了不少优秀学生。

进入会议室前，平时不抽烟的朱清时，走到一个很远的角落里抽了支烟，然后一个人走上讲台。面对媒体记者，他腰杆挺直、头发一丝不乱、语调铿锵，配合一身笔挺的白衬衫黑西裤，显得坚定而有自信。

只有熟悉朱清时的人才能感觉到，他的内心此时并没有看起来那么平静。这是南科大转正后的第一次招生。2011年教改实验班高调招生后，南科大经历了太多风浪。即便现在转正后一切向好，他们也不敢盲目乐观。就像一艘船，虽然经受住了大的风浪，但也留下了各种伤痕亟待修复，大家硬着头皮往前走，并不知道接下来迎接他们的是什么。

"我们必须把浪费的时间补回来。"谈到报名时间，朱清时显得有些着急。虽然紧赶慢赶，南科大的招生还是有些迟了。彼时，国内各个名校的自主招生均已完成，不少学生已被名校锁定，甚至部分省份志愿也已填报结束。

5月30日，深圳；5月31日，成都；6月2日，郑州；6月4日，福州；6月5日，武汉，当天深夜11点飞到济南；6日下午又动身赶赴长沙和合肥。

这是朱清时2012年招生宣讲行程表。朱清时深知自己对媒体的价值和影响力。他每到一处便能吸引众多目光。他分赴各地召开招生宣讲会，希望通过媒体的力量，弥补招生工作开启过晚的不足，让更多人了解这所"新学校"的情况和价值。

"南科大已经没有时间了。从5月29日招生方案获批到高考没有几天时间，我必须说明白，让大家都了解我们学校。这样招生不是要搞个新东西，而是必须这样招，中国的高考招生才有希望。""南科大瞄准的是世界一流大学，要实现这个目标，离不开两个因素：一个是教师，一个是学生。"在成都一个多小时的宣讲中，朱清时阐述了南科大招生原则：要招具备全球视野、独立思考能力的创新型人才。报考者要具备四种素质：洞察力、想象力、记忆力、注意力。南科大的培养模式：书院制、导师制、学分制，国际化、个性化、精英化。

此外，在各地的招生宣讲会里，朱清时都会不遗余力地宣传学校雄厚的奖助学金政策。南科大2012年招收的全部新生可获奖学金，每人每年6000元，可完全抵消学费。综合成绩优秀的新生入学即可利用课余时间协助教师进行科研工作，并获得每年1万元到2万元的生活补助。家庭生活困难的学生还可获得每年1万元的助学金，人数占新生总数的30%。

计划招180人，实际录了188人。7月16日，南科大举行"2012年新生录取情况说明会"，公布2012年新生录取结果。作为教育部批准的本科提前批次招生的高校之一，南方科技大学2012年本科招生工作顺利完成。

一切终于尘埃落定，这是一个非常圆满的结果。

据南科大招生办介绍，2012年，全国8个省份共有5932名应届高中生报名参加南科大的自主招生能力测试，1357名学生获得测试资格。6月19日，南科大在8省同时举行自主能力测试。实际参加1307人。其中，有6人能力测试取得满分，能力测试优秀率为40.7%。

这里透露一个小"秘密"，南科大能力测试的题目是谁出的？之前很少有人知道。在合肥采访时，朱清时告诉笔者那几年都是他"亲自出马"："每次都要花一两个月的时间想题目，因为没有现成题目，要思考怎么样才能测试到学生几方面的能力。还不好找人讨论，所以每次我出了题目后，就让唐叔贤院士来试做一下，看看题目设置是否合理，需要多长时间，难易程度等。"

这次所有录取的考生，平均高考成绩比一本分数线高出69分，达到了国内 985 高校中等偏上的水平。

南科大在新生录取情况说明会上通报称，原计划在广东等 8 个省份共招收 180 名学生，经过紧急请示教育部后，同意扩招 8 人。之所以扩招，是因为学生太优秀，实在"不忍舍弃"。所以 2012 年南科大实际招生 188 人。其中广东招了 40 人，安徽、四川、福建、湖南、湖北各招了 20 人，河南招了 21 人，山东招了 27 人，山东是南科大扩招名额最多的省份。

这是南科大首次采用"631"模式招生。在实际录取时，这种不同于完全凭借高考成绩"一考定终身"的招生模式，的确发挥到了不小的作用。依据"基于高考、不唯高考"的原则，通过能力测试，更多创新潜质突出、综合素质全面的考生获得了入学机会。

"能力测试的题目看似简单，但容易暴露学生的真实能力，90 分以上的考生不超过一半，甚至还有考生得零分。"朱清时接受媒体采访时表示，由于高考成绩和能力测试需要换算成百分制，能力测试的 1 分抵高考的 3.75 分。这样设计不至于让"学生因为高考的一时错误，拖累最终的录取成绩"。这次招考中，福建省有一名考生在能力测试中获得满分，高考成绩却不高，最终也被南科大录取。

招生结果出炉后，南科大对高考成绩和复试成绩进行了比对。他们发现学生的高考成绩与复试成绩呈正相关关系。一般情况下，高考成绩好的学生，复试成绩也好；少数学生不是这样，有些高考成绩好，但复试成绩不好，这样的学生则被淘汰出局。而这次扩招的 8 个考生，高考成绩与复试成绩稍微差一点，但平时成绩和综合素质都特别好，所以也被顺利录取。

对于录取结果，朱清时认为是"圆满成功"，在他看来这些学生素质超过了他们的预期。

全员致力推广招生

很多人都知道，阿里巴巴是依靠"地推"发展起来的一家世界级公司，尤其是早期的B2B（企业与企业联结模式）业务，完全靠成千上万的销售员走家串户、敲门拜访的方式，才将公司产品和服务销售给客户。

大学也需要"营销"，尤其是招生。对此朱清时有个巧妙的比喻，一所大学就像是一个剧团，谁的戏唱得好，谁就有观众。

南科大有一个庞大的"地推"团队，几乎所有的教职工都参与其中。他们深入全国各地的中学，把南科大的理念、模式、发展愿景和招生情况，"推销"给学生、家长和老师们。这个招生模式为学校吸引到了不少优秀生源，为学校未来的腾飞打下了坚实的基础。

为吸引更多优秀的学生报考南科大，从首届招生起，南科大便定下了一个规矩：全员参与推广招生。这个模式的设计者朱清时有个很朴素的观点：生源好，学校才能好。

在朱清时看来，一所学校办得好不好主要看两点：第一是好的老师，第二是好的学生。而好的学生更为重要，因为好的学生才能吸引到更加优秀的老师。他说："很多学校办得好，一个根本的原因是生源好，只要能把拔尖的学生招进来，再配上不错的老师，不错的体制，学校就肯定差不了。而优秀的老师也希望能教优秀的学生，这对他们的事业发展有利。我之前在中科大的时候每年都自己去招生，看到有些学校领导不去招生，教授也不去招生，就感觉不可理解。学校最重要的就是把好的学生招来，这样才有希望办好。"

怎么把好学生招过来？南科大采取的策略是，明星校长朱清时面对媒体，利用舆论为南科大招生造势。学校教授和行政人员变成"推销员"，深入各个地方、各所中学，进行面对面宣传和交流。

"66 岁南科大校长朱清时 10 天跑 8 省招揽生源""南科大掀起招生'营销战'""朱清时赴六省市开展招生宣讲"，通过这些新闻报道的标题，南科大的招生推广强度可见一斑。

朱清时每到一处，便能吸引众多目光。对"明星校长"的追捧背后，是对朱清时传递出来的"改革"理想的热切关注。

在为南科大争取关注度上，朱清时深知该如何用好自己的知名度和影响力。招生宣讲时，朱清时总是先到各地打前站，召开媒体发布会，不厌其烦地跟大家讲南科大的办学理念、改革举措、创新人才培养体系和奖学金政策等。

2013 年，南科大招生范围扩大到全国 14 个省，朱清时到首次招生的 6 个省开了 6 场招生说明会。

许宗祥副教授是福建人，那些年招生，他都要回福建差不多"蹲守"一个月，到各个学校开展招生宣传。几年里，他几乎跑遍了福建各个市区县所有的重点中学，最远的跑到了闽北的武夷山一中，最长的一天跑了 600 多公里，去了 3 所中学。

南科大一直希望能为农村生源的学生提供更多机会，许宗祥他们在招生宣讲时，除了到市里，还会到县里甚至乡里的中学。"我没见过哪个大学像南科大这样，一到招生季整个教授团队都去做宣传推广，而且深入到各个中学。"

让大家尽可能到自己的家乡招生，是南科大的策略。跟老乡们沟通，更亲切，也更容易让人信服。然而，在南科大开始招生的头两年，许宗祥想要拿到一张中学的"门票"也不容易。为了能进学校宣讲，他往往要使出浑身解数，动员家里的亲戚、朋友到处帮忙介绍关系、推荐渠道。"只要哪个中学愿意让我们进去，我们都去。"

即便如此，许宗祥能大模大样公开进去的学校也非常有限。很多时候，他只能在学校门口发发南科大的招生宣传手册。有时候，他也会趁着学生上学，和学生们一起混进学校，把宣传手册发给学生后再偷偷溜出去。他感慨："那时候我们跟社会上那些不入流的培训机构差不多。"

吴文政是香港人，负责广东省的招生推广工作。一开始对于当"推销员"这个事情有点不理解，连续几次在中学门口被保安拒之门外，他产生了深深的怀疑：我为什么要出现在这里？我是做研究的，为什么变成了一个销售？

在南科大刚刚起步的两年，一切都要靠自己。吴文政要自己想办法找学校的联系方式，要与学校负责人约宣讲时间，要推着一小推车的资料到学校里分发，要对着一大群老师学生家长们宣讲，被质疑、被诘问、被驱赶是常有的事儿。这对常年泡在实验室里的吴文政来说，是个巨大的挑战。

但当学校未来的图景在他脑子中清晰起来后，他想明白了：只有他们这些真正参与了学校创建的人，才能把学校的理念、学科的设置、教学的模式讲清楚。只有他们这些真正参与了学校建设的人，才能饱含激情地向大家"推销"自己的学校。而南科大的未来，正是要靠他们的宣讲，吸引志同道合的学生一起创造。

想清楚了这些，吴文政放下了心理包袱，积极投身到招生推广中去。"我把我们的梦讲出来，学生们都很感兴趣。我常常跟同事们开玩笑，我们都把自己变成销售了，讲到自己都想报这个学校了。"

"书院制""全英文上课""顶级期刊做课堂讲义""前两年不分专业"，这是听完南科大招生宣讲后，几位高中学生归纳出的关键词。"改革""不被束缚""鼓励个性""可以质疑权威"，这是他们对南科大的感觉。

　　每次招生宣讲后，南科大都会收获一批拥趸，他们希望能成为南科大的一员，参与到南科大的发展中。

　　在听了一次南科大的宣讲会后，张大正的父母成了南科大的"粉丝"。张大正是山东人，南科大 2015 级学生。张大正的母亲是中学老师，之前通过媒体关注过南科大。2015 年招生季，南科大到山东师范大学附中做宣讲，张大正的父母专门跑过去听。听完招生老师对南科大的人才理念、招生培养模式的介绍后，他的父母觉得南科大真是太棒了，一定要去读南科大。经过父母的不断"洗脑"，张大正参加了南科大的自主招生考试，并在高考后顺利拿到了南科大的录取通知书。

　　就这样，靠着明星校长媒体宣讲打头阵，教授和行政人员变身"销售员"做"地推"，南科大吸引了一批又一批有理想、有创新能力的学生，和南科大一起创造历史，创造未来。

人才引进大提速

　　一流的学校需要一流的人才队伍支撑，从筹建之日起，人才引进便是南科大建设的核心工作之一。2012 年 4 月，"去筹转正"后，南科大跃上了新的平台，人才引进更是驶入了快车道。

　　数据显示，截至 2012 年底，南科大从海内外签约引进教师 96 人，其中包括院士 2 人、双聘院士 2 人。教师年龄在 45 岁及以下的占75%，90% 以上拥有博士学位，95% 以上从海外引进，60% 以上教师具有在世界排名前 100 名大学工作或学习的经历，初步建成了一支以中青年教师为主的高素质教师队伍。

　　南科大首届顾问委员会委员、美国国家工程院院士杨祖佑教授说："南科大首批聘任的教师水平不低于香港科技大学创校时期教师的水平，部分中青年教师发展潜力很大。"

作为"后起之秀"，南科大实行的是"以中青年人才为主要目标的人才引进模式"，这是南科大筹建之初即确定的方向，也是国内外知名高校建设的优秀经验。

加州理工学院有800名年轻的博士后，他们是该校创新能力的主力。香港科技大学办学成功的主要经验是建校之初招聘了一批青年教师，经过严格筛选留校任终身教授的这些人中，不少已成为世界一流教授。中科大办学成功的主要经验，也是建校之初招聘了一批青年教师，经过培养，出了许多世界一流教授。

按照2010年4月深圳递交给教育部的《深圳市筹建南方科技大学论证报告》，南科大将首先从全球遴选一批"伯乐"型人才担任院长和系主任。在他们的主持下，面向全球招聘富于潜力的年轻人才（博士后、副教授），创造条件加以培养，并建立有效的淘汰晋升机制，以便从中成长出一批世界一流的教授成为南科大的骨干。

在朱清时看来，领军人才及学科带头人"可遇而不可求"。因为这类人才总量少，且是国内外高校争抢的"香饽饽"，他们所需要的各方面资源都比较容易获得，刚创办的南科大对于他们而言不具有多大的吸引力。南科大真正要瞄准的是那些富有"高潜力值"的博士后和青年科研人员。这些人经过了国内外高校的系统培养，正是最具创新能力和创新激情的时候，但同时因为资源等方面受限，暂时还未能成为领军人才，他们是人才中的"黑马"，如果南科大给他们创造条件，假以时日就很有可能成长为枝繁叶茂的大树。

朱清时有自己的一套"引才理论"，他的想法和唐叔贤高度一致，两人一拍即合，一起在南科大引才上发力。

唐叔贤在美国和香港工作、生活多年，他深知这些青年科研人员的潜力，也了解他们的处境。他知道，要想吸引这些年轻人来到南科大，除了要给予他们有竞争力的薪酬待遇外，还要给他们比较好的科研经费支持以及宽松自由的科研环境。

2011 年 7 月 16 日，时任深圳市市长许勤主持召开南科大第一届理事会第一次会议。会上大家对南科大的人才引进工作进行了讨论，会议明确南科大要坚持高标准引进人才，与学校定位相匹配。

唐叔贤在会上提出，要给引进的每位老师一笔启动经费，老师可以用这个启动经费购买自己需要的仪器。"大仪器可以使用公共平台的，实验室里配小仪器，一般的检测在自己实验室里就可以完成。"

许勤当即表示，让市里调研一下全国其他高校普遍的启动经费金额。不久，调研结论出来了：30 万／人。唐叔贤听到这个消息后，一晚上没睡着觉，"这个启动经费只给一次，30 万买实验室耗材可能都不够，以这个标准肯定招不到学校想要的高层次人才"。

为了提高启动经费金额，唐叔贤不断往深圳市有关部门跑，告诉他们海外及香港高校的人才引进政策，分析南科大要建设世界一流研究型大学应该配备什么样的人才，以及要引进这些高水平人才需要怎样的配套政策。

最终，唐叔贤提出的引才经费标准得到了深圳市委、市政府及财政局的大力支持。2012 年 1 月 1 日，《南方科技大学科研启动经费管理暂行办法》（以下简称《办法》）正式实施，《办法》明确：南科大科研启动经费的资助对象为与学校签订《聘用合同书》到校工作的教学科研型学术人才，包括助理教授、副教授、教授、讲座教授和领军教授。其中，院士、孔雀计划 A 类人才等，根据工作需求申请专项经费支持；国家"杰出青年"、长江学者等的科研启动经费标准为 300 万—500 万元（工医类学科科研启动费 500 万元，偏理学科的科研启动费 300 万元）；珠江学者人才的科研启动经费标准为

200万—300万元（工医类学科科研启动费300万元，偏理学科的科研启动费200万元）；其他人才可根据需要申请科研启动经费，但标准不超过50万元。

"知道是这个结果，我就心安了。对于那些高层次人才，偏理论类的有300万元启动经费，实验类的有500万元，那时候人民币还比较强势，500万元人民币大概相当于100万美元。有了这个标准，我就有信心在全世界吸引到优秀人才了。"唐叔贤说。

《办法》正式实施当天，唐叔贤给全球排名前100的高校的校长、院长、系主任等分别发了一份电子邮件，告诉他们深圳有这么一所理工大学，可以根据人才特点，最高给予青年人才近100万美元的科研经费支持。发出后，来自全世界的求职信像雪片般飞来。

能获得这么高的科研启动经费，是谭斌从美国的斯科普斯研究所来到南科大的重要原因之一。他在新加坡、美国都待过。2012年9月，谭斌来到南科大。在他看来，这些年来，国外很多国家的基础科研投入在走下坡路。因为科研经费受限，往往是那些产出快的项目较容易获得经费。而基础研究是一个长期的过程，受到的支持明显减少。但国内尤其是深圳，这些年来非常重视基础科研，一直在加大投入，所以很多像他一样的青年科研人员愿意回国，来到南科大。

南科大吸引谭斌的另外一个原因是，这里学术自由氛围浓厚，自己想做什么研究就做什么，不用受制于人或是传统体制。这一点，吴文政也深有同感。

为了鼓励科研，南科大实行"独立PI"制度①：教授不分头衔大

---

① PI是英文 Principal Investigator 的简称，中文译为课题组长、主要研究者或项目负责人。简言之，PI是对所负责的项目有主导权和指导权的个体。

小，只要在教学科研序列，都可以拥有独立的实验室和科研启动经费，组建独立课题组，独立申请项目。"学校也基本不干预大家的选题。不管是和社会的产学合作，或者跨学校的学者合作，甚至是跨国的学者合作，学校都支持鼓励。"吴文政说。

像谭斌、吴文政这样的青年人才，几乎每位来南科大之前，手上都握着国内外多个知名院校和机构的聘用通知书，其中不少可以直接给他们教授职位。而他们还是选择了仅给副教授职位的南科大，看中的正是南科大宽容的人才环境。

他们确实在南科大的平台上实现了不一样的精彩。"这批来到南科大的优秀人才，有能力、有冲劲、有干劲，他们把南科大给予他们的平台，看作他们一生的事业，全力奋斗。他们成长得比我想象的还要快。现在在国际一流杂志上发文最多的，科研成果最多的，产业化项目最多的都是这些年轻人。"朱清时说。

除了学科带头人和青年骨干，南科大还有自己的顶级智囊。

根据《南方科技大学管理暂行办法》规定，南科大设立顾问委员会，作为南科大的咨询机构，负责对学校发展的重大问题提出意见和建议，为学校未来发展提供战略咨询；借鉴世界一流大学建设和发展的经验，为学校迅速办成国际化高水平研究型大学提供智力支持。

2012 年 7 月，朱清时为首届顾问委员会的 5 位国际著名科学家和教育家颁发聘书，他们是：美国国家工程院院士、美国加州大学圣塔巴巴拉分校校长杨祖佑教授；美国国家工程院院士、美国加州大学洛杉矶分校原研发副校长何志明教授；国际电气电子工程师协会（IEEE）会士、加州理工学院电子工程系原系主任戴聿昌教授；美国国家工程院院士、美国能源部能量前沿研究中心固态太阳热能转化中心主任、美国麻省理工学院陈刚教授；美国国家工程院院士、美国国家纳米科学与工程研究中心主任、美国加州大学伯克利分校张翔教授。

南科大国际咨询顾问委员会作为具有国际顶尖水准的智囊机构，也是南科大与国际接轨的关键纽带，为南科大全面发展及加快国际化进程注入智慧能量。

高起点建设学科体系

作为一座城市的梦想，南科大的使命从一开始就与深圳的未来紧紧联系在一起。深圳需要一所自己的"斯坦福"，以原创的技术、产品参与到全球最高层次的竞争。

按照"高水平研究型大学"的定位和学校发展实际，南科大在筹建时即明确学科定位：以理工科为主，兼有部分特色人文与管理学科，按照一步到位达到亚洲一流水平的标准组建每个专业、系和学院及相应的研究室（所）。

朱清时一开始就明确了南科大学科设置遵循的四原则：一是响应国家经济社会发展的紧迫需求；二是致力于为深圳及珠三角地区经济的整体转型和发展做贡献，并为其产业发展提供基础研究方面的保障；三是着眼于将南科大建设成亚洲一流的科研基地，培养出拔尖创新人才；四是根据人才引进的实际情况设置南科大首批学科。

按照南科大学科设置原则，从 2010 年起，南科大在全球开启了人才引进工作，面向数学、物理、化学、生命科学、电机工程、计算机科学与工程、机械工程、材料工程等领域招聘高级人才。

2012 年底，南科大从海内外签约引进教师 96 人，按照引进人才的实际情况，南科大首批学科出炉。首批学科含 5 个系 6 个专业，包括：物理学系的物理学专业，化学系的化学专业，生物学系的生物信息学专业和生物技术专业，微纳材料与器件系的微电子科学与工程专业，金融数学与金融工程系的金融数学与金融工程专业。

"像谭斌、陆为、李闯创是化学专业的，就设了化学系；于洪宇是微电子科学与工程专业，就设置了微纳材料与器件系，2012 年的首批学科，都是根据我们引进人才的实际情况设置的。在南科大这个平台上，他们都快速成长起来了，成为学校教学科研的骨干力量。梁永晔 2011 年在年度全球最热门论文科学家中排名第十，是材料科学与工程方面的专家，2012 年下半年加盟南科大。当时南科大没有这个专业，2013 年，我们专门增设了材料科学与工程系。"朱清时说。

朱清时介绍，南科大学科设置是按照科学程序、集思广益后完成的。首先，全球招聘人才，为学科设置奠定基础；其次，教师队伍多次召开讨论会，探讨学科设置方向；再次，召开学科专业建设企业家代表座谈会，探讨交叉学科设置；然后，邀请部分省属重点高校召开座谈会，为南科大学科建设群策群力。

"南科大学科设置具有显著的特色和优势。一是建立以研究中心为依托的培养机制。规划建设研究中心，努力打造国际一流水平的科研创新平台，促进科研与教学互动，培育跨学科、跨领域的科研与教学相结合的团队，加快培养拔尖创新人才。二是重点建设交叉学科和新兴学科。以交叉学科和新兴学科的建设为重点，在各个系和专业基础上，成立若干交叉学科研究中心，支持大跨度、高集成学科的发展，争取在相关学术领域取得重大突破。"朱清时说。

"可以发现，南科大的学科非常'新'，站在科学技术发展前沿，注重不同领域交叉研究及应用，而且紧密结合国家、城市创新发展需要，以及人才需求，这是南科大学科建设非常厉害的地方。"一位长期观察深圳高等教育发展的媒体人士评价说。

以学生发展为中心

南科大从创校开始，就形成了一个重要的办学理念：以学生发展为中心。在这种理念指导下，学生成为最"中心"的群体，学校成为他们成长的温暖家园。

陈应天教授在南科大的招生咨询会上讲过这样一个故事：他在国外大学教书时看到，如果老师讲课氛围活跃，经常会在激烈争论中因为出错而被学生扔纸飞机。他本人授课中规中矩，不常提出有争议性的话题，竟被校方指出"纸飞机太少"。

充分激发学生独立思考，保障他们的话语权，建立平等的师生关系，是南科大很多老师的共识。

南科大的老师大部分是海归派年轻老师，他们英语好、视野开阔、精力充沛。化学系副教授陆为有在加州理工学院和香港大学的科研经验。陆为的授课，课件为全英文，讲课时中英文混杂，几乎不点名也不照本宣科。他反复强调：有问题随时问，欢迎随时打断我。课堂氛围很轻松，学生和老师常有互动。下课后，一群学生围上来问个不停，一个小时过去了，学生都还没有散去。"经常跟大家聊着聊着，一个中午就过去了，发现没有时间吃午饭了。"陆为说。

不少学生提到在南科大的进步，是变得"敢于表达自己"。因为南科大的老师们上课，不是单方面的信息输出，我讲你听，而是不断互动，老师通过提问的方式，引导学生去思考、去讨论，鼓励大家有不同的看法。

"南科大本身具有一种很独特的精神，会教导学生如何去开拓未知。"王嘉乐说，在南科大，老师不仅教知识，更会激发学生的创造力，让人不断去思考，"就像一片土地，不是告诉你这片土地原本有什么，而是让你看到有无限可能的未来，这是很宝贵的财富"。

吴文政在学校书院做学生个人发展的引导工作时，喜欢跟学生们聊天。学生向他请教，他会给出建议，但他更喜欢学生们有自己的思考。"不一定同意我的意见，最好反驳我，我们一起讨论，甚至辩论。"在吴文政看来，他需要教给学生的是思考问题的方式，学生需要自己独立做出判断，然后自己把生活和学习管理好、调节好。

"南科大的老师会教你什么是自由，何为权利，何为道德。老师通常会针对近期发生的社会热点问题，和学生展开讨论，培养我们的公民意识，提高我们的人文意识。"一位南科大学生在一个贴吧上这样留言。

南科大从创校开始，人才培养就始终是学校工作的核心。

传统高校里，科研和教学常常两条线，名师一般以搞科研为主。而南科大把所有在聘教师为本科生上课作为基本制度。院士、名师都需亲临课堂，给本科生上课。

南科大规定，学校所有教授每年应该承担2门课程的教学任务，其中至少1门为本科生课程，每周承担的教学工作量应为6学时。这样的规定，在国内是非常少见的。

曾歆勋是南科大2012级学生，有一件事让他印象特别深刻。某位海外人才希望加入南科大计算机系，他各方面都很优秀，科研能力尤为突出。他给计算机系主任姚新发了一封邮件，说他觉得南科大老师的教学负担太重了，每学期开的课太多，课时太长，对老师的要求很高；他提出南科大是所研究型大学，而他自身的研究方向很好，这么重的教学负担会分散他的科研精力，希望学校能降低教学负担，让他专心做科研。

"系主任收到这封邮件后，非常坚决地拒绝了他的请求。"曾歆勋回忆，在回复这位老师的邮件里，姚新老师说，我们之所以是老师，教育学生是我们的使命，其次才是研究。我们是在教学生的同时做研究，不是做研究的同时教学生，主次关系不能反。我们南科大的老师不仅要上课，还要亲自去带学生，要跟学生出去户外活动、去吃饭，关心学生的成长。在南科大，不管什么样的教授，都要满足这样的要求。

"我从导师那里看完这封邮件，很受感动，觉得系主任的理念非常有益于学生。他自己也一直是这么做的，系主任的两门课我都上，他自己投入非常多的时间和精力备课，真的是把教育学生放在第一位。"曾歆勋说。

南科大重视学生创新能力培养，鼓励个性化教学，大一刚入学的新生，就有机会加入教授课题组，进入实验室做科研。

何明浩是首届教改实验班学生，在南科大读书期间，他的研究成果就发表在国际知名期刊上，并参加国际会议。毕业时，他的论文达到了国际一流大学电子与电气工程系本科毕业生的水平。他读大二时就进实验室跟教授做项目，接触到前沿学科知识，这让他的学术能力提升很快。他说："教授以研究生的标准带我们"。

南科大的老师既承担科研项目，又担任学生导师，以项目带动教学，为像何明浩一样对科研有兴趣的学生提供平台。

胡启锟是南科大 2016 级本科生，本科期间累计发表 SCI 二区以上论文 14 篇。他是被福建招生组的许宗祥"挖"到南科大的，在高中就表现出了对科研的兴趣。许宗祥当时跟他说，要是想做科研，国内没有哪所学校比南科大更适合。

大一刚到学校，胡启锟就问许宗祥：只会微积分和写简单 java 程序的普通大一学生能进实验室吗？许宗祥回答当然可以，并鼓励胡启锟加入他的课题组，把他带到了实验室。就这样，胡启锟开启了自己的"科研"生涯，主要帮学长学姐们"打下手"。许宗祥不厌其烦地给他讲解各种仪器用法，普及科研知识。在老师和学长学姐的帮助下，胡启锟在科研能力方面崭露头角，且进步神速，大三就收到剑桥大学、普林斯顿大学等学校录取通知书，欢迎他去攻读博士学位。

无论是在课堂教学还是科学研究上，南科大始终坚持"以学生发展为中心"。老师在学习、科研、生活等各方面帮助、关注学生的成长，使他们成为创新型、复合型的一流人才。

成立教育基金会

2011 年 12 月 3 日，南科大教育基金会召开理事会第一次会议，标志着教育基金会正式成立。南科大办学模式中，从此多了一个重要元素。

在这次会上，选举产生了理事长、副理事长、监事长以及秘书长。首届 16 名理事会成员中有 13 人来自企业，时任万科董事长王石、深圳研祥集团董事长陈志列等社会人士位列其中。

时任深圳市教育局副局长范坤在会上表示，南科大成立教育基金会，在全国公办大学中并不多见，而在深圳则是第一家。教育基金会的成立符合《纲要》的精神，也符合深圳教育要多元化、国际化的发展目标，能够增强南科大持续发展活力，有利于南科大尽快办成高水平的大学。

筹备成立教育基金会，对南科大来说可谓谋划已久。2006 年起草的《深圳科技大学办学方案》里就有这样的设想。朱清时出任校长后，高度认同这种设想，并大力推进相关工作，认为这有利于吸纳社会捐赠办学，拓展多元化的办学经费来源渠道。

当时南科大推进成立基金会，还有这样几个原因：第一，国家政策的支持。2010年正式颁布的《纲要》提出，高等教育实行以举办者投入为主、受教育者合理分担培养成本、学校设立基金接受社会捐赠等多渠道筹措经费的投入机制。第二，南科大在社会上有很多的支持者，大家希望能以实际行动支持南科大迅速发展。事实上，在南科大基金会成立之前，已经有好几位企业家提前给学校捐款，总额已超过200万元，南科大教改实验班学生每年1万元生活补贴就来自这些捐款。第三，从世界一流大学发展历史看，世界一流大学必定拥有一只雄厚的基金，为大学发展提供多元化、全方位、持续性的资金支持。

2011年5月，被称为南科大"基本法"的《南方科技大学管理暂行办法》出台。明确规定：南科大可以按照国家、省和本市有关规定设立基金会，接受社会捐赠，用于学校的办学和科学研究。

在欧美等发达国家，基金会被称为"顶尖大学"的发动机。有人把它总结成三点：第一，研究创新的"推动器"。拥有支持资金作为后盾，大学的研究减轻了短视的逐利负担。第二，世界级学者的"吸纳器"。在捐赠支持的基础上，吸引世界各国的名牌教授齐聚顶尖大学。第三，杰出人才的支持者。基金会充裕的资金为大学提供更多的奖学金和补贴。

"从一批世界一流大学的发展历程看出，教育基金会是国外高等学府的重要组成部分，是高校保持可持续性健康发展的重要基石。"郭雨蓉说，"南科大教育基金会是为南科大的改革创新做支持和保障的。"

南科大教育基金会自成立以来，在南科大的创建发展中，至少发挥了以下几方面作用。

第一，推动南科大成为产学研合作发展的创新高地。企业是创新的主体，高校是创新的源头。通过南科大教育基金会加强了校企合作，搭建产学研一体化平台，可以更好地实现科研成果转化。

2014 年 1 月，正威国际集团向南科大教育基金会捐赠 500 万元，并出资 1 亿元成立"南科大正威技术产业投资基金"，支持南科大原创性的科研项目，并将这些科研项目成果产业化。

2016 年 7 月，乐土投资集团向南科大教育基金会捐赠 1.1 亿元，设立"南科大乐土创新基金"，支持和推动南科大生命、医学等相关学科建设及人才培养、科技交流等。

2017 年，宝能集团向基金会捐赠 1 亿元，支持学校发展。

此外，南科大还通过基金会平台，与佳兆业集团、海梁科技、盈尚科技等建立了产学研合作，共同发展。

第二，助力吸引和集聚高层次创新人才。顶尖大学之所以顶尖，是因为有带动世界发展的科研和教授团队。越是顶尖大学越关注招纳优秀的人才，而招聘这些优秀人才和让他们发挥作用，都离不开大量的经费投入。

为促进高层次人才引进，完善人才激励机制和服务体系，南科大设立"南科大人才引进专项基金"，吸引和聚集高层次创新人才。郭雨蓉介绍说："南科大教育基金会发挥的很关键的一个作用是在人才引进方面。我们希望从海外聘请一些高端人才，但有些教授在海外的薪酬比较高。所以我们就通过动员社会力量支持，给他们一些资助，把人才吸纳过来。"

第三，改善教学环境，提升学生的教学体验。教学楼等硬件设施的冠名，是高校中很受欢迎的捐赠项目之一。2015 年，南科大宣布，可通过捐赠获得南科大楼宇冠名权及固定资产冠名权，以进一步增进学校与社会的联系，扩大社会力量参与学校办学的渠道。

南科大因此出现了琳恩图书馆、润杨体育馆等冠名建筑。琳恩图书馆由一名神秘人士匿名捐赠、冠名。为什么叫琳恩？南科大学子间流传着这样一个版本：这位捐赠人的初恋叫 Lynn，捐赠者为了纪念她，所以把这个满是书香和青春气息的地方，冠以她的名字。但至今，琳恩图书馆名字的由来，并没有官方说法。这为我们留下遐想的空间。

润杨体育馆是由润杨集团（深圳）有限公司捐赠冠名。2019 年 9 月 9 日，在南科大一年一度的教师节表彰大会上，南科大润杨体育馆冠名揭幕仪式隆重举行。在全体校领导和优秀教师的见证下，南科大体育馆这一标志性建筑被正式冠名。

第四，推动学生教育和人才培养。南科大教育基金会通过设置奖学金，支持招生、学生教育与科研以及参加国际竞赛等。比如，设立招生奖，表彰招生先进集体和先进个人；设立佳兆业国际英才奖学金，为优秀学生提供深造资助；设立贫困学生医疗保险基金，资助家庭经济困难的本科大学生；在各院系设置多项奖学金，如金融系"中文伦德奖学金"、化学系"天美爱丁堡奖学金"、树仁书院"启德奖学金"等。为鼓励南科大学子积极参与国际基因工程机械设计大赛（iGEM），锻炼学生们的专业核心能力、科研热情、团队协作能力，南科大专门设立了 iGEM 竞赛专项基金等等。

2019 年 7 月，南科大教育基金会增补为深圳市社会组织总会副会长单位。社会组织总会在议案中这样评价："南科大教育基金会具有中国高等院校改革创新的示范引领地位，在总会副会长单位中具有一定代表性，并填补了结构性缺失。"

对南科大教育基金会来说，这样的评价，恰如其分！

搬进新校园

南科大校名石

2013 年 9 月 1 日，一个值得全体南科人铭记的日子。当天，南科大新校园启用仪式暨 2013 年开学典礼在风雨操场举行，深圳市委书记、市长一起来到南科大，见证这个喜庆的时刻。王荣书记发表讲话，寄望南科大早日建成国际化高水平的研究型大学，许勤市长把象征新校园启用的"金钥匙"郑重地交到朱清时手中，现场掌声雷动。

新校园的正式启用，是南科大发展的里程碑，标志着南科大发展进入了一个新阶段，一个国际化高水平研究型大学雏形已现，前景可期。

2013 年 7 月中旬，南科大启动搬迁工作，45 名 2011 级教改实验班学生、188 名 2012 级学生以及教职工陆续从过渡校区喜迁新校区，他们终于拥有了一个属于自己的美丽新家园。

那是一个激情燃烧、催人奋进的南国之夏，2012 级校友曾歆勋如今回忆当时的情景，仍然难掩作为南科大新征程见证者和参与者的兴奋之情。他说，2012 年底新校园一期还在建设之中，老师就带着同学们去参观，那时候满眼是热火朝天的工地，在沙盘模型前，大家畅想着未来新校园的美丽模样。"刚搬进来时虽然建筑没有现在这么多，但教学楼、实验楼、宿舍楼、图书馆、运动场等学习和生活设施该有的基本都有了。尤其是宿舍楼下面，还专门设计了活动空间给书院使用，非常方便。"让曾歆勋至今印象深刻的是，搬进新校园前，学生宿舍究竟要购买哪些家具，装修成什么样子，学校并没有自己就定了，而是专门让装修公司做了四个样板间，组织同学们去现场看，然后打分，得分最高的"中标"。涉及学生的事情，学校非常尊重学生的意见。

不久后，2013 级的 388 名新生从全国各地汇聚塘朗山下的新校园，满怀着喜悦与憧憬走过迎新桥，开启了人生的新篇章。

朱清时当时的致辞，至今读来仍让人心潮澎湃：

"我们脚下的这块土地三年前还是三个村庄。深圳市委、市政府以巨大的勇气、决心和魄力，将这块土地划出来，为我们建设了这座美丽的新校园。新校园的建设，从破土动工到今天正式启用，仅仅用了两年多的时间，这是新时期的深圳速度。建设者们按照'厚重、实用、节能、环保'的标准，付出了辛勤的汗水和卓越的智慧，以最快的速度将这里建成了美丽的大学校园。

"此时此刻，我们心中充满了感激之情。我们感谢深圳市委、市政府高瞻远瞩的魄力和决心，感谢南山区委和区政府的巨大操劳，感谢工务署和施工单位的辛勤劳动，更感谢那些世代居住在这块土地上的村民为建设这个校园承受的牺牲！

"南科大获准正式建立后，社会各界十分关注它的发展方向，殷切期望南科大坚持改革创新、不断取得突破。现在，我们正在用实际行动回答社会的关心。"

朱清时最后说："南科大诞生在国家启动科学发展、启动'中国梦'的伟大时代。我们也有一个梦，梦想在不久的将来，在今天正式启用的校园里，出现一所国际化高水平的研究型大学。这所大学的一切都按教育的规律办事；这所大学的学生，不仅在学业上，而且在品行上，都不亚于世界上任何一所大学；这所大学也是一个一流的科研平台，是本地区乃至全国科技发展的依托。这所大学就是南方科技大学，她将是全体深圳人民心中的骄傲！"

开学典礼结束后，388 名新生一边参观校园，一边开心地说笑，预祝南科大的未来欣欣向荣。

新校园位于南山区西丽大学城东侧，北靠阳台山，南望塘朗山，东临长岭陂水库，西与清华大学、北京大学、哈尔滨工业大学等三所大学的深圳研究生院相邻。校园占地面积 198 万平方米，规划总建筑面积超过 105 万平方米。建成投用的一期校园首期工程共包含教学、办公、实验、生活等功能建筑 32 栋，建筑面积 20.26 万平方米，总投资 12.67 亿元，是住建部与深圳市联合共建的绿色节能校园工程。

学生宿舍的设计很人性化，每间寝室可住 4 个人，配备有空调和电风扇，寝室里还内设有阳台、洗手池和卫生间。每层宿舍靠楼梯的两个房间，都设计为学生的自习室，其中一间里面摆放有方形的桌椅和板凳，另外一间则摆放有小圆桌，方便大家进行讨论。

388 名新入学的 2013 级新生，令南科大在校生规模超过 600 人。

彼时，南科大已签约引进各类教师 129 名，大多拥有博士学位、海外工作及世界排名前 100 名大学学习或工作经历，初步建成了一支国际化高水平师资队伍。

从开始筹建的那一天起，南科大就备受瞩目。这所肩负着"探索具有中国特色的现代大学制度，探索创新人才培养模式"的光荣使命的大学，这所举深圳全市之力创办的大学，现在有了国际化、现代化的新校园，标志着南科大建设发展进入全新阶段。

"南科大是深圳市立足新时期新使命创办的一所高等院校。新校园正式投用，标志着南科大硬件基础设施建设发生了质的变化，希望南科大人利用这个契机，在新的起点上，在学校管理、师资队伍建设、落实办学规划、学生培养等各方面再上新台阶，早日建成为国际化高水平的研究型大学，也希望广大学生珍惜机遇，珍惜时间，努力学习，修养品格，早日成为成就'中国梦'的栋梁之材。"王荣说。

第四章

建设一流校园

南科大筹建是举深圳全市之力，齐头并进。这边准备向教育部申报，那边同时在建设校园。

举办南科大的消息传出，多区争抢落地。南山亮出"深圳硅谷"战略，成功赢得选址西丽大学城片区。在寸土寸金的地方，拿出近2平方公里土地，凸显深圳对创建南科大的手笔之大。

选址确定后，校园规划设计立马展开。规划部门全球邀标知名设计师参与设计大赛，诸多作品大胆前卫，个性鲜明，最终四个设计单位胜出。但因为当时校长还未上任，属于典型的"无业主招标"，无法体现"业主"的办学理念。

朱清时上任后，邀请多位院士组成校园建设顾问委员会，并提出"厚重、实用、节能、环保"八字原则，对原有方案做了重大修改。最终几方合作，出了新的实施方案。

深圳经济特区成立以来最大规模的校园拆迁项目，涉及三个村，拆迁建筑面积约147万平方米，任务十分艰巨。而且拆迁补偿按照公益拆迁标准，明显低于商业拆迁赔偿，更加加剧拆迁难度。居民对抗情绪严重。

南山区成立拆迁指挥部，抽调30多位处级干部，最多时500多人参与。采取人盯人、挨家挨户做思想工作、谈补偿方案等工作方式，解决村民实际问题。期间发生多起激烈的对抗事件，但经过耐心细致工作，最终村民理解了拆迁。2011年1月，历时3年的拆迁工作全面完成，南科大校园建设全面展开。

2013年7月，新校园建设一期工程项目建成，共13个单体、32栋建筑，建筑面积20.59万平方米。2015年3月，村民搬迁新村建设完成。

村民原有物业置换成了附近同等面积新房，村民居住环境改善了，租金收入提高了，也更加理解当初的拆迁。如今南科大成了他们的骄傲，双方成了"好邻居"。

南科大校园二期2021年底将全部建成。如今这座"九山一水"的美丽校园，已成为莘莘学子热爱的家园。

争抢南科大落地

2007年，"南方科技大学"还是纸面上的一个名字，为什么刚开始筹备就几乎同时启动规划选址工作？全市有那么多个区都在争抢南科大落地，为何最终"花"落南山西丽大学城片区？

回答第一个问题，得从教育部的两个文件说起。

2006年，教育部颁布了《普通本科学校设置暂行规定》和《关于"十一五"期间普通高等学校设置工作的意见》，两份文件对新建大学的筹设申请、建设标准、申报时间、考察评议都作了明确规定。比如，第一份文件对设置普通本科学校的"基础设施"有以下要求：

占地面积方面：普通本科学校生均占地面积应达到60平方米。学院建校初期的校园占地面积应达到500亩。

建筑面积方面：普通本科学校的生均校舍建筑面积应达到30平方米以上。称为学院的学校，建校初期其总建筑面积应不低于15万平方米；普通本科学校的生均教学科研行政用房面积，理、工、农、医类应不低于20平方米，人文、社科、管理类应不低于15平方米，体育、艺术类应不低于30平方米。

根据上面两个文件的规定，要获批新建一所大学，不仅要准备高水平的办学方案、引进办学人才，在校园基建方面也必须达至一定进度和水平，这些都是教育部考察评估新设高校的重要条件。

在深入学习研究这两个文件的基础上，深圳制定了规划、选址、上报、项目论证"四个同步"的工作思路，全力推进各项筹建工作。

作为申报成功的关键条件之一，校园选址和规划建设必须抓快抓紧、同步进行，否则将贻误教育部对南科大申报建设的考察评议工作，南科大就难以在"十一五"期间正式建校招生。

　　筹建南科大的消息公布后，深圳各区争抢南科大落户，南山区遭遇了不少强劲的竞争对手。

　　当时，深圳多个区主动找到市里，拿出地块，拿出优惠政策，抢着要把南科大落户到他们那里。南山区政府第一时间加入了竞争行列，积极争取将南科大落户西丽大学城地区。这种动力源于该区的一项重要战略部署：在南山北部打造"深圳硅谷"。

　　由于历史原因和地理因素，南山区的发展存在区域不平衡的问题。位于北部的西丽片区发展相对滞后，但这一片区当时已经形成了良好的基础条件：中国科学院深圳先进技术研究院等科研院所坐落于此，并拥有深圳清华大学研究院、北京大学深圳研究院、哈尔滨工业大学（深圳）、南开大学金融工程学院、深圳职业技术学院等高校，在读学生总数近 3 万、研究人员超过 5000 人；有深圳市规划建设的留仙洞集成电路产业园区，以及为数众多的企业群落和基本生活设施；拥有环西丽湖大面积风景区、观光农业区；距离深港西部通道仅 5 公里。

　　为此，南山区政府提出了在这一片区打造"深圳硅谷"的构想，具体锁定的范围是南山区北部西丽、桃源片区，地处北环大道以北、东邻安托山，西北与龙华、石岩毗邻，总面积 82 平方公里。其目标是形成深圳这一国家创新城市的支撑点之一，形成能够承担国家使命的自主创新战略高地，成为国家级自主创新的新区。

　　当时，随着深圳湾口岸正式通关，创新链上游资源开始向深圳聚集的趋势逐步显现，深圳原有的以企业为主体的创新资源聚集模式难以适应新的形势，需要一个覆盖创新链全过程的解决方案，"深圳硅谷"的规划建设就是承接新一轮创新资源转移的理想选择。

　　时任南山区区长刘庆生，接受媒体采访时就曾表示，"深圳硅谷"

的建设对深圳上游竞争和竞争上游、加快深圳产业结构调整、保持高新技术产业持续快速增长、提升深圳市的区域竞争力，均具有十分重要的意义。"深圳硅谷"规划也是南山区保持社会经济平稳、持续发展的一项重要战略部署。

在"深圳硅谷"的战略中，还包含一个子项目：大学城经济圈。发展大学城经济圈已经是国际上成熟的经验，当时，南山区提出要大力发展北部、中部"大学城经济圈"，带动第三产业的发展。

当时，《南山区人民政府关于推进"北部硅谷"建设的若干意见（草案）》已经出台。毫无疑问，南科大若能落户这一片区，对于发挥聚集效应、打造"深圳硅谷"，有着十分重要的助推作用。

南山区遇到的最大竞争对手是当时的光明新区。光明新区管委会从本区的高新技术等区域发展目标出发，向市政府提交专题报告，请求将南科大建在该区楼村或光明街道北片区，并从土地空间、自然环境、交通、文化基础设施等各个方面分析了南科大落户该区的有利条件，也是一副势在必得的架势。

经过前期的周密调研，2007 年 6 月，深圳市规划局提出了五个选址方案：西丽大学城地区、龙岗龙西地区、光明楼村地区、南澳新大地区、大鹏选福地区。随后副市长闫小培在听取汇报时，综合各方面因素，在前期拟定的 5 个选址方案中，从资源共享的角度，确定南山西丽大学城地区为首选方案，光明新区楼村地区为备选方案。

争取南科大落地，是事关南山区"深圳硅谷"宏伟蓝图建设的重要一笔。为此，南山区铆足了劲，力争要从"首选"成为"必选"，从项目用地、资金配备、优惠政策等方面，都是大手笔。为顺利推进选址地块上的建筑拆迁工作，南山区专门在第一时间成立"南方科技大学南山筹建办"，全力配合市里积极推进选址和基建工作。

2007 年 8 月 20 日，就在选址方案提出仅仅两个多月后，市政府四届六十九次常务会议审议通过《南方科技大学校园基本建设规划》，议定南科大选址西丽大学城地区。2008 年初，南科大校区建设工程项目获批，拟用地面积为 198 万平方米。

一方面是南山区的区位优势和战略定位，一方面是区决策者的极力争取和全力支持，天时地利人和，南山区最终赢得了这场"落地"争夺战。

从深圳市政府的角度来说，将南科大选址在西丽大学城地区，主要是考虑可将其与南山区的大学城、科技园连为一体，借助新开通的西部通道，发挥现有资源的聚集效应。其次，南山区是最有可能打造成深圳甚至是中国的"硅谷"的地方，南科大作为理工科大学，办得好有可能发挥斯坦福大学对美国硅谷那样的带动作用。另外，这个片区集中了多所高校和多家科研院所，很多资源比如图书馆、体育中心等都可以共享。

站在今天回望历史，我们更能深刻体会到当时深圳市和南山区做出这次重大抉择是多么不易。要知道，2007 年的深圳，正在破解"四个难以为继"的难题。深圳经济特区土地用"寸土寸金"来形容绝不为过，要拿出近 2 平方公里的土地来创建一所还不知能不能拿到"出生证"的大学，需要市、区决策层怀揣巨大的决心和勇气，更需要非同一般的远见与卓识！

当然，南科大后来的飞速发展证实，这是一个正确的抉择。尤其是近年来，南山区朝着打造"世界级创新型滨海中心城区"的目标，实施"科技创新 + 总部经济"双轮驱动发展战略；作为科技创新策源地的南科大，与南山区在人才、教育、科技、医疗、产学研等领域开展了全方位合作，强强联合、优势互补，共同谱写了新时代"春天的故事"。

南山区区政府和南科大还在基础教育领域展开合作，共建了南方科技大学实验教育集团，不仅为南山北部片区提供了优质基础教育资源，也为人才引进增加了不少"筹码"。

2019 年，南山区又把高标准规划西丽湖国际科教城列入"三大战略工程"之一，对标北京中关村，深度推进科教融合、协同创新模式，全面提升引才环境，打造湾区未来的"创新引擎"和"智力核心"。在这里，包括南科大在内的 300 多个创新载体，正成为未来深圳科技创新能力的关键助推器。

难怪有人说，南山区当年为南科大选了一块"风水宝地"，是相互成就的"天作之合"。从地图上你就会发现，纵贯南山区的大沙河是一条智慧的河流，上游首先流过的就是南科大，接着是多所代表源头创新的单位；往下就流经深圳的科技园区，迈瑞等响当当的高科技企业位居于此；再往下游大沙河经过深圳湾超级总部基地，注入深圳湾，奔腾入海，代表着深圳创造、中国创造走向世界。

这也许就是一种天然的寓意：位居大沙河上游的南科大代表着未来深圳的源头创新，从这里启航，走向湾区，走向世界！

全球邀标设计校园

校园选址确定之后，规划设计立即展开。

2008 年上半年，深圳市规划部门组织专门小组，按照"一流的规划设计、一流的建设"的高标准要求，启动了南科大校园规划设计。这次方案征集，实际上成了中国当代校园建筑设计领域的一次前沿探索，多年以后依然为业界所津津乐道。

当年 6 月，深圳市规划局校园规划设计方案征集，采用邀请招标的方式进行，深圳市规划局、筹备办、建筑工务署共同作为该规划设计方案的征集人。

由于当时南科大尚未获得"准生证"，校长也没有到任，深圳市规划局、筹备办、建筑工务署三方，扮演的是南科大的"代业主"角色。

"代业主"对规划设计方案提出的要求是：确保一流水准，设计新颖独特；符合校园规划建设规律，利于统筹分期建设；结合实际尽可能利用现有建筑，但不可以强求、硬性规定现有建筑保留比例；保证建筑功能与形式高度统一，优先满足使用需求；符合生态保护、节能减排、绿色建筑相关要求等等。不过，这其中的一些要求，和后来朱清时校长提出的理念有些差异。

为"改革开放的窗口"深圳设计一所全新的大学校园！这一消息发布后，业界反响极为热烈，最终吸引了全球16家中外设计机构积极参与。在设计团队名单中，不乏国外知名的新锐建筑设计师，如麻省理工建筑系主任张永和、南加州大学建筑学院院长马清运、奥地利新锐建筑设计师 Pirker Rainer 等，还有一批中国知名建筑师如王维仁、张雷、吴家骅、孟建民、冯果川等。

2008年7月23日，招标工作正式启动；9月7至8日，招标评审会召开。评审委员会的阵容也是相当"豪华"，包括香港大学建筑学院院长亮华飞（Palph Lerner）、哈工大深圳研究生院常务副院长金广君、著名策展人栗宪庭、巴黎－马拉凯堤道建筑学院主任 Nasrine Seraji、华南理工建筑设计研究院副院长孙一民、香港科技大学创校校长吴家玮、中国城市规划设计研究院深圳分院副院长朱荣远、香港大学建筑学院讲师朱涛共8名专家，以及市规划局、筹备办、建筑工务署三方组成的"代业主代表"。评审委员会详细地听取了16家机构的方案汇报，就各个规划方案的规划构思、总体布局、实施潜力及建筑设计概念等方面进行审议和研究。

"以中标为目的的方案一般都会保守一些，但很显然，他们基本都不是仅仅奔着中标来的，而是希望以创新的理念对当代校园建筑形态进行一次非常有价值的前沿探索。"时任市规划局城市与建筑设计处处长黄伟文全程参与了这次设计大赛的策划和组织工作，回忆起当时的盛况，他依然难掩激动。

黄伟文说："在建筑专业上的前沿探索，一是指绿色环保，二是指融入本地特色，在这两点上，这些方案均进行了十分大胆的尝试。特别是在融入本地特色上，众所周知，大学校园和城中村的建筑品质、建筑形象都是两个极端。不少方案都考虑到了西丽那一带城中村的肌理，他们探索如何把已有的工业厂房变成校园的一部分，立足于把深圳的特点挖掘出来。"

多位担任评委的业内专家在看到那些设计方案时，都用了"想不到"来形容自己的感受，认为从大赛中感受到了建筑设计的新气象。参与投标的著名建筑师、深圳大学吴家骅教授更直言"深受刺激""天外有天"，非常希望能在由他担任总编的《世界建筑导报》上进行专题报道。

最终，深圳市筑博工程设计有限公司的设计方案，从 16 个竞标方案中脱颖而出，成为"校园规划设计"第一名。另外，深圳市都市实践设计有限公司、奥地利 Rpax 设计事务所 + 深圳中外建建筑设计公司联合体、深圳大学建筑设计研究院 + 香港 Woods Bagot 联合体 3 家设计单位，获得了"概念性建筑设计"的前三名。

由于四个方案各有优劣，深圳市规划局决定，邀请"校园规划设计"第一名方案和"概念性建筑设计"前三名方案的设计机构共同合作，吸收参赛方案的优点，结合南科大筹备办更为具体的办学要求，以及结合拆迁工作的进度，调整出新的实施总体规划方案，报深圳市政府同意后实施。这就是后来被称为"1+3"的南科大校园规划设计模式。

12 年后，当笔者翻阅当年这些设计方案时，仍然感叹于其大胆前卫的理念。在大众的固有印象中，传统的中国式大学规划特别强调大轴线、大尺度、大广场。从主校门进来，广场上矗立着纪念性很强的公共建筑，从而形成庄严沉稳的气势，几乎成了各高校的"标配"。然而在这次设计大赛中，完全看不到这样的传统式设计。

比如拔得头筹的 16 号方案，被称为"五朵鲜花盛开"，以富有特色的五个巨环连接起校园建筑，承接当时设想的五个学院未来不同的空间形态，极具想象力。整个设计最大的特点是，要求每个学院拿出一定比例的空间放在外围共享，形成一个连环街道，在这个连环上有可供整个学校共同使用的公共报告厅、自习室、图书馆、食堂等设施，不仅充分利用了空间，还方便学生进行跨领域交流。

筑博副总建筑师冯果川当时向媒体阐述过自己的设计理念。他说："和以往大门紧锁的高等学府不同，他们对南科大的校园规划理念自始至终强调开放性，所以设计的校园是一种流动的状态，房间和周边空间的界限相对模糊。他们还为南科大设置了至少 7 个以上的校门，学校的公共设施规划设计也强调开放共享，如体育设施都分布在临近外围的地方，方便日后向市民开放。"

获得"概念性建筑设计"前三名的方案也有颇多亮点。

深圳市都市实践设计有限公司的 4 号方案，彰显的是大学和城市的紧密关系。这个方案采取了中心组团混合式布局，紧凑成团、用地经济，并按照深圳对规划设计方案提出的要求，保留了旧村建筑，将其改造成学生生活设施。评委认为，这个方案的规划布局与河道关系融洽，可以更好地保护环境，也容易从多个方向推进建设。

奥地利 Rpax 设计事务所＋深圳中外建建筑设计公司联合体的 1 号方案，称为"无界之界"。这个方案用一条主要街道把校园片区各个学院连接在一起，采用非对称、非严谨的布局。和 4 号方案一样，各个组团保持新旧共存、新旧共享的格局，维持各组团空间界面的完整。评委认为，该方案的发展方向主要为往里、往上扩展，而非往外扩展，思路较为新颖。在处理人与自然、街道和建筑关系时，与其所提出的"无界之界"理念契合，打破校园与校园之间的壁垒，使大学城真正成为多个校园共融的"城市"。

深圳大学建筑设计研究院＋香港 Woods Bagot 联合体的9号方案可以归纳为"两个对话、三条轴线"。这个方案的特点是充分考虑了与相邻的深圳大学新校区的共享与整合，让两个校园产生了"对话"的平台。评委认为，这个方案在未来深圳大学新校区与南科大、内部产学研与外围城市社区的关系方面处理到位，"两个对话、三条轴线"的布局思路较为成熟，虽非最时尚的规划建筑设计，但延续了近几年的大学设计思路和经验，比较稳妥，符合学校目前建设的实际情况。

其他设计方案，有的运用最富中国传统园林建筑特色的连廊勾勒出"山林式"的大学；有的充分考虑校区内的屋背岭商周文化遗址，在山谷底部修建出时而是架空层、时而是平台的步行系统；有的提出了"新陈代谢"的概念，提倡在分期建设中以新建筑逐步替代已有的旧建筑；有的方案，为了争取最大的校园空地集中发展，把五个学院的所有教学办公用房整合成了三个大型综合体，突破性地营造出一个"集合式校园"。

按办学理念修改设计方案

熟悉南科大的读者会发现，如今的南科大校园，既若隐若现可见大赛获奖方案的某些元素，又不是按照其中任何一个方案来建设的，这当中究竟发生了什么？

原来，看上去很美、很现代、很超前的校园规划方案，在朱清时成为校长第一候选人之后，发生了大转折。

2009 年 4 月 20 日和 6 月 20 日，朱清时两次专程从合肥来深，与深圳方面就南科大办学有关问题进行沟通交流。除了与市领导面谈之外，他还现场考察了南科大校园规划和拆迁安置工作。

当相关部门负责人通过 PPT 向朱清时展示一张张极具视觉震撼力的效果图时，朱清时眉头紧锁，脸上渐渐"由晴转阴"。

"这些搞规划的人不太懂教育。"朱清时当场毫不掩饰地说出了自己的观点。

在合肥接受笔者采访时，朱清时还清晰地记得原来校园规划方案的一个细节："比如学校有一处山头是屋背岭文化遗址，他们的规划设计是盖一圈圈高楼把这个山头围起来，就像市中心那种玻璃幕墙的高楼。确实很美，肯定能得设计大奖。但我一看，这不太符合教育建筑的通行做法。"

这位老教育家觉得，这些融入了众多新元素和新理念的方案现代、前卫，设计水平很高，但没能充分体现高校校园应有的教育特质。他在这方面有自己的思考和理念："第一，学校尽量不能有高楼，人一多一拥挤，容易出事故。第二，学校一定要厚重安静，应该像个'修道院'，你进去之后什么话都不想说，什么事都不想做，就想静下心学习思考。"在他的脑海里，南科大的定位是"小而精"的，校园自然也应该是小而精、园林化的，像美国加州理工学院那样，全是三四层的小楼，静静地掩映在山丘和树木中。

朱清时心里十分清楚，校园建筑空间承载和彰显着一所大学的精神品格，其风格一旦定下来是很难再变动的，必须在规划设计时深入贯彻办学理念。

于是，他作出了一个引发轩然大波的举动：推翻原定方案，修改校园规划！

早在朱清时上任前一年的 9 月，南科大校园规划及校园建设一期工程项目的建筑设计招标评审会已经完成，优胜设计方案已向全社会公布。2009 年 1 月，深圳市政府通过了南科大校园规划实施方案，次月，市建筑工务署全面启动了校园基本建设，众人正摩拳擦掌准备大干一场。这时，朱清时否决了原本"板上钉钉"的方案，可以想见，这会引发多么大的矛盾冲突。

一方面是朱清时的极力坚持，一方面是深圳市规划局、南科大筹备办、市建筑工务署的不解和委屈。这就好比在迟迟没有等来"业主"的情况下，"代业主"们倒排工期、加班加点启动了房屋规划建设，"业主"一上来却把方案推翻重来。

在 2020 年 6 月举行的南科大创建发展座谈会上，谈及当时的规划建设理念之争，时任市规划局局长王芃依然记忆犹新。在他看来，办学时序上的颠倒是双方发生矛盾冲突的症结所在。办一所大学，应该是先有校长、办学方案和办学团队，然后才做校园规划设计。但为了能顺利拿到"准生证"，南科大必须按照选址、规划、上报、项目论证"同步"的原则推进筹建工作。规划设计时"业主"角色缺位，自然就难以体现"业主"的理念。

黄伟文全程参与了校园规划及一期工程项目的建筑设计招标评审的幕后组织工作，他认为规划设计理念的不同也是引发双方矛盾的原因："朱校长心目中的校园是古典式的，和我们之前在设计竞赛议定的'探索建筑前沿'这一格调是不一样的。"

对于这位老教育家的主张，深圳表现出了最大限度的尊重、信任和包容。早在 2009 年 7 月深圳市委常委会通过的《深圳市人民政府关于南方科技大学（筹）创校校长有关事宜的意见》中，就有这样的明确表态："创校校长到位后，在与市发展改革、财政等部门充分沟通的前提下，保证其提出对校园规划设计、基建、教学科研设施设备配置的权利。校园建设要与建成高水平研究型大学的定位相匹配，将校园打造成为引领中国节能环保绿色建筑的典范。"

当然，要把这种支持从文件落到实处并不容易，朱清时的办学理念如此超前，要让大家理解这种理念，并体现在校园规划建设中，难度很大。尤其是在有关部门和单位付出了大量时间精力，已经做出了一个从设计行业来说属于一流的规划设计方案的情况下，让大家"推翻重来"，无论从哪个角度来说，都不是一般的难。据说有一次，说到激动处，朱清时拍案而起，放话要走人，回合肥去。

由于各方对校园规划建设一直难以达成有效共识，已经启动了近两年的规划设计工作一度有些停滞。僵局中，朱清时决定寻求外界专家的支持。2010 年 6 月，在朱清时的极力推动下，南方科技大学校园建设顾问委员会成立，中国科学院院士彭一刚、中国工程院院士程泰宁、国家建筑设计师袁培煌等 7 位建筑设计界的大师级人物应邀担任顾问委员会委员。

在顾委会第一次会议上，时任分管市领导与市发改委、规划国土委等部门的相关负责人听取了专家的意见，并一同就南科大的规划建设问题进行探讨。

这次会议，可以说是校方与政府部门在校园规划建设理念方面一次最开诚布公的交流。会上，朱清时系统地阐述了自己对南科大校园建设的四个关键需求：厚重、实用、节能、环保。

所谓"厚重"，就是要让一流的人才看了就想在这里工作，学生来了就想坐下来读书。也就是说，校园的建筑不能太有特点。如果设计得太过于创新、前卫，那就成了景点，看哪儿都新鲜，这不利于师生潜心做学问。

所谓"实用",就是不要在外观上花太多钱,实用面积要尽可能多,真正做到为教学科研服务。

所谓"节能",就是要充分利用自然采光、自然通风,水尽量循环使用。

所谓"环保",就是废水废物分类处理,做到细致、周到、安全。

"学校好不好,要十年才能看出来;校园建得好不好,两年就能看出来。国内外知名的大学都有自己鲜明的建筑设计风格,校园设计建设得好,才能够筑巢引凤,吸引优秀的人才和学生前来。"朱清时强调了校园建设的重要性。

为了能在今后的校园建设中一以贯之地体现南科大的定位和办学理念,朱清时在会上宣布:"南科大今后的规划设计建设至少要顾问委员会中的4个专家投赞成票通过,他们说行就行,我也没有干预权。"

按照朱清时的设想,南科大在建设中将把行政机构缩到最小。"这样的规划建设理念和诉求,在当前的大学校园规划建设中是创新的,现有的规划设计与这一理念仍有不符合的地方,仍需调整。"中国工程院院士程泰宁在会上说。

曾参与国家歌剧院、首都电影宫等大型工程设计的建筑设计大师陈世民也认为:"作为一所教育改革的试验型大学,南科大要颠覆以往的大学建制,要将不设院系、行政功能最小化的创新性诉求反映到建筑上来。传统的大学校园往往比较关注教学区、行政区和学生宿舍等三大板块的规划建设,然而南方科大还要重点考虑与办学理念的融合,以及与周边自然环境的融合。"

专家们的意见和建议诚恳而客观,体现了对南科大办学的长远思考。最后的结果是,市政府做出了巨大让步,不惜以经济代价,坚定地支持朱清时的高教改革探索,确保校园基本建设能更有效地服务于学校教学、科研工作。

"规划设计调整要尽快定下来，争取在今年内开工建设，我们将以'深圳速度'为南科大提供一所满意的校园。"市领导在会上表态。

"深圳速度"所言非虚。为了加快南科大的设计规划以及建设进程，市政府随后决定建立南科大建设联席会议机制，由一位常务副市长担任会议召集人，统筹解决校园建设问题。同时还成立南科大建设办公室，设在市住房建设局，负责项目建设的前期工作，并在项目施工阶段协调市建筑工务署开展建设工作。此外，市政府还向此前四家设计单位支付了前期废除方案设计补偿费，维持其中标资格和"1+3"规划设计模式，由筑博公司统筹，按照南科大办学理念、顾委会意见和设计任务书重新开展校园规划设计。

顾委会第一次会议召开后的三个多月里，相关部门和单位夜以继日地加班加点，根据会议精神修改完善校园规划。2010 年 9 月31 日，南科大校园正式开工建设。

当时，朱清时站在一片荒芜的工地上接受媒体采访。除了谈及南科大的目标定位、办学理念等等之外，他还特别提到了深圳对南科大校园建设的关心和支持："在深圳目前土地资源有限的情况下，市政府允许南科大校园不盖高楼，这也是对我们的最大支持！"

就在那一天，在推土机的轰鸣声中，在经济特区千分之一的土地上，一所天生带着创新基因的大学破土而出，从此拔节生长。

规模空前的大拆迁

翻阅 2007 年至 2010 年间的报纸和网络报道，和"南方科技大学"

相关的新闻很大一部分内容是关于拆迁安置工作。当年媒体所说的"深圳经济特区建立以来最大规模的拆迁项目",规模究竟有多大?

我们来看当时官方的有关介绍:"南方科技大学和深圳大学新校区项目"规划总用地面积约 3.72 平方公里,其中南科大用地面积 2.16 平方公里。项目涉及南山区福光、田寮、长源共 3 个村,需拆除建筑面积总量约 147 万平方米,其中非住宅类物业 117 万平方米,住宅类物业约 30 万平方米,福光、田寮两村需整村搬迁,长源村工业类物业需拆迁。整个项目共计需搬迁企业 700 余家,搬迁人员 5 万余人,拆迁补偿所需费用 63.9 亿元。

南科大校园建成前

这里需要说明的是,出于节省成本、提高效能、资源共享的考虑,市政府对南科大以及与之相邻的深大新校区拆迁安置工作合为一个项目,同步统筹安排。

2007 年 8 月 28 日,就在南科大校址确定仅仅 8 天后,南山区就成立了以刘庆生区长为组长的拆迁安置工作领导小组,举全区之力推进拆迁安置工作。项目的整体搬迁方案由市发展改革委牵头,会同市规划局、国土局，帮助南山区政府深化搬迁方案，并拿出具体数据，供市政府决策参考。

三个村中，福光村拆迁规模最大，涉及村民人数、房屋面积最多，房屋的性质也最复杂，是工作的难点。

"当时听说南科大落户大学城，村民们都认为是好事，对南科大的建设是欢欣鼓舞。"时任南山区福光社区工作站站长的谢旭洪是土生土长的福光村原住民，据他回忆，大部分村民，尤其是年轻人非常支持这个项目，因为看到了"以校兴村、以学富民"的美好未来。

福光村是西丽片区为数不多的古村落，有约三百年的历史。它原名"上面光村"，含福光、福林、杨屋三个自然村，原住民近2000人。从过去旧村保存的老瓦房、碉楼及四五棵老榕树可推断出，最迟在清朝中叶，这里就有先民居住。20世纪80年代初期，有香港人雇佣外地廉价工人，承包福光村田地来种菜，销往香港等地。不断涌来的工人租住在村内，使房租成为村民主要的经济来源。1987年之后，村民洗脚上田。1992年村股份合作公司成立，开始盖厂房招商，以制衣、塑胶、五金等小加工厂为主，吸引了一批港资和内地工厂。村民们依靠出租厂房和出租房屋的收入，不需要再务农。20年里，福光村的住宅和厂房越建越多、越建越高，主要用于租赁和买卖。不过，村里的经济发展模式一直是"土地＋物业"，发展路径较为单一。

"以前我们的确很落后很偏僻，就是个城中村，出门看见山，路也是断头路，和龙华也不通。"福光村民谢耀坤说。

不过，当得知政府决定将自己的村庄夷为平地、整村搬迁，并且只按照公益拆迁标准进行补偿后，一些村民的抵触情绪爆发了。

2008年3月25日，市国土资源和房产管理局正式签发拆迁许可证，相关部门全力筹备3天后在福光村举行一场高规格的"南方科技大学（筹）暨深圳大学新校区建设动工仪式"，以此向外界彰显深圳筹建南科大的决心。这时候，发生了意想不到的"拆台事件"。

3月26日，工作人员正在紧锣密鼓地搭建仪式舞台，100多位村民一拥而上，不由分说，把舞台全部拆了，材料直接扔进了河里。虽然经过各方斡旋和努力，动工仪式最终得以顺利举行，但村民的对抗情绪丝毫不减。

为了能切切实实地加强与村民的沟通，4月10日，南山区正式成立拆迁安置工作指挥部，时任区委书记和区长分别担任总指挥和指挥长，副区长王东等带领5个工作组进驻3个村，全面推动拆迁安置工作。

"指挥部有百十来号人，其中从区里各单位抽调了30多位处级干部。"拆迁安置工作是王东任副区长后接到的第一个任务，据他回忆，当时他带领一线工作人员在西丽街道驻点，每个组都有十多个组员，采取"包干到户"的做法做村民的思想工作，耐心解释"集体物业总租金对等"等等相关拆迁政策。

后来，一位区委常委和另外一名副区长也加入了工作组，最多的时候组里有500多人。三年多时间，大家的工作常态就是"白＋黑"和"5+2"——不分日夜，没有周末。由于组员们平时都深入各家各户，所以开会只能见缝插针地选择每周三晚上和每周六上午。

不久后，谢旭洪所在的社区工作站受到了"牵连"。由于工作站协助指挥部下派的工作组挨家挨户约见村民，宣传政府相关政策，因而被认定为"串通勾结"指挥部，一些愤怒的村民强行切断了工作站的水电，还在办公场地前点了一把火，把拆迁补偿安置方案全部付之一炬。王东在一次劝阻村民的过激行为时，右手食指被村民咬得鲜血直流，他被紧急送往医院缝针，才最终保住了这根指头。

这些过激情绪的背后，夹杂着村民们对公益拆迁补偿标准较低的不平衡心态，对搬迁后生活来源不明的焦虑，对极少数工作人员蛮横态度的愤怒，还有对故土的不舍之情。

而从情感层面，所谓"故土难离"，这里的一草一木都凝结着村民祖祖辈辈的记忆。有些上了年纪的村民直接放话："我死也要死在这里，给多少钱我也不搬。"

5月23日，南山区几套班子的主要领导在福光股份实业有限公司大楼（俗称"村委楼"）9楼会议室召开全体村民大会，针对拆迁安置情况向村民作详细说明。区政府成立了20多个思想工作小组，挨家挨户向村民宣传解释相关政策和规定。他们给村民分析，现有的"土地+物业"的经济发展模式已经走进了死胡同，南科大建设有着美好前景，并详细阐明拆迁安置政策和"不让村民吃亏"的补偿方案。有的村民对协议上政府的补偿款能否按时到位半信半疑，有个工作组长直接把自己名下的银行卡交到了村民手里，"如果期限到了钱还没到，你直接拿我的卡取现金去！"

在工作人员一次又一次的耐心解释、深入沟通后，大多数村民从顾虑、疑惑转向了理解、支持，纷纷决定签约。

生产经营性物业多是村股份公司的工业厂房，属于集体资产，拆迁补偿问题相对容易。拆迁工程最先取得突破的是长源村，2008年10月，南山区政府已与常源实业股份有限公司就长源村集体结构性厂房签署拆迁补偿协议。2009年，三个村的经营性物业拆迁补偿全部签约完毕。

接下来，指挥部集中精力破解住宅类物业的拆迁难题。一旦拆迁，无家可归的村民们就得另找住处，其中涉及村民的养老、就业、教育等方面，都是大问题。怎么解决他们遇到的这些实际困难？区里决定，拆迁户中，符合条件的老人，优先安排入住敬老院；过渡期义务教育阶段的孩子上学问题，区里中小学校无条件接收；村里的困难户，有就业能力和就业意愿的，区里帮忙解决工作，比如社区工作站、街道办事处的辅助岗位，都安排了困难户就业。

到了次年 5 月，拆迁安置工作指挥部与福光实业股份有限公司所属 6 个经营部，就福光片区各经营部范围内住宅类物业分别签署了协议，加上之前与塘朗股份有限公司田寮经营部的签约，拆迁工作取得关键性突破。

就这样，拆迁安置工作指挥部和工作小组不断爬坡过坎、攻坚克难。

然而，到了 2010 年下半年，拆迁工作再次出现僵局。在福光村数百名原村民陆续搬离后，一些非原村民认为拆迁补偿标准歧视"外来户"而拒绝签约。

原来，拆迁赔偿安置方案规定，原村民可以以房换房，而从村里和原村民手中购地盖房的这些小业主仅能享受货币补偿。为此，160 余户共计 800 多名"钉子户"联合起来一直驻守在噪声和粉尘交织的工地上，与拆迁安置部门"周旋"，涉及 4 万多平方米物业。

实际上，当年 9 月 30 日，南科大校园建设已经正式开工，55 名应聘者于当天参加首批教辅、行政岗位的公开招聘考试，这让拆迁工作更加迫在眉睫。

为了实现年底完成全部拆迁工作的目标，南山区政府在国庆后 3 天先后召开两次工作会议，并从 10 日起对未签约业主逐一进行谈判，上门听取业主意见。根据此前的公告，11 月 5 日为签约最后期限，逾期未签约的物业，拆迁指挥部将启动相关程序予以强制拆除。针对极个别违法违规、有意阻挠拆迁谈判的现象，对涉嫌违法犯罪人员运用党纪、政纪和法律手段依法处理；同时，最大限度保障被拆迁人利益，九易其稿，推出拆迁补偿打包方案，最大限度向被拆迁居民提供政策倾斜。

2011 年 1 月 27 日，《深圳特区报》上刊登的一则消息提到："历时 3 年，百般曲折的南科大和深大新校区拆迁安置工作于昨日宣布收官。总计 145 万平方米的建筑被清拆，为南科大校园建设扫清了场地。"

双方成了好邻居

2015 年 3 月 8 日，元宵节过后的第三天，是镌刻在福光村许多村民记忆中的一个大喜日子。

当天上午，崇文花园社区广场上锣鼓喧天，醒狮欢腾，盛大的安置小区落成典礼在这里举行。在众人的期盼中，"福光新村"牌坊正式揭幕，上面刻着金字楹联："福临桑梓国富民强耀千秋，光照华夏地利人和承万代。"表达了福光村民对国泰民安、风调雨顺的祝福。

从这一刻开始，经历了近五年的散居和期盼，2000 多名福光村村民正式住进了自己的新家园。村民们穿着节日盛装，按照传统的乔迁新居风俗，举行了集体祭拜仪式和千人盆菜宴，欢庆来之不易的"团圆"。

在庆典仪式上，南方科技大学还专门为福光新村赠送了"饮水思源，共创未来"的牌匾，感谢福光人为南科大建设作出的巨大贡献。

崇文花园位于西丽塘朗山下、大学城畔，是南科大和深大新校区项目的拆迁安置区，福光村和田寮村的回迁村民都居住在这里，长源村当时拆迁只涉及工业厂房，不涉及住宅。这里原来是崇文公园，距离当年的福光村、田寮村原址仅一条学苑大道之隔。这意味着，回迁的村民将继续守望在故土旁，与南科大成了好邻居。

住进了现代化花园小区，感受到周边日新月异的变化，当年少数反对拆迁的村民态度已经完全改变。这项经济特区建立以来规模最大的拆迁工程，给他们带来了实实在在的红利。

在过去很长一段时间里，位于南山区北部的西丽片区处于水源保护区，集体经济发展相对滞后。南科大的落户，彻底改变了这一片区居民的生活。随着南科大及整个大学城的崛起，以及"深圳硅谷"的建设，这里迎来了千载难逢的历史性发展机遇，福光、田寮、长源三个村走上了一条全新的可持续发展之路。

2008年3月，市发展改革局、南山区政府提交《南方科技大学（含深大新校区）拆迁补偿安置方案》，并提交市委常委会通过。一年后，市规划局确定了拆迁安置区的红线用地范围，总占地面积31.96万平方米。其中，西地块为商住综合区，位于桃源街道塘朗社区，主要由拆迁安置住宅、公寓及配套的公共设施、商业及办公建筑等部分组成，主要用于安置被拆迁的村民，用地面积17.76万平方米；东地块为产业园区，位于长源社区学苑大道和留仙大道相交形成的三角地块，项目主要由仪器仪表园、孵化中心、创业服务中心、服务外包、商业和配套的公共设施等部分组成，主要用于安置被拆迁的股份公司，用地面积14.2万平方米。

随着拆迁工作逐步收官，被拆迁居民的安置房建设成为重点工作。南山先后多次修改安置房设计方案，取得了绝大多数居民的认可。考虑到村民故土难离的实际情况，安置区就选在南科大校园附近。他们为南科大建设贡献出了土地，将来也能共享南科大建设带来的成果。根据规划，在安置区内，不仅给拆迁村民对等的物业赔偿，考虑到未来村民的生活来源问题，还增加了出租物业部分。

2010年6月，南科大和深大新校区拆迁安置区建设奠基，随后全面开工建设。到了2013年10月，福光村安置房通过抽签形式进行了分配，原来拥有宅基地、祖屋、厂房、菜地和荔枝树的福光村民逐渐远离了脚下的土地，熟悉的左邻右舍也变成了抽签决定的邻居。田寮村也分得了四栋楼，两栋用于村民自住，两栋用于物业出租。崇文花园的落成，带来的不仅是村民住所的更换，更是乡土人情的重组。

这些年里，政府兑现了拆迁改造时的承诺，以"三旧"改造带动了整个片区产业结构优化升级，拆迁区域实现了从"城中村"到"花园城"的跨越式转变，村民们也见证着、亲历着"以校兴村、以学富民"新模式的种种可能性。

就拿东地块的产业园区来说，这里被打造成了"三区融合（园区、校区和社区）"的国际知识创新村——南山智园。据当时的数据统计，相较于改造前村股份公司兴建的工业旧厂房，同样土地面积，改造后的南山智园，产出增长10—15倍，由过去的十几亿元飙升到近150亿元，成为深圳市旧工业区"羽化成蝶"的一个典型园区，为众多股份公司产业转型升级打造了一个生动样本。这里云集了互联网、生物医药、新能源、新材料、新一代信息技术、文化产业、医疗器械、集成电路和智能电网等重点领域的企业。而地铁5号线、南坪快速路和留仙大道的相继建成和投入使用，也带动了这个区域的快速发展。

如今的西丽片区面貌今非昔比，原住民和一批"新村民"和谐共处，共享科技园区、院所校区、公共社区三区联动发展的新生活。

时间是最好的证人。有一次，王东陪同深圳市委常委、常务副市长刘庆生专门到几户原村民家里去看了看，村民的感触都非常深，很多人第一句话就是"感谢政府"。不少村民说，周边环境改善了，生活质量和生活品质大大提高了，人的精神面貌也不一样了。

如今，南科大和福光社区之间互动频繁。不少教职工和毕业生就住在福光社区，成了"新福光人"，南科大也经常组织学生团体进社区开展义演、科普等活动，服务社区。

"南科大在我们社区的辖区范围，说出去是很自豪的。"2020年6月，在南科大举行的座谈会上，现任桃源街道福光社区党委书记余海雄说。

作为土生土长的福光村原住民，余海雄感叹，南科大的落户，使得村民的生活环境和生活模式发生了根本性转变。"对于村民来说，居住环境好了，收入也高了。最重要的是，我们的下一代从小就与高等学府为邻，这种成长环境是我们以前没法想象的。"

时光飞逝，当年福光社区工作站站长谢旭洪，现在成了深圳福光实业股份有限公司董事长，当年房屋被拆迁面积最多的谢耀坤则成了公司总经理。在座谈会上，他们都感慨万千。

福光村的古榕树

"我非常希望看到我们村的下一代、下下一代，能凭自己的真才实学走进南科大求学，再从南科大走出去，造福社会。"谢耀坤说，脚下的这片土地让南科大和福光村紧紧联系在了一起，村民们关注着南科大，发自内心地为其飞速发展而骄傲，同时也越来越重视教育的作用、知识的力量。"特别希望有一天，我们村的孩子能作为南科大的新生代表，站在这个祖祖辈辈生活过的地方发言。"谢旭洪补充说。

回迁的那年，在征求大家意见后，谢旭洪拿出了南山区给社区工作站发的 30 万元奖金，收集了许多老照片，组织人员编了一本村史《记忆·福光村》，用文字和图片记录下福光村的过去、变化，也记录下村民们对未来的憧憬。他们希望福光人不忘来时路，村史民俗能代代相传。

直到今天，逢年过节，一些村民依然会回到当年的老村——如今的南科大校园，在那棵历经沧桑的古榕树下举行简单的祭拜祈福仪式。这里，凝结着他们永远的乡愁。

最好的楼是学生宿舍

书院夕阳下，山边缀晚霞。湖畔白鹭飞，湖心草深长。

如诗如画的校园美景背后，折射出的是南科大最直观、最鲜明的一大建筑特色：在这里，最好的楼是学生宿舍。

书院制，是南科大"三制三化"人才培养模式的重要组成部分，南科大的本科生实行书院制管理，这在后面章节将会专门介绍。书院制是以学生宿舍为物理空间的办学理念，下面我们从校园建筑设计的角度走近书院制。

书院，不仅是南科大学子休憩、居住的场所，而且在课堂之外为学生提供全方位的学习机会和丰富的兴趣活动，是不同年级、不同专业的学生和导师密切联系、互动交流的师生社区。

书院制，在南科大尚在启动校区办学时朱清时就已经付诸实践。当时有 1 栋大楼属于师生共同的生活区，1 楼是公共空间，2、3 楼是学生宿舍，再往上则是教师公寓。这样精心设计的物理空间，使得师生之间的互动十分自然而频密，师生们吃饭、聊天、讨论都可以自由"结对子"，学生们遇到各种学业问题甚至感情困扰都可以随时向老师请教。在书院制下构建的新型师生关系，是平等关联、共生互学的"共同体"。

也正因此，在新校区规划建设的时候，如何把书院制这一办学理念彻底贯彻到建筑中去，成为朱清时反复考量的重中之重。2010年初，负责学生宿舍规划建设的设计公司，曾经根据朱清时的书院制理念提出了类似广州"土楼公社"的设计方案，即修建客家土楼式的独立空间，集合居住、运动、休闲等配套设施于一体，构建一个极具亲和力的社区。但考虑到大学校园学生宿舍的功能特点，这个方案最终并未被采纳。

在校园建设过程中，外界也一直十分好奇：南科大究竟会以什么样的建筑形式来体现书院制的内涵？

2013 年，南科大校园建设一期工程项目完工，新校园如期交付使用，"书院"终于露出真容。

原来，南科大把整个校园最核心、最优美的位置让给了学生。在校园南北主轴线的北端，6 栋临人工湖（2020 年被命名为"阅湖"）建成的学生宿舍拔地而起。这里西侧临山，东边则与被命名为"九华精舍"的 8 栋院士楼隔湖相望，构成了一个依山傍水、美不胜收的学生社区。

不同的入口，使学生宿舍和院士楼成为两个独立的空间。然而一水之隔，又使得二者在心理距离上近在咫尺，设计者的苦心由此可见一斑。

　　这也造就了一道独属于南科大的人文风景线：夕阳西下，碧波荡漾，几只白鹭在湖面掠过。湖的这一边，学生们在拥有落地玻璃窗的湖畔活动室里，或练习芭蕾舞，或三五成群围坐着展开讨论；湖的那一边，结束了一天忙碌工作的院士们，迎着漫天霞光，信步走在归家路上。

　　来到南科大，走过迎新桥，便进入了集公寓、生活和学习于一体的湖畔书院区域。右边的墙上，有朱清时亲笔题写的"致仁书院"四个大字。后来一段时间，湖畔区域除了安排了在启动校区就已经成立的致仁书院外，还包括2013年成立的树仁书院和2015年成立的致诚、树德书院。

　　四年的书院生活，为不同专业、不同背景的学生进一步打开了学科交叉融合的崭新思路，不少"学霸宿舍"由此而诞生。

湖畔宿舍

比如致仁书院 2013 级"1519"宿舍的故事就一直流传至今。故事中的四个男生是新校园启用后迎来的第一批新生,住在 1 栋 519 房,大二大三时分别选择了不同专业、不同导师。其中李炳在化学系刘重阳教授组里研究化学实验仪器,甄子博跟着化学系副教授何振宇研究有机金属,雷伟华在物理系副教授何洪涛组里研究量子运输,梁通跟着物理系副教授刘畅做新型超导材料研究。这些研究都需要扎实的物理基础与化学基础,由于四个人的专业方向相差不是太远,他们在学习、科研中遇到困难时,除了和课题组一起研究外,还有一个"秘诀",就是团结舍友的力量:"讲出来,大家一起解决。"大家相互鼓励、齐心协力,充分应用各自的专业知识和学习经验,为彼此解决问题。2017 年毕业时,四位同学都收到了多份来自英美名校的录取通知书。后来,李炳和甄子博分别选择了英国剑桥大学和美国匹兹堡大学,雷伟华和梁通分别选择了美国西北大学和纽约州立大学石溪分校。

笔者在对不少南科大校友采访时也发现,书院生活已经成为他们脑海里挥之不去的"南科记忆"。

在时隔整整六年后,2014 级毕业生谷振羽还清晰地记得自己第一次踏入南科大时的情形:"当时有接驳巴士从地铁站把我们接进学校,一下车就看到了悬挂在书院的横幅,'叫醒我们的不是闹钟,而是中国高校改革的梦想',这句话影响了我们很多人。"

谷振羽对书院活动室的记忆特别深刻。"大四之后,自己的时间多了起来,因为那时候工作通知有了,毕业设计也处于稳步进展的状态,心情比较放松。记得那段时间我经常和同学们在书院的活动室搞活动,做一些咖啡类或者音乐类的主题分享会,参与的人很多,哪个专业的都有,挺难忘的。"

到了 2019 年夏,校园建设二期工程项目的学生宿舍区落成,湖光与山色一体、生态与人文并举，成为新晋网红"打卡点"。这里山环水抱，一条公共的步行廊街作为主轴连接起东西两侧区域，在空间、交通、视线方面构成紧密联系的整体。整个区域拥有良好的丘陵和水系景观，总建筑面积 12.4 万平方米，共有 11 栋楼。其中博士生宿舍 4 栋，硕士生宿舍 2 栋，本科生宿舍 5 栋，最多时可满足 6000 多名学生的入住需求。从当年开始，所有本科新生均入住"学生宿舍 11 栋"，按照不同书院来划分房间，到大二时再搬进各自书院所在的书院楼。

在南科大，随着学生人数逐渐增多，宿舍区域在不断扩大，但唯一不变的是：校园里最好的大楼，永远属于学生。

在最好的位置、最美的环境，盖最好的楼给学生，背后体现的是南科大以学生为中心的教育理念：每一个学生的未来都代表着学校的未来。在这里，行政为教授服务，教授和行政为学生服务，学校提供最优质的资源，服务于学生的成长和发展，致力于把各种类型的学生培养成各行各业的精英人才。

老厂房有了新用途

南科大师生们口中的"后山"，就是现在校园内荔园、创园、慧园、欣园一带，是集合了教学、科研、餐饮、宿舍等功能的综合区域。这个区域地处校园北部，位于原"二线"（即深圳经济特区管理线）外，面积约 16 万平方米，从 2016 年 9 月开始陆续启用。这个区域如今是南科大校园里重要的功能片区，但很少有外人知道，它是由一片老厂房改造而成。

这里原先是属于福光村的"地盘"。20 世纪 80 年代，福光村开始招商引资，就是重点发展当时热门的"三来一补"产业。据统计，到了 2005 年前后的鼎盛时期，福光村拥有的"三来一补"企业达到 300 家，100 多位村民在各类企业就业。当时，村股份公司、下属 6 个经营部和私人都新建了不少厂房，形成了旺亨、黄江等几个较大的工业区。

后山区域，就是当时村里建的工业园，包括旺亨工业区、福光壮大工业区、福岩工业区等三个大工业园区，共有建筑 31 栋。

2008 年初，南科大校区建设工程项目获批，这里连同其他属于福光村的区域一并划给了南科大，属于校园建设用地的一部分。政府按相关拆迁补偿规定，与村里签署了拆迁补偿协议。

按照规划，拆迁红线内的所有建筑都是判了"死刑"的，须全部予以拆除。但南山区和相关部门在综合考虑种种因素后，还是希望保留这片工业园区和福光村的福光实业股份有限公司大楼（俗称"村委楼"）。王东介绍说，主要原因是这些几乎都是刚建好没几年的新建筑，可利用性高，全部铲平重建实在有点可惜。比如，工业园区的建筑大多建造于 2005 年后，从工厂车间到员工宿舍一应俱全，规划布局合理，宽敞明亮，视野好，通风佳。村委楼就更新了，2007 年才重建，足足有 10 层半高，约 9000 平方米，在建校初期完全可以用作过渡用房。

2010 年 9 月，由南科大建设办提交的"保留部分建筑物"的建议被市政府采纳，这片区域就连着村委楼被保留了下来。

后来，村委楼被改建为南科大科研教学服务中心，成了学校重要的办公科研场所。2017 年，村委楼因校园建设发展需要而被爆破拆除。而校园建设一期工程项目并未涉及上述工业园区，于是，这片位于二线关铁丝网外的蓝色厂房就成了"被遗忘的角落"，它们一直静静地矗立在校园北区，任凭旁边的土地上发生翻天覆地的变化。

2014 年 1 月 21 日，李铭上任南科大党委书记的第一天，朱清时就请他协调一件十分棘手的事情：市政府不久前出了个会议纪要，要把这些"闲置"的老厂房收回去，另作他用。原来，有人看到这里长年空着，就动了心思，向市里建议把这里拨给建筑工务署解决设备和人员安置等问题。

李铭一听就急了，"南科大的事情应该由南科大来决策，不论这里是否闲置，首先这个决定没有征求校长同意，程序就不对"。第二天，他就找到了常务副市长反映情况，并提出，这里也不是所谓的"闲置"区域，学校正准备在这里大刀阔斧兴办南科大科学园呢。"如果把地收走了，我们的科学园上哪儿办去？"

在李铭的据理力争下，市政府最终作废了那份会议纪要，这片老厂房再次逃过一"劫"。

16 万平方米的建筑就这样保住了。在当时来看，对于从诸多坎坷和磨难中走过来的南科大来说，这件事情就像办学历程中的一个"小插曲"，算不上什么大事。当时谁也没有想到，这 16 万平方米在不久后发挥了多么重要的作用。

随着综合实力和竞争力的显著提升，南科大很快就进入了跨越式发展的阶段。仅从办学规模来看，学生人数逐年大幅递增。2014 年，南科大录取新生 610 人，比 2013 年增加了 222 人，增幅高达 57%。

按照建校时的设想，校园建设一期工程项目就是根据 2100 名在校生的办学规模来进行规划的。按照招生计划，2015 级新生入学后，南科大的在校生人数已达到如前面所说的湖畔宿舍所能容纳的极限。到 2016 年，在校本科生预计将达 3500 人的规模，加上研究生就更多了。

再说了，学生规模上去了，教师、教室、实验室等需要的各种配套设施也得跟上。因此，在 2015 年初的时候，摆在校领导面前最紧迫的问题是：明年入学的新生住哪里？他们在哪儿学习和科研？后年呢？大后年呢？

这时，李铭和当年 1 月新上任的陈十一校长不约而同地想到了同一个地方：后山！

作为工业园区，这里原本就有完善的设施，把员工宿舍改为学生宿舍，不仅成本较低，更重要的是可以在最短时间内完成改造；原来的厂房区域本来就有方正宽敞的大空间，改造成教学楼、实验室、办公场所等等再合适不过了。这样一来，2016—2018 年期间教学和科研的空间需求都能得到满足了。等二期工程项目交付使用、过渡期后，按前期拟定的南科大科学园建设规划，再继续逐步将该片区整体改造。

据时任南科大基建办公室主任唐刚回忆，学校在 2015 年 7 月就向市政府提交了解决校园建设事宜的请示，根据市政府批复意见，将部分厂房进行修缮改造后作为办学过渡用房，全速推进改造工程。

在第二年 9 月新生入学前，必须完成项目设计、招标、建设还有开办物资采购等所有工作！由于时间十分紧迫，2015 年 9 月，南科大又向市政府去函，请求将该建设项目列入应急工程，请市发改委直接审批项目概算，以加快项目进度。

这一边，学校全力推进后山修缮改造项目；那一边，2015 年南科大录取了 937 名新生，当年 9 月在校生人数突破了 2100 人，湖畔宿舍满员了。

2016 年初，修缮改造工程正式动工建设。留给南科大的时间，满打满算也就只有半年多了。

首先改造的是旺亨工业区和福光壮大工业区的部分厂房，近 6 万平方米。前者的 8 栋厂房、宿舍改造成了 3 栋教学楼（含餐厅）

和 5 栋宿舍楼，即现在的荔园；后者的 6 栋厂房被改造为科研和办公楼，即现在的慧园。

学生宿舍改造是重中之重、急中之急的工程。由于常年未使用，这些工业区的外部装饰破旧不堪，市政配套设施、管线大部分已经损坏，需要做全面的结构加固处理，工程量极大，而且留给施工的时间又十分有限。

2016 年暑假，实际上成了工程的最后期限。为了能让学生们如期住进新宿舍，所有人都在和时间赛跑。然而，到 8 月底新生报到时，荔园宿舍还未能交付使用，南科大于是启动"应急预案"，本科新生 9 月 8 日报到后把行李统一存放在风雨操场，集中前往深圳市国防教育基地进行军训，这样又抢回一周时间。

那段时间发生的故事，许多亲历者至今记忆犹新。整整一周时间，建筑工人们加班加点，学校基建办所有人员实行轮班制，通宵达旦地负责现场协调，后勤部承担了所有开办物资的采购，学生工作部和研究生院不断调整和完善宿舍分配计划……直到学生入住前几个小时，通往宿舍的沥青路才铺好完工。

9 月 16 日，从军训基地回来的大部分新生，终于住进了荔园的新宿舍。部分大二本科生则于前一天搬进了这里。

"那段路面踩上去还是热乎乎的。"有亲历了那段"后山故事"的学生这样回忆。

当年的牢骚，已经成了如今的谈资。这也恰好印证了陈十一经常对学生说的一句话："读一所大学，和参与创建一所大学，注定是两种完全不一样的人生体验，这些都将成为你们区别于同龄人的人生财富。"

随后，旺亨工业区的其余 8 栋也进行了改造，即如今的创园。原福岩工业区的 5 栋工业厂房也全部改造为研究生宿舍和本科生宿舍，即现在的欣园。创园和欣园于 2017 年 8 月底启用。

在这一节的最后，让我们把目光重新投回 2016 年 9 月 18 日的开学典礼，感受南科大人干事创业的激情。

当天，校方特别邀请了整个暑假都奋战在工程一线的工作人员和建筑工人出席，全体南科大人用经久不息的掌声对他们的辛勤付出表示感谢。陈十一校长在致辞中特别提到，他们用实际行动践行了南科大坚韧不拔的创业精神，并对新生们说："前天，你们中的一部分同学搬进了刚刚修建好的荔园。你们拖着军训后疲惫的身体，毫无怨言地实施搬迁，服从整体安排。我们的 15 级学长更是精心准备，保证每一间移交给你们的宿舍都窗明几净，整洁有序。这不仅仅是一次房屋主人的更替，更是一次南科大学生精神的传递，那就是顾全大局，关爱他人，从我做起。"

而刚刚到任两个月的南科大党委书记郭雨蓉，也亲眼看到了南科大人的干劲。她深情地提到了"深圳速度"和深圳人敢想敢试的精神、敢闯敢干的担当："为了在新学期让同学们能住上舒适宽敞的新宿舍，学校的基建、后勤、物业等部门的同志们整整一个假期都没有休息，日日夜夜加班加点地工作。最近一个星期，为了赶在你们回来之前把房间装修好，不少同志连续工作 24 小时，甚至 36 小时。在这里我们仿佛又回到了三十年前深圳拓荒时的火红年代。"

在郭雨蓉的发言里，有一句话尤其发人深省："同学们，深圳给予南科大的绝不仅是珍贵的土地、宝贵的资金，更重要的是开拓创新的精神传承！"

美丽校园彰显一流气质

南科大的新校园建设一期工程项目，从 2010 年 9 月 30 日正式开工建设，到 2013 年 7 月交付使用，仅仅用了不到三年的时间。

因山就势，沙河环绕。林翻夕浪，山拥晴岚。

南科大新的校园背靠阳台山，面对塘朗山，东边是长岭陂水库，大半个校区被大沙河环绕。校园占地面积 198 万平方米，规划总建筑面积 105 万平方米。其中，一期工程项目共 13 个单体、32 栋建筑，包括图书馆、教学楼、科研楼、实验楼、检测中心、风雨操场、行政楼、食堂、书院、院士楼、教师公寓、专家公寓等等，建筑面积 20.59 万平方米。

"美！"说起初见校园时的感受，师生们异口同声地用了这个词。和国内高校常见的中心对称、大轴线、大广场的校园空间不同，南科大在总体布局上采用了大集中、小分散的原则，一条水系蜿蜒于山体与建筑之间，形成了自然山水的格局，被称为"成长中的绿色校园"。

从 1 号门走进来，校名石上"南方科技大学"六个大字分外醒目。一栋外墙呈三角形镂空设计的白色建筑首先映入眼帘，三个天井式小院落的办公空间簇拥成团，这就是贯穿着"去行政化"理念的行政楼。

学校的中心位置，属于图书馆。这栋银灰色的建筑呈略微内凹的弧形，对外部环境形成一种谦逊的姿态，穿越其中的公共廊道自然地成为人群的聚集处，各类展览和活动经常在这里举行。

图书馆后面，安置着南科大的第一块校名石，一直是校园里的热门"打卡点"之一。原来，2013 年连同人员、科研仪器设备等等一起从启动校区搬迁到新校区的，还有这块校名石，它见证了学校从借地办学到拥有永久校园的创校之艰。

校园景色

在图书馆周围，则是带着国际化气质的教学楼、科研楼、检测中心……一栋栋简明线条勾勒出的校园建筑依水而建，各个功能组团错落布局而共享互通，掩映在盎然的绿意中，成为绿色建筑和生态校园的典范，彰显自然之美与和谐之道。

从 2014 年初开始，南科大校园建设二期工程项目全面启动。2019 年 9 月，11 栋学生宿舍率先交付使用。2020 年 7 月，工学院、南科大中心、人文社科学院和学术交流中心也已交付使用。到 2021 年，校园建设二期工程项目将全部建成，建筑面积约 44 万平方米。二期建设一如既往地坚持创校之初市里提出的"一流的规划设计、一流的建设"的原则，结合一期的布局，二期校园的建成将使南科大的教学、科研、生活功能整体形成"一环（溪流花园环）、两轴（校园学术主轴和人文景观体验轴）、三廊（学术天街廊、自然山水廊和大沙河景观廊）"的空间结构。

如今，坐拥"九山一水"的南科大已经成为中国最美的校园之一。自然与人文在这里融合，历史与未来在这里对话。

南科大经常被提及的"九山一水"，并不是一个虚指。校园建设过程保留了八座自然山体，南侧的第九座山（2020年被命名为"藏秀山"）由当时拆迁的建筑余料堆成，就在二期新落成的南科大会议中心旁边，一直有"藏风聚气"之说。这些山头常年郁郁葱葱，一些山坡上更有总面积近600亩的荔枝林。每年到了6月，在众多的林中栈道上，"桂味""糯米糍"等荔枝精品随手可及。

至于"一水"，有人认为是指环绕大半个校园的大沙河，更多人说是引自长岭陂水库，流经无名岭、院士楼、科研楼、教学楼、图书馆等等，最终汇入大沙河的那条人工水系。

此外，静谧的校园里，还有几组时间线在这里暗暗交汇。这里有商周时代留下的"史前印记"，是这座城市最久远的根脉；这里有陪伴福光村民长大的大榕树，相传有三百多岁的它见证了改革开放以来这片热土上的变迁。

先说屋背岭文化遗址群。走在南科大校园里，你会看到多个文物保护标志碑。原来，这里曾是珠三角地区规模最大的人类史前聚落群的一部分。在夏、商王朝时期，南科大校园所在地出现了密集的"古深圳人"居民点。校园内的山头至今保存着当时先民的墓葬和其他遗迹。

广东省和深圳市有关单位曾联合对校园中部屋背岭的古墓葬进行发掘，在1400平方米的范围内清理出夏、商时期墓葬94座，出土大批石斧、陶罐、玉矛、铜矛等文物，现藏于深圳市博物馆和南山区博物馆。学术界由此提出了"屋背岭文化"的概念。

"屋背岭文化"是深圳地区"咸头岭文化"衰落一段时间之后兴起的一支全新考古学文化，它填补了珠江三角洲地区人类聚落发展的空白。屋背岭遗址的发掘也因此被评为2001年度"全国十大考古新发现"之一。

再说大榕树。当年福光村拆迁后，除了保留上一节提到的村委楼和后山的老厂房外，还留下了一座建造年代不详的碉楼和几棵百年古榕。尤其位于湖畔学生食堂门前的那棵大榕树，相传有三百年历史，不仅是福光村民们的乡愁所系，也是许多师生心中南科大的"精神图腾"。如今，它已经成为南科大的经典标志之一，经常和校徽一起出现在学校宣传片和T恤衫、明信片等校园文创品上。

这棵大榕树，曾经见证了岭南古村发生翻天覆地变化成为一所当代知名大学的奇迹，未来还将以其亘古之雍容，见证着南科大向世界一流研究型大学攀登的脚步。

这里是梦开始的地方，大榕树每天默默看着南科大人步履匆匆，穿梭于食堂、图书馆、教学楼、科研楼，并见证了第一次跨年晚会、"南科好声音"等一场场校园文化活动。这里也是梦归去的地方，这棵有生命的树，在一个又一个毕业季，目送南科大人星散四海，成为祖国的栋梁、世界的弄潮儿。

"再一次我们在榕树下，说起这土地上的神话。时光如流沙，谁施的魔法，新的梦，这里出发……"2020年南科大的毕业歌《挥手榕树下》，特意选择了这棵大榕树作为叙事场景，从中我们不难看出这棵大榕树在每一位南科大人心中的特殊地位。

树德书院院长、统计与数据科学系教授杨丽丽，此前长期在英国拉夫堡大学执教。她回忆说自己第一次受邀到访南科大就记住了这棵大榕树。"那是 2015 年的最后一天,我和先生在校园里散步,大榕树下正举行跨年晚会,师生们和食堂师傅们欢聚一堂迎接新年,非常温馨,这让离开祖国 20 多年的我一下子就找到了回家的感觉。"很快,她就决定回国加入南科大大家庭。

笔者还翻阅到当时一个很有历史意义的新闻。原来,如今南科大校园里的不少植物,是深圳市领导、各界代表和南科大师生亲手种植的。

2012 年的全国第 34 个植树节,新校区还没正式启用。当天上午,在市委书记王荣的带领下,众多校外来宾和南科大师生共 1100 多人一起,挥锹培土,冒雨在南科大校园内,种下了 42 种 4700 多株的生态景观林。

8 年多来,当时他们种下的樱花木棉、黄花风铃木、宫粉紫荆、香樟、尖叶杜英、大叶紫薇等都已成活,每年会依各自花期在校园里盛放。从科研楼到教学楼,从湖畔到林荫道,繁花似锦,美不胜收。

如今,走进这座美丽的校园,身心顿时感到安静、愉悦。2020届博士生田浚江说,南科大校园给他的感觉和其他高校不太一样。"微风吹过连成片的紫穗草,有种'风吹麦浪'的舒畅和满足。几栋科研楼点缀在一片片绿色中,在这种环境下做实验是一种很惬意的事情。"

根据后来的规划,南科大日后还将启动三期建设,预计于 2025 年完成,主要包括医学院及附属医院建设,其中医学院建筑面积约 16.4 万平方米,附属医院约 16.76 万平方米。

届时,一座规模更大、设施更全的一流校园将给师生们带来更多惊喜。那时,南科大在校生规模将升至 10000 人,会有更多师生在这里学习、工作和生活。

第五章

实现跨越发展

从开始筹建到批筹转正，再到搬进新校园，南科大前期创校的历程前四章已作详述。搬进新校园后，朱清时 2014 年 9 月任期结束离任，陈十一 2015 年 1 月成为第二任校长，南科大迎来了带有陈式风格的跨越式发展。

看这里的教师。至 2020 年 9 月签约引进的上千名教师中，有国内外院士 45 人（其中全职院士 23 人）、国际会士 39 人、教育部特聘专家 31 人。

看这里的学科建设。学校正式成立后，仅用 6 年就构建起本、硕、博人才培养体系。化学、材料科学两个学科仅用 6 年时间，就进入了 ESI 全球排名前 1%。

看这里的教学科研设施。共获批建设科研平台 58 个，其中国家级 1 个、省部级 19 个、市级 36 个。

看这里的国际化。学校与来自 38 个国家和地区的 135 所境外机构形成了合作伙伴关系。大学四年，每位本科生至少有一次出境学习交流的机会。

看这里的科研成果。在自然指数（Nature Index）排名（2019 年 7 月 1 日—2020 年 6 月 30 日）中，南科大加权论文值位列全球高校第 58 位，中国内地高校第 17 位。

看这里的学生。本科报考人数年年飞涨，2020 年高达 4.3 万余人，录取比例 1:40，生源质量进入 985 高校中上水平。目前在校生人数 7560 人。本科生毕业后，65% 左右进入国内外名校继续深造。

看这里在世界各大高校排行榜中的名次。2020 年泰晤士大学排名，南科大居亚洲第 33 位，内地第 8 位。在 QS 发布的"2021QS 世界大学排名"中，南科大位列世界第 323 位，中国内地高校第 14 位。在泰晤士年轻大学排名中，南科大 2020 年再次蝉联中国内地第 1 名。

走进今日的南科大，处处是惊喜。它朝气蓬勃，活力四射，已经跨越式发展成一所国际化高水平的研究型大学。

陈十一出任第二任校长

时光荏苒，日月如梭，匆匆就到了 2015 年 1 月，南科大迎来了第二任校长陈十一院士。

早在 2014 年 9 月 1 日，朱清时任职到期，他当天在新生开学典礼上做了最后一次开学演讲，然后离开南科大，回到合肥享受怡然自得的退休生活。

朱清时卸任前，媒体就开始对他在南科大的教改进行总结。面对各种不同评价，他显得很坦然："我希望得到的历史评价是：这是一个教改的先行者。虽然改革存有争议，但他毕竟迈出了一步，做了他所能做的全部事情。"

朱清时离开时，接任校长人选并没有选定。究竟谁会来接南科大校长的"第二棒"？全社会都十分关注。

1 月 21 日，不算谜底的"谜底"终于正式揭开：当天下午南科大召开干部大会，宣布北大副校长陈十一担任南科大校长。不久后的 3 月 20 日，南科大第一届理事会第五次会议召开，许勤市长作为学校理事会理事长，代表理事会向陈十一颁发了聘书。

对陈十一院士出任南科大第二任校长，此时校内外没有感到半点"意外"，大家都认为南科大发展到那个阶段，他是最合适的校长人选，可谓众望所归。

我们来看陈十一的履历：1956 年 10 月出生于浙江天台，流体力学专家，中国科学院院士、发展中国家科学院院士，北京大学终身讲席教授。1981 年浙大力学系毕业后，进入北大力学系就读研究生，先后获得硕士、博士学位；1987 年博士毕业后进入美国洛斯·阿拉莫斯国家实验室工作，先后担任湍流与格子气研究组主任、非线性研究中心副主任；1999 年至 2005 年先后担任约翰斯·霍普金斯大学机械工程系终身教授、系主任；2005 年至 2013 年担任北大工学院首任院长；2013 年至 2015 年担任北大副校长兼研究生院院长；2013 年当选中国科学院院士。

这是一份特别抢眼的履历，有人戏称像是为南科大"量身定制"。陈十一不仅是一位杰出的科学家，还有在美国著名科研机构和高校长期任教、从事科研和担任管理工作的经历，他的学术背景以及国际化视野和经验，都与理工科、国际化的南科大高度契合。

此外，陈十一还有在北大"创业"办学的丰富经验。1952 年全国院系调整，北大工学院的建制被取消，对北大而言，这无疑是一个巨大缺憾。2003 年，在美国工作的陈十一向北大提出建议，恢复建立工学院。经学校同意，他牵头成立了由 12 位国际一流科学家组成的工学院筹备委员会，从只有约 100 平方米的办公场地起步，一个个面试教授，奔赴世界各地拜访基金会、企业，寻求他们在资金上的支持，组织教授设计教学体系，一步步把工学院建立成一个国际化、创新型的学院。2015 年的南科大有太多东西需要建设，他重建北大工学院的成功经验，在南科大的平台上可以发挥更大作用。

南科大是为教改而生的一所高校，陈十一和朱清时在做事的战术上虽然不太一样，但在改革意识上是一样的强烈。在讲述自己回国参与重建北大工学院的历程时，陈十一曾表示："在中国办一所新型的世界一流大学或学院，为'中国创新'培养人才是我的梦想，它始终激励着我。"因此，在北大工学院建设过程中，他非常关心如何在理念、体制、机制上寻求突破，希望可以改变中国传统的工程教育。

大家对陈十一院士出任南科大校长一点也不感到"意外"，除了

"最合适"，还有一点，南科大创建之初在全球遴选校长，他当时就进入了遴选委员会推举的校长候选人名单。后来，深圳方面和朱清时都想争取他来担任常务副校长，他也很愿意，但因为一些原因没有来成。因此，他接棒朱清时担任校长早就埋有"伏笔"，一点也不"突然"。

宣布任命时，南科大婉拒了媒体的现场采访，只给了媒体一份校长专访的通稿。这也预示着新校长的风格：低调。朱清时时期的冲破阻力，为南科大改革发展打开了良好的局面，成就很大，但也积累了一些矛盾，面临一些新问题，新校长需要沉下来一心一意谋发展。陈十一校长在宣布任命的仪式上重点谈了他的办学设想：

第一，坚持南科大作为高等教育改革的试验田。南科大承载着深圳 1200 万人民对创新教育、人才培养的期盼，承载着全国人民对高等教育改革的期待。南科大是伴随着改革使命而诞生的，今天改革依然是南科大的使命与追求。相比于其他高校的综合改革，南科大没有历史包袱，我们要坚持改革与创建同步，发展与创新同行。

第二，进一步建设完善南科大现代大学制度。南科大在创办之初就把体制和机制创新摆在首要位置，建章立制，初步构建了政府、理事会与大学关系以及内部治理结构，打下了坚实的制度基础。我们接下来要在这些基础上，进一步根据中国高等教育办学实际，借鉴国际通行的标准与规律，建设依法办学、自主管理、教授治学、民主监督、社会参与的现代大学制度，构建起以学术为导向的大学治理体系。

第三，形成南科大办学的鲜明特色。南科大作为改革的特区，呼应了中国高等教育多元化时代的到来。一个正在崛起的 13 亿人口的大国需要北大、清华，也需要南科大。这正如美国高等教育体系中有哈佛、麻省理工，也有加州理工和斯坦福。南科大应该是一所特色大学，特就特在她为中国高等教育提供新的可能和尝试，特在她根植于创新型、多元化、国际化的深圳。

因此，南科大应以"国际标准、前沿学科、创新创业"为导向，形成鲜明的特色。未来，南科大要力争成为传统与现代、东方与西方、科技与人文、学术与应用包容共生的典范；以创新精神人文传统的厚度为体，以创新人才培养模式和制度改革探索为用，形成体用兼备的南方科技大学。

第四，会聚最优秀的师生，培育南科大大学精神。目前，南科大已集聚了一批非常优秀的老师和学生，未来一段时间内，我们工作的重中之重仍然是吸引高端人才。在师资队伍建设上，应会聚一大批国内外学术水平一流的大师以及富于学术潜力的中青年学者。本科生教育是我们办学的根本，研究生教育是创建研究型大学的核心，我们将坚持本科、硕、博教育同步推进，促进与国内外知名大学协同办学。

南科大要吸引最优秀的教师和学生，靠的不仅仅是物质条件，还有大学精神和学术氛围。未来我们要以打造大学精神为核心，营造宽松自由的学术环境，树立勤恳治学的学术氛围，构建"大师、大楼、大学精神"三位一体的国际化、富有人文精神的家园，力争成为世界教学科研的中国南方中心。

第五，遵循办学规律，脚踏实地、埋头苦干。南科大是我国高教机制和体制改革的试验田，但试验田不等于实验品。我们将本着对每一位师生、对深圳市人民、对历史负责任的态度，精耕细作。南科大的改革、创新、探索都是以创新型人才培养为最终目的。回归大学教育的本质，立德树人，办让人民满意的教育才是高教改革探索的根本使命。我们将心怀伟大的理想，直面怀疑的目光，正视存在的问题，果敢地付诸行动。

上述五点可以说就是陈十一校长来南科大的"办学宣言"，如今重温这些内容，这些年他不仅做到了，而且取得了巨大成功。

陈十一出任南科大校长，唐叔贤院士当时就此接受记者采访时表示："他来当南科大新校长，对南科大是好事。"他同时认为，从学术方面来看，当时的南科大面临两大挑战：一是引进一流的人才，"大家都在抢国际人才，南科大有什么条件可以吸引这些人来这里而不是去985高校"；二是争取研究生招生资格以及博士后培养资格。

南科大后来发展的事实证明，两位校长实现了完美的传承。但因为间隔了半年陈十一校长才上任，新老校长之间并没有举行面对面的交接仪式。2016年7月初学校举办去筹转正后首届毕业生的毕业典礼，专门请回老校长朱清时，当主持人介绍他时，全场欢呼声、鼓掌声经久不息。朱清时身着白色长袖衬衣，打着领带，与陈十一校长一起，同时坐在全校师生面前，场面十分感人。"在很多人眼里，这也是一种特别的交接仪式吧。"很多人对当时的情景记忆犹新。

高端人才的向往之地

南科大始终坚持国际化、高水平、研究型的高端定位，要在这样的定位上快速发展，人才是关键因素之一。陈十一在美国高校和科研机构工作长达20年，在国内是院士和北大终身讲席教授，他在国内外相关领域有广泛的人脉关系和强大的感召力，既是一位理想主义者，又是一位笃行的实践家，对于南科大引进一流大师和富于学术潜力的中青年学者，他有很多天然的优势。

这些年，南科大引才爆发式增长。其中很多高端人才都是陈十一校长亲自出马，直接动员过来的。

南科大副校长鲁春教授与陈十一是北大力学系前后届校友，当年陈十一受邀准备来南科大担任常务副校长时，鲁春正在新加坡国立大学任教，陈十一就问过他愿不愿意来南科大工作。若干年后，陈十一确定来南科大担任校长，立即想到了这位学弟，此时，鲁春已经去了沙特阿拉伯国王科技大学担任国际合作部主任。"我正在马尔代夫休假，在沙滩上突然接到陈校长电话，力邀我回国来南科大工作，我当然信任他了。"鲁春回忆说，当时跟沙特校方辞职时，校长舍不得放，但又不能不放，就让他先来南科大工作半年看看，如果觉得不满意，欢迎再回去。这期间，因为意外受伤需要疗养，鲁春2015年9月才来南科大上班，半年后再也不想回沙特了。在南科大，他一直负责国际合作和总务工作，干得风生水起。

在南科大，陈十一引才的故事还有很多，举不胜举。从2016年开始，南科大凭借高层次人才引进工作方面的突出成绩，连续5年荣获深圳市"引才伯乐奖"第一名。深圳一年一度的"人才大使"奖，2017年授予了陈十一，2019年授予了南科大讲席教授、量子科学与工程研究院院长俞大鹏院士。

南科大这些年之所以能吸引那么多高端人才加盟，除了陈十一校长亲自担任引才大使全力推动之外，还有一个关键因素，就是南科大和深圳良好的人才环境，让他们愿意来，来了之后可以施展才华，开拓一番新事业。学校引进的一些高端人才，在深圳科技创新发展重要战略布局中承担起重要角色。

中国科学院院士方复全全职加盟南科大后，他牵头的第一个项目就是深圳国家应用数学中心。这是深圳第一个国家级数学中心，也是南科大获批的首个国家级科研平台。

"我非常看好南科大的发展势头，南科大数学学科有一批锐意进取、敢闯敢试、影响力大的顶尖人才，师资队伍非常强。借力深圳国家应用数学中心和杰曼诺夫数学中心这两个平台，我希望通过我们这批人的共同努力，将数学及其学科打造成为一个有特色的大交叉学科，成为与北京、上海并驾齐驱的数学高地。"如今，方复全把深圳国家应用数学中心作为人生全新的起点，希望在南科大这所飞速发展的高校实现自己的新梦想。

2017 年，南科大力学与航空航天工程系的邓巍巍教授成了"网红"。他向弗吉尼亚理工大学请辞之后，每周在朋友圈里发一篇文章，记录海归的过程和感悟，总共连载了 14 周。在回国的飞机上，邓巍巍写下了最后一篇，他写道："归去来兮，这是海外游子都曾在内心中哼唱的旋律。"

这一题为《海归记》的长篇纪实随笔真实生动，有理有趣，在"知社学术圈"和"知识分子"等学术公众号上发表之后很快成为"10万＋"，并被结集出版，名为《走，回中国——美国终身教授海归南方科技大学全纪录》。

陈十一为该书所写的序言中，透露了邓巍巍加盟南科大的一些细节经过："2016 年夏天，巍巍到南方科技大学作报告，之前他通过邮件向我大致介绍了他的学习、工作和科研经历，我约他当面交流。我们算是流体力学方向的小同行，有很多共同话题，所以相谈甚欢。简短的交流过程体现出了他对科研领域的深入理解和敏锐严谨的思维，尤其难得的，是对科学研究以及通过科学研究解决实际问题的热情。务实又充满激情，这正是南科大这样一所正在蓬勃发展过程中的大学的气质，也是南科大最珍视的精神品质。我当即邀请他加盟南科大。"

在邓巍巍看来，国内高等教育发展日新月异，能做出决定投身其中，他也倍感自豪："在南科大，我可以成为一个基因，去深远地影响和塑造未来。15 年的海外经历让我深深感到，我比过去任何一个时刻都需要祖国：需要祖国没有天花板的广阔空间，需要祖国描绘的伟大梦想，需要祖国给予的一切来实现人生价值。"

邓巍巍的文章在学术圈引起广泛关注和共鸣。他的文字，也道出了放弃优厚岗位，全职回国加入南科大，建设一所新型创新型大学的教授们的心声。

深圳这座城市一直重视引才用才，这也为南科大引才创造了良好的大环境。从 2010 年开始，深圳推出"孔雀计划""促进人才优先发展 81 条"等一系列政策措施，每年投入不少于 10 亿元培育和引进海内外高层次人才和团队。以"高精尖缺"为导向的人才工作机制不断创新，进一步构建出具有全球竞争力的人才服务体系。

城市与大学互动发展、相互促进。深圳有吸引力的人才政策为南科大这样的新兴大学的快速发展注入"催化剂"；而南科大快速集聚一支高水平、国际化人才队伍，也进一步助推了深圳乃至广东的创新驱动发展。

一所年轻大学，何以"引得凤凰归"？在郭雨蓉看来，没有深圳优美的城市环境，开放、宽容的文化氛围，以及有吸引力的人才政策等支持，南科大不可能独自会聚一批优秀人才，"大学的发展从来不是孤立的"。此外，还与南科大要办一所中国新时代世界一流研究型大学的梦想密切相关，这样的抱负，吸引了一大批有家国情怀及梦想的优秀人才来到深圳，与南科大一起成长、创业。

大力引才的同时，也要"留才、用才、育才"。经过短短几年的发展，南科大建立了灵活创新、国际通行的人才制度，营造出一流的干事创业环境，搭建了优秀的学术团队、平台，发展势头强劲，也让人才们树立起在南科大干事创业的信心。

南科大制定实施国际通行的人才培养、评价制度，如项目负责人制度、创新创业激励机制等，为人才营造一流干事创业环境，人才成长进入"快车道"，一大批骨干教师在南科大不断奋斗拼搏，迈向人生和事业的新高度。

"要从发展导向和培育意识上下手，把单纯人才会聚转向系统构建一流人才成长路径，在本土培养出更多国家级人才。"陈十一说。

在吸引高端人才的同时，南科大也会聚了一大批优秀的中青年学者，建立起人才梯队，并提供土壤供他们快速成长。最早一批加入南科大的化学系谭斌教授、刘心元教授和物理系卢海舟教授先后入选国家杰出青年科学基金资助名单，成为"杰青"。另有不少"国家优秀青年科学基金""国务院特殊津贴""广东省特支计划"等人才计划入选者。

国际化，是南科大师资队伍最大的特点之一，南科大的教师也受到国际同行的认可。近年来，学校多名教师入选院士、会士。陈十一校长当选发展中国家科学院院士，机械与能源工程系教授王海江当选加拿大工程院院士，海洋科学与工程系教授白勇当选挪威技术科学院院士，环境科学与工程学院讲席教授刘俊国当选欧洲科学院院士（外籍）。此外，还有一批教授入选国际会士。

学校人才队伍除了负责教学、科研工作的教师之外，还有很多优秀的行政管理人员。

南科大行政管理队伍很有特点。学校对行政人员实行全员聘任制，即合同制管理，实行年薪制，没有传统高校和事业单位的"编制"。每个行政人员合同到期了按要求进行聘期考核，考核不通过的不予续聘，没有人有"铁饭碗"。

不像传统高校，留校工作人员相当一部分是自己培养出来的学生。南科大的行政人员，有从政府机关单位离职"脱编"的，也有来自一流高校有丰富管理经验的，还有来自企业、媒体、国际组织等机构的人员。他们在南科大各司其职，把深圳公务员和职员的廉洁高效、务实卓越的作风带到了大学，特别是他们的特殊工作背景，也为大学带来了行政资源支持和与政府高效的对接，保障了学校教学、科研等各项工作的正常运转。

学校党政办公室副主任马东梅，2012 年 4 月离开深圳一家知名媒体加入南科大，工号是 60，算是南科大"资深员工"了。谈起当年的选择，她说："吸引我们这些人加入的，是对南科大办学理念的认可，以及对中国高等教育改革的理想、情怀和信心。"南科大是有理想和追求的大学，吸引来的一批批人才，都是有情怀的追梦人。

截至 2020 年 9 月，学校已签约引进教师 1044 人。其中高端人才，包括国内外院士 45 人（其中全职院士 23 人）、国际会士 39 人、教育部特聘专家 31 人、"国家特支计划"专家 11 人。教学科研系列教师 90% 以上具有海外工作经验，60% 以上具有在世界排名前 100 名大学工作或学习的经历，师资队伍中高层次人才占比超过 40%。

南科大人才济济，已经成为深圳的"人才蓄水池"。

学科水平快速跃升

2018 年，南科大获批成为博士学位授予单位，获批数学、物理学、生物学、力学 4 个博士学位授权点。同年 3 月，南科大已入选硕士学位授予单位，获批 6 个硕士学位授权一级学科和 1 个专业学位授权点。

媒体评论称，南科大是国内最快获批成为博士学位授予单位的新办高校。正式办学不过短短几年的南科大，快速构建起本、硕、博人才培养体系，证明其学科建设水平跃升到一个新水平。

4 个博士学位授权点，和一些办学历史悠久的高校相比，虽然数量上不多，但是都是在基础学科，这些领域全国高校竞争非常激烈。不难看出，南科大学科建设发展成果，已经获得教育部的高度肯定。

从创办到 2017 年送审的这段时间，尤其在 2015 年后，南科大学科体系快速完备、水平快速提升，迅速达到了博士学位授权点的要求，实属不易。

在 2015 年之前，南科大只有 5 个系，开设 6 个本科专业。2020 年 9 月，南科大共开设理学院、工学院、商学院、医学院、生命健康学院、创新创业学院、人文社科学院七大学院，设置 25 个院系中心，开设 31 个本科专业，可授予理学、工学、经济学、管理学、医学等学位。

陈十一校长曾在面对媒体提问时回答说："南科大没有一个弱的学科。"这句话的后半句是："我们都是用国际一流的标准来办学科，如果这个学科我们师资、条件还不够，那我们宁愿先不办。"从朱清时到陈十一，两任校长始终坚持高端办学不动摇。

南科大借鉴世界一流理工科大学的学科设置和办学模式，以理、工、医为主，兼具商科及特色人文社会学科，高水平建设学科。"在一系列新的学科方向上开展研究，使学校成为引领社会发展的思想库和新知识、新技术的源泉"，这是南科大学科发展的目标。

虽然办学上坚持"小而精"，但从另一个层面来说，南科大的学科体系也可谓"大而全"，数、理、化、天、地、生，理工科基础的学科都有。做实基础学科，做强优势学科，鼓励学科交叉，南科大在学科体系建设中，做出了新兴大学的范例。

在 ESI 排名中，南科大化学、材料科学两个学科仅用 6 年时间，就进入了 ESI 全球排名前 1%，而一般学科需要 10 年数据才能进入排名。随后，工程学也进入 ESI 全球排名前 1%。

南科大的"新工科"建设颇具特色。

2018 年以来，每年暑期，都有一群来自世界各高校的学生会聚在南科大校园里，他们是来参加系统设计与智能制造学院新工科课程暨"达·芬奇挑战营——2019 夏令营"。2019 年的夏令营吸引了100 多名南科大学生及国际学生参加，20 多位教练分别来自美国、丹麦、中国香港等地。

在项目驱动的混合式学习过程中，夏令营的学生们通过制作和组装产品原型，学习使用各种不同的工程工具，培养锻炼自我学习能力，以应对各种未知的挑战等。

这也是南科大新工科的其中一个实践，受到学生的热烈欢迎。近年来，南科大新获批的机器人工程、智能科学与技术等专业，紧紧围绕粤港澳大湾区重点发展的产业，通过"新工科"的专业布局，与智能时代技术发展步伐紧密结合，更好服务国家对科技创新和高端制造业发展的需求，为未来产业培养新型工程专业人才。

南科大的"新医科"建设已进入快车道。

2019 年 3 月，南科大获批设立临床医学本科专业。2020 年 3 月，学校再获批设立临床医学（中外合作办学）本科专业。连续两年获批的两个受国家严控的"临床医学"专业，对一所新创办医学院的学校来说，算是个奇迹。

临床医学专业的设立，标志着学校进入理、工、医、文全面发展的阶段，对全面提高学校核心竞争力，提升粤港澳大湾区核心区域医疗水平，满足健康深圳和健康中国的战略发展需求都具有重要意义。

如何高起点创办医学学科？南科大探索建设"新医科"，在发展世界一流的医学教育中迈出了关键的一步。

英国久负盛名的伦敦国王学院，是世界顶尖综合性研究型大学，拥有世界一流的医学院。2019年6月，南科大与伦敦国王学院签署合作协议，双方共同筹备设立联合医学院，在多个医学学科专业开展深层次教育合作，形成教育、科研和人才接力，培养一流医疗人才。

"今年10月28日，我们终于准备好完整的材料并报送到教育部，如果明年3月能正常获批，联合医学院就可以公开对外招生了。这在国内是第一个，因为医科在世界上要求之严众所周知，项目要同时符合双方的标准非常难，之前国内高校中没有成功的案例。"负责该合作项目的鲁春说，项目谈了3年多，中间曲曲折折。双方在文化和体制、机制方面非常不同，很多事情自己认为理所当然，但在对方那里则是不可思议。不过现在"轻舟已过万重山"，只待教育部最后批准。

这个项目之所以能够谈成，除了南科大的项目团队锲而不舍地推进之外，也与南科大这些年高速发展，各方面条件快速成熟有关。鲁春举例说，比如办临床医学需要附属医院，在理事会的决策和协调下，深圳市人民医院和市第三人民医院两个"三甲"医院都成了南科大附属医院；此外，学校还将在校园里新建一所教学医院，目前正在招标。南科大良好的办学条件和大力发展医学学科的决心，都增强了对方合作的信心。

根据双方达成的协议，两校共同制定培养方案，同时满足中国教育部和英国医疗委员会（General Medical Council，GMC）对临床医学专业本科学生在知识、技能、职业素养、思辨与学习能力等方面的基本要求，合格的毕业生将分别获得南科大与伦敦国王学院颁发的临床医学本科学位证书。

南科大在原来的理工科学科体系中加入了医学，一方面是回馈深圳，满足其对一流医疗资源的需求，更重要的是，理工科大学办医学院，也有其独特的特色和优势。

在双方的合作中，联合医学院将依托南科大理工学科的优势，建立理工医和智慧医学等多学科交叉的"新医科"发展体系，借鉴国际一流医学教育模式，在更高层次上实现医科与理工学科的协调发展。

通过理、工、医、文的交叉融合，南科大重点布局医学人工智能、健康大数据和医用纳米材料等未来医学前沿领域。"我们将充分发挥南科大的学科优势，打造一流的国际化、智能化和人文化的特色创新型医学院。"南科大医学院首任院长、来自美国约翰斯·霍普金斯大学医学院的邢明照教授说。

南科大鼓励学科交叉，在发展医学学科的思路中，从一开始就打破常规，让医科与理工科，甚至与人文社科有更多的交叉互融。

南科大的人文教育，同样办出了"理工科"大学的特点，"新文科"建设国内领先。

学校人文社会科学学院院长陈跃红教授与陈十一两人有一个共识：一流的理工大学必须要有一流的文科教育，而这里的"文科"不能是传统的，必须是"新文科"。什么是新文科？陈跃红解释说："新文科必须是跨学科、国际化、应用性的。"

2016年，陈跃红从北大中文系系主任的岗位上卸任之后，应邀来南科大筹建人文科学中心。为了强化人文社科建设，2018年7月，学校把人文、社科、高教、艺术、语言5个中心组成人文社会科学学院，陈跃红出任首任院长。学院以"教学＋人才培养"为主要任务，以通识教育为主，兼有特色研究，努力培养文理兼通的创新型人才。目前学院教职工超过百人，不少是国内外知名的专家教授，每年给全校学生开设通识教育课程200多门。

在人文社科学院，看不见通常中文系、哲学系、历史系、文学院那种设置，从很多内设研究机构的名字就能想象这里跨学科研究是如何前卫，比如沉浸式 VR 文科实验室、智能方言语音实验室、机器写作实验室、人文车间等，文理、文工、文医结合十分普遍、深入，彰显了"新文科"的特点与魅力。

"科技人文"特色在南科大已初显魅力。在"盘龙城遗址出土绿松石兽面综合研究"中，社科中心文化遗产实验室利用多学科技术手段对文物信息进行了多方位采集，重建了器物原貌。遗产实验室还和海洋科学与工程系助理教授周祐民课题组开展合作，联合考察贵州牛坡洞、招果洞等洞穴遗址，以期在调查研究贵州古洞穴遗址方面取得新进展；在与华大基因的合作中，遗产实验室对"商代车马坑"进行联合取样研究，进一步补充和完善商代晚期马匹及人类遗骸研究的成果。

这些年来，南科大尝试走出一条与传统文科大学、综合性大学不一样的创新道路，发展特色文科教育，传承思想和文化的力量，培养有批判性思维、有想象力、有创新能力的科学家和工程师，实现人才培养和学校办学的可持续发展。

"大学人才培养之道，应以人文为基石，如此才能造就合乎时代需要的科学家。"学校党委副书记、人文学院讲席教授李凤亮在接受媒体采访时表示，未来，南科大文科建设将着力内涵发展，彰显南科大特色，在更高层次上实现文科与理工医学科的协调与特色发展，在人才培养、立德树人以及学生全面发展中发挥更重要的作用。

一流的教学科研设施

2020 年春天，在新冠疫情国内形势最为严峻的时候，众多科学家开展了新冠病毒的科学研究。此时，南科大的一项科研进展，为科学家们的研究提供了非常重要的帮助。

3 月初，南科大与深圳国家感染性疾病临床医学研究中心、深圳市第三人民医院等联合，从临床新冠肺炎病例获取生物样本，首次使用冷冻电子显微镜观察到了新冠病毒经灭活后的真实形貌，为新冠病毒的识别、鉴定和临床相关研究提供重要的超微影像基础。

在这项研究中做出关键贡献的，是南科大新成立的冷冻电镜中心。中心研发团队利用冷冻电子显微镜分析技术，不仅首次观察到了真实的新冠病毒经灭活后的形貌，并且捕捉到了该病毒侵染宿主细胞中的一个重要中间状态。此时病毒正处于识别和附着宿主细胞后，准备与细胞发生融合的时期。经国内外文献检索，这是新冠疫情暴发以来，科研工作者首次在冷冻电子显微镜下观察到新冠病毒全病毒的真实形貌。

冷冻电镜技术是当今结构生物学研究的利器，这项技术克服了生物分子结构解析中的许多难点，被诺贝尔奖官方称为"使得生物化学进入一个新时代"。

南科大冷冻电镜中心一开始就以高标准筹建。中心由深圳市政府出资、南科大牵头，作为重大基础科学设施公共平台，总建筑面积 1256 平方米,拟安装 300 千瓦冷冻电镜 6 台以及 200/120 千瓦电镜、扫描电镜以及围绕这些显微成像设备相关的样品制备仪器。中心全部建成后，将是我国配套最齐、最先进的冷冻电镜实验室，跻身全球前三。

除了新冠病毒研究成果，该中心接连助力多领域科学研究取得重要进展，与国内科研团队合作，发表了一系列重要学术成果，充分发挥设备一流的公共平台对于校内外重大科研基础研究的支撑作用，助推粤港澳大湾区在生物医药、精准医疗、新能源、新材料方面的科学研究及产业升级。

在南科大的科研大设备大装置中，"太乙"也是蜚声海内外。2018 年 11 月，被称为全球超级计算产业"奥斯卡"的 SC 2018 全球超算大会举行，会议期间公布了最新一期的全球 Top 500 超算集群排名。南科大科学与工程计算中心高性能集群名列第 127 位，在国内高校中除国防军事类院校外位居第一，是中国唯一上榜的高校级高性能集群，也是除了国防领域特殊需求的机器之外，计算能力最高的 HPC 集群。而这套设备，从开始筹建到最终交付用时不到一年，引起业内瞩目。

鲁春曾这样描述超算对科研的重要性：南科大在做无人机空气动力研究时，如果完全用实体飞机来实验，很多时候对实验实体具有破坏性，成本非常高，倒不如利用算法模型，模拟全天候和各种恶劣气候条件下的机翼性能优化，这时候就需要进行空气动力学的大量计算。在生物信息学领域，人体脑电波在不同的场景下，会产生什么样的变化，都会产生出大量数据，脑电波与行为之间的关系，都需要进行大量计算。

有专家评测，南科大在超算上的超前布局，将会对学校乃至大湾区在数学、物理、化学、生物、材料等基础学科的研究中提供强有力的技术支撑。

在科研平台建设方面，一方面是"大块头"；另一方面，纳米级、微米级的超洁净间，也是南科大一道亮丽的风景线。

作为学校科研和教学重要的公共实验平台，分析测试中心从创校起就作为重点建设单位，得到深圳市的大力支持，成为前沿分析测试设备、技术和方法的研发中心。

随着深圳第三代半导体研究院在南科大的落地，南科大校园内的皮米尺度上的基础和应用研究中心也进入大众视野。这是华南地区高校中最大的专用实验超净间，可用以支持第三代半导体器件的先导研发。

在生命健康研究领域，南科大也高标准布局了实验动物中心。该中心取得广东省科技厅颁发的《实验动物使用许可证》，并受邀加入"粤港澳实验动物创新与共享服务联盟"。

除了"高大上"的科研平台，教学设施也是一流配备。

赵红军2012年就加盟了南科大，如今是采购与招标管理部主任。他介绍说，南科大的教学注重与实验的结合，宽敞明亮的教室里配备了一流的教学设备，同时，学校还设置了教学实验室150余间。学校实行导师制，提倡科研与教学结合，全校的教学、科研实验室共同承担起人才培养任务，为拔尖创新人才培养提供良好的科研、教学平台。

大学对于学生的培养，图书馆是不可缺少的"角色"。南科大图书馆为学校的教学和科研提供服务，结合学校学科特点和行业发展趋势，专项经费的80%用于电子资源，相关学科资源建设以世界一流学科为标杆，其内容之丰富可以与国内外任何一所大学的同类资源比肩。

在突出理工科特点的同时，兼顾学生人文素养培养的需要，南科大图书馆馆藏也日益丰富。截至2020年6月底，图书馆中外文纸质图书总量达到245141册、中文报刊67种、外文报刊31种。各类中外文数据库127个（中文28个，外文99个），包含电子图书

557232 册、电子期刊 84469 种，涵盖了学校教学科研和通识教育所需要的各方面文献信息资源。同时，借助 CALIS、NSTL 和深圳文献港等服务平台，南科大师生可以利用国内其他城市和深圳本地各种文献，实现资源共享。

另外，书院制也是育人的重要组成部分。在六大书院，充足的公共空间保障了师生之间的指导交流、朋辈之间的互促互助。

体育，也是南科大特别重视的领域。为此，南科大建设了充足的运动空间，鼓励师生们以各种方式运动起来。

在学校一期建筑中，建设了游泳馆、体育场、室外篮球场、网球场、排球场，在风雨操场内有室内羽毛球馆、篮球馆，还有在湖畔书院的乒乓球馆、舞蹈室、健身房等。学生想要运动，校园里从空间场地到设施设备可谓应有尽有。

随着依山而建的润杨体育馆和新的网球场、足球场的落成，南科大学生运动的场所越来越充足。学校推出网上预约系统，学生只需通过简单的预约，即可享用校园里的体育设施。

程鑫来南科大工作之前，在美国高校学习、工作了十几年。他深有感触地说："经过深圳政府持续不断的高投入，南科大教学、科研的设施设备已经是一流水平。在同样的学科方向上，就是和哈佛、麻省、斯坦福这些顶级高校相比，至少也不会差。"一流的设施，为培养一流人才提供了坚实的支撑和保障。

国际化步伐铿锵有力

鲁春加盟南科大后，给陈十一提了个建议，能不能请一些知名大学的校长来成立一个顾问委员会，每年来南科大开次会，给学校发展提建议。陈十一听完，立即表态大力支持，要做就做中国大学中最好的顾问团队。

他们俩都有长期在国外一流高校工作的丰富经验，深知学习和借鉴世界一流大学的办学经验，是推进南科大国际化建设、提升学校办学水平的必由之路。把这些学校的校长请来，让他们亲自给南科大"把脉"、出谋划策，既能借鉴经验，又可借力他们的智慧。

获得了校长的高度赞同，鲁春马上带领国际合作部着手筹备，学校主要领导各自发动，广泛动员。2017 年 10 月 16 日，南科大国际咨询顾问委员会首次会议在南科大召开，14 位世界知名大学校长应邀担任顾问委员会委员，包括加州大学圣芭芭拉分校校长杨祖佑、牛津大学校长路易斯·理查德森、密歇根大学校长马克·施立索、新加坡国立大学候任校长陈永财、香港科技大学校长陈繁昌、北京大学校长林建华、中国科学技术大学校长包信和等，他们声望崇高，个个具有卓越影响力和丰富的办学经验。

"在两天的会议里，委员们听取了学校的情况汇报，参观考察了学校的软硬件环境，还特别安排了半天的闭门会议，集中为南科大发展提意见建议，并且形成了一份报告，直接报告给学校理事会理事长，也就是深圳市市长。"鲁春介绍，会议每年开一次，委员们提的意见对南科大发展很有参考价值，比如怎样推进研究型大学建设，怎样发展医科等等，有不少都被直接采纳了。

这些年来，南科大推进国际化的步伐越来越坚实，越来越铿锵有力。

2020 年 9 月，135 名来自美国纽约州立大学石溪分校、莱斯大学、南加利福尼亚大学等国外高校的中国籍学生，在南科大校园开启他们 2020 年秋季学期的学习生活，与南科大学子同堂上课。

受境外疫情持续影响，这些学生无法正常如期返校学习。南科大应友好合作高校委托，紧急启动 Global Embracement（国际融入）项目，为自愿申请参加项目的友好高校学子提供秋季学期到南科大开展学习和科研的机会。

相对于今年的"引进来"，往年南科大师生"走出去"的学生更多。

南科大承诺每位本科生，大学四年里至少有一次出境学习交流的机会。学校的境外交流项目不仅有寒暑假期间的短期交流、科研营，也有学期类交流，学生可出境学习一个学期。另外，学生还有机会参加中外联合培养项目，获得双学位。仅 2019 年，就有 555 位本科生赴境外交流学习。

为学生提供充足的交流机会，背后是南科大不断扩展的"全球朋友圈"。目前，南科大有 93 个国际学生交流学习项目，包括：与加州大学欧文分校、密歇根大学、密苏里大学、爱丁堡大学、伦敦国王学院等开展本硕联培，与莱斯大学、圣母大学、南加州大学等开展学生互换，与香港科技大学、新加坡国立大学、哥本哈根大学等 21 所世界知名高校联合培养博士。

南科大这些年的国际影响力正在持续提升，对国际高端人才、一流科研机构的吸引力越来越大。2019 年，落地南科大的世界顶级科研平台建设取得新的突破。

当年 2 月，南科大杰曼诺夫数学中心揭牌成立。该中心以菲尔兹奖获得者、美国艺术与科学学院院士、美国科学院院士、加州圣地亚哥大学 R. L. Atkinson 讲席教授埃菲·杰曼诺夫命名。11 月，图灵奖得主、中国科学院外籍院士、法国科学院院士、法国国家工程院院士、欧洲科学院院士、美国艺术与科学学院院士、美国国家工程院院士约瑟夫·斯发基斯（Joseph Sifakis）依托南科大成立的斯发基斯可信自主系统研究院正式获得授牌。

　　近年来，南科大加快与世界一流高校合作的步伐。南科大与英国伦敦国王学院正式启动联合医学院的筹建工作，这是中国高校与国外一流院校在医学相关专业合作并颁发学位证书的率先探索。深圳市高校首个与麻省理工学院合作成立的单位——南科大 – MIT 机械工程教育科研中心揭牌，通过密切深入的合作与交流，打造一流工程学科品牌、培养国际前沿人才、开展前沿科研、开发极具前景的科技。南科大还与东京大学成立超智慧城市联合研究中心，聚焦人工智能、大数据、物联网、5G 等智慧城市和城市数字化相关先进技术的基础理论研究，以及面向社会重大需求的相关研究。

　　当前，南科大与来自 38 个国家和地区的 135 所境外机构形成了合作伙伴关系，其中有 44 所高校在 2021 泰晤士世界大学排名中位列前 100。

　　南科大受到世界关注和邀请，国际交流活动越来越多，仅统计 2019 年的数据，南科大有 105 批国际校级来访，合计 441 人次走进南科大深度交流。学校新签署国际协议 46 份，其中有近一半的合作对象是世界知名学府。2019 年，陈十一校长多次作为"中国新兴大学"的代表应邀出席各类国际论坛，为世界高等教育、可持续发展等领域的发展贡献南科智慧。

　　在国际化跑道上奋力奔跑的南科大，也越来越受到国际媒体的关注。

　　2019 年 5 月，在一次飞往深圳的国际航班上，日本知名杂志《东洋经济》的记者与邻座的一位日本籍教授谈了起来。这位教授是南科大计算机系的石渊久生教授，他在京都大学毕业以后一直在大阪府立大学做研究，是人工智能方面的专家，论文被引用了 2.4 万次，全世界 AI 研究者排名第 141 位，在日本国内排名第二。

在石渊教授的介绍下，日本记者对南科大产生了极大的兴趣。最终，这位记者来校采访，并用特辑报道了南科大，称这是中国顶尖大学之一。

特辑不仅详细报道了南科大的办学理念和办学进展，采访了陈十一校长、教授、学生等，最后还对中国的"头脑强国"进行介绍和展望。报道详细分析了南科大与日本大学的特色，称"南科大在论文引用和国际性方面已经把日本的学校甩在了身后"。有关注中日高等教育的专家评论说："南科大被看作是中国大学快速发展的代表，这是一篇用南科大的发展来阐述中国是如何快速发展大学研究水平的报道。"

"全球视野"是南科大人才培养的目标之一。这些年，学校全球视野下的人才培养扎实推进，采用国际前沿的教学模式、与国际接轨的英文教材，大力推行英文教学。

2015 年，一份排名在南科大学生中刷屏。排名内容是当年全国高校四六级平均分，排在前列的基本上都是外交学院、外语大学，南科大位列全国高校第 19 位。

国际化是南科大"三制三化"办学特色的重要内容，语言是国际交流的工具，也是国际化的一种体现。2019 年，学校语言中心为全校国内和国际本科生提供英语和汉语的必修课与选修课，采用 20 名学生左右一个班的小班教学，累计选课人数达 4564 人。除留学生汉语课及第二外语课程以外，语言中心所有课程实现 100% 英文授课。为满足全校师生课外语言学习的需求，语言中心还为全校提供优质的一对一语言辅导，以及举办一系列其它英语学习拓展活动。此外，语言中心经过精心准备，从 2019 年 10 月起面向全校学生开设第二外语系列课程，包括法语、德语、西班牙语、日语，为南科大学子了解世界打开更多窗口。

国际化的培育方式助力越来越多的南科大学子活跃在国际科技竞技和学术舞台。2019 年，南科大学子在美国大学生数学建模竞赛、ASC 19 世界大学生超级计算机竞赛总决赛、国际基因机器工程大赛（iGEM）、国际大学生程序设计竞赛等世界级大学生科技竞赛中斩获多项冠军或金牌。

在国际生招生方面，南科大严把录取关，实行国际生趋同化人才培养，让国际生和其他学生共同上课和学习。

2020 年是南科大国际学生培养历史上具有里程碑意义的一年。7 月，南科大首届国际学生毕业。由于疫情影响，其中的 6 名学生无法返校参加学校毕业典礼，他们身着南科大学位服，在柬埔寨在线观看了毕业典礼直播。

作为南科大首批从柬埔寨招收的 7 名留学生之一，黄金财四年前入学时的梦想是在南科大学好本领，然后回国建设自己的国家。"'一带一路'让我们获得更好的发展。"黄金财感叹。如今，从南科大毕业的他，已在柬埔寨首都规模最大的一家中资企业工作。

南科大从 2016 年开始在"一带一路"沿线国家开展国际招生，2019 年在校学历留学生 72 人（本科生 47 人、研究生 25 人），大多数来自柬埔寨、俄罗斯、哈萨克斯坦、马来西亚、越南、巴基斯坦、匈牙利等"一带一路"沿线国家。2019 年，南科大生源国际化水平进一步提升，并且首次招收国际研究生，目前正在马来西亚筹备设立第一个海外办公室——东南亚办公室，协助国际招生。

在校园国际化环境建设方面，南科大初步建成了国际化的生活、学习与工作的基础设施网络，初具国际人才吸引力。同时，建立校园国际化行动小组，由校领导牵头推动，大力推进校园双语化，开展能力培训，努力提升行政队伍国际化业务水平。

在全球化背景下追求学术卓越和世界一流，是南科大坚定不移的追求。国际化办学，为南科大锁定目标和提供标准尺度，为南科大借鉴国际先进经验输送养分，为南科大谋求跨越式发展提供动力。南科大始终坚持开放、互惠、友好的原则，努力培育具有国际胜任力的创新人才，创造世界一流的学术成果。

高端成果迎来"爆发期"

2020 年 9 月 25 日，南科大物理系教授张立源获"科学探索奖"。此前，他的"首次观测到三维量子霍尔效应"入选"2019 年度中国科学十大进展"，还被两院院士们投票评选为"2019 年中国十大科技进展新闻"。年初，他这一重要研究成果在线发表在《自然》上。入职刚满五年的他，被陈十一校长称为"五年磨一剑"，一鸣惊人。

"科学探索奖"是由腾讯及众多知名科学家共同发起，面向基础科学和前沿技术领域，支持 45 岁以下的青年科技工作者探索未来的公益奖项。吸引大众关注的，除了每人 300 万元奖金，还有激烈的竞争和豪华的科学家评审团。这个有分量的奖项，让人们看到了企业界、科学界对青年科技工作者的重视和对一流学术成果的期盼。在 2019 年颁发的首届获奖名单中，南科大生物医学工程系讲席教授蒋兴宇、材料科学与工程系副教授刘玮书也榜上有名。在 50 人的榜单中，除去老牌"C9"高校和中科院研究所，其他单位人员屈指可数。而南科大两年都有教授入选，令人瞩目。

南科大的科研水平，在国家项目评审中表现突出。

2020 年 9 月，国家自然科学基金委员会公布了 2020 年度国家自然科学基金项目评审结果，南科大获各类基金项目资助 182 项，获批直接经费总额 9307 万元，国家自然科学基金面上项目和青年基金的总体项目资助率持续保持在 30% 左右的水平。

作为一所定位"小而精"的新兴大学，南科大体量不大，每年申报的项目数不算多，但每年维持在 30% 左右的资助率，体现了南科大申报项目的质量之高。

而且，南科大校内对申报项目严格把关，前两年已经有获批项目的教师，今年不允许再申报。这样几年下来，南科大教研序列教师几乎人人有项目。师资科研的平均水平可见一斑。

另有数据表明，南科大教师竞争所得科研经费，平均值在全国高校排名前列。

还有一项指标，也直接体现了南科大科研质量。业界认为，单项资助金额 ≥ 500 万元的重大项目，体现了重大科学研究的水平。知名高校数据分析平台"青塔"分析了全国各大高校在 2016 年以来的国家自然科学基金项目承担中的表现，并且评论道："在'双非'高校中，单项资助金额 ≥ 500 万元项目立项最多的高校是南方科技大学，有 7 项之多，几乎高于所有'一流学科'建设高校。作为我国最年轻的高校之一，南方科技大学在承担重大科研项目方面的实力有目共睹。"

科研机构和平台是学校科学研究的具体承担机构，是聚集和培养优秀科技人才、配置先进科研装备、开展高层次学术交流、产出高水平科研成果的重要基地，在学校学术系统中居于核心地位。

近些年来，南科大科研平台建设取得了新的突破，以重大基础科学设施公共平台建设助推深圳、粤港澳大湾区乃至国家的重大产业升级。

在国家、广东省、深圳市重点科研项目中，南科大程鑫教授课题组牵头申报的国家自然科学基金委员会重大科研仪器研制项目"微流控数字液滴中央处理器芯片及平台系统的研制"成功获批，将为国家相关产业转型创造重要契机。蒋兴宇教授作为项目负责人的国家重点研发计划"合成生物学"重点专项项目"使用合成DNA进行数据存储的技术研发"获批，此研究成果将推动我国在DNA数据存储基础研究领域的原始创新和科学突破。环境科学与工程学院刘俊国教授牵头申报的国家重点研发计划——战略性国际科技创新合作重点专项"城市雨水资源利用新模式研发和效益评价与示范"项目获批，项目由南科大牵头，拟通过与美国、荷兰等创新型国家的合作，推动相关技术发展。南科大牵头组建粤港澳光热电能源材料与器件联合实验室，是广东省首批粤港澳联合实验室。

南科大正努力建设中国南方重要学术高地，吸引国际一流学者共建一流学术成果。深圳第一个由诺贝尔奖得主主持的研究院落在南科大，成为深圳在科技创新方面的重要战略布局。

2016年10月，深圳格拉布斯研究院揭牌成立，以诺贝尔化学奖得主罗伯特·格拉布斯教授为荣誉院长，研究院以南科大为依托，设置新医药研究中心、新材料研究中心、清洁能源与化学过程研究中心。

之后，南科大在诺奖级实验室的建设上没有停下步伐。在深圳市政府的支持下，南科大与菲尔兹奖获得者埃菲·杰曼诺夫共建的南科大杰曼诺夫数学中心，旨在支撑深圳市、粤港澳大湾区及中国南方在基础数学、应用数学、计算数学等方面的科学研究；与图灵奖得主约瑟夫·斯发基斯（Joseph Sifakis）共建的南科大斯发基斯可信自主系统研究院，展开新一代人工智能前沿技术研究。

2020 年 1 月，南科大—昆士兰大学联合神经科学与神经工程研究中心正式揭牌成立。南科大校长陈十一、昆士兰大学校长彼得·霍伊共同出席仪式为中心揭牌，可见两校对该中心的重视。出席活动的还有世界著名脑科学家佩里·巴特莱特院士及 50 多位国内外顶尖专家学者。他们共同见证深圳在建设世界领先的脑科学研究平台中迈出重要一步。

同时，南科大引进的高端人才，如杨学明院士、方复全院士，正在牵头建设深圳重大科研平台。

在理、工、医学科发展的同时，人文社会学科也取得了重要进展，项目申报量、获批量及获批经费均取得飞跃式增长。2019 年度，南科大获批国家社会科学基金、教育部人文社科一般项目、广东省哲学社会科学"十三五"规划项目 33 项。在深圳市 2020 年度人文社会科学 8 项重点研究基地中，南科大获批"南方科技大学智能管理与创新发展研究中心"及"南方科技大学文化遗产研究中心"2 项。此前获批的还有南方科技大学金融科技与金融创新研究中心。

建校以来，南科大共获批建设各级各类科研平台 58 个，包括国家级科研平台 1 个、省部级科研平台 19 个、市级科研平台 36 个、区级科研平台 2 个。此外，还有在建科研机构 6 个。

南科大正在通过打破常规，快速成长，实现高质量发展，在国内外学术领域，影响力越来越大。

2020 年 5 月，南科大的科研成果迎来一个"小高潮"。在短短一个月里，南科大教授在《自然》《科学》主刊连续发表多篇科研成果及评述文章，获得各方关注和认可。

这当中包括了材料科学与工程系副教授刘玮书课题组在离子型室温热电材料上的重大突破、生物系教授郭红卫课题组在植物小 RNA 研究领域的突破、化学系讲席教授杨学明院士团队关于趋近绝对零度的原子与分子碰撞过程中量子散射共振研究进展的评论、环境科学与工程学院讲席教授郑焰关于饮用水砷暴露的人体健康影响最新进展的评论、杨学明院士团队发现的化学反应中新的量子干涉效应、俞大鹏院士在超大尺寸单晶金属箔库的制备领域再次取得重要进展、南科大第二附属医院（深圳国家感染性疾病临床医学研究中心／深圳市第三人民医院）张政课题组等发表的《人类新冠病毒感染引发的中和抗体》。

2016 年至 2019 年，"80 后"教授、材料科学与工程系梁永晔教授连续 3 年入选科睿唯安的"高被引科学家"和爱思唯尔（Elsevier）中国"高被引学者"。"高被引科学家"名单着眼于科学家近期的研究成果，高被引论文是指在同年度、同学科领域中引文影响力排在前 1% 的论文，彰显了他们在同行之中的重要学术影响力。

人才的成长，很多原创科研成果的涌现，正表明了南科大对于支撑创建国际一流研究型大学的制度正在逐步完善和夯实，并且成效显著。在这里，PI 制保障了年轻的科学家们作为独立课题组负责人，有独立的科研启动经费，可独立筹建实验室，独立申请国家各级科研项目。在实行 PI 制的同时，南科大也注重学术梯队的打造。

南科大的科研水平，在国内外一些排行榜中有不俗的表现。在偏重基础学科的自然指数中，南科大近年来持续位于中国内地高校前 20 位左右。

这些年，统计高水平论文发表信息的数据库的自然指数逐渐成为评价高校学术水平的重要指数之一。自然指数依托于全球 82 种顶级期刊，统计各高校、科研院所（国家）在国际上最具影响力的基础研究和应用基础研究学术期刊上发表论文数量，该指数代表原始创新的综合能力。

最新自然指数（统计时段为 2019 年 7 月 1 日至 2020 年 6 月 30 日）

显示，南科大位列全球大学 77 位，在中国大学中排名第 17 位。有报道称，南科大的排名显示了这所新兴大学在科研方面的巨大潜力。

在偏重科研总量的榜单，如"世界大学学术排名""泰晤士大学排名"中，南科大的表现更是被称为"黑马"。

在"2020 泰晤士高等教育世界大学排名"中，南科大在研究、引用论文和国际化指标方面均有不俗表现，其中论文篇均被引次数位列中国内地高校第一。

南科大的科研硕果，在每一位教授的实验室中，在学校大力建设的每一个交叉科研平台中，在南科大人牵头建设的粤港澳大湾区乃至国家的重大科研项目以及产业应用中。

报考人数年年"飞涨"

2020 年南科大本科招生报名人数突破 43000 人，最终录取人数 1097 人，录取率是 1∶40。南科大报考人数年年飞涨，今年是最多的一年，而且录取的生源质量再创新高。

学校各项工作一年年跃上新台阶，招生火爆大家也许不足为奇。但 2020 年在国内暴发新冠疫情的特殊环境下的招生，能取得这样的成果，还是让人感到有些"意外"。

作为一所办学十年的大学，如果说南科大的招生主要靠"讲"，一点不为过。教授要深入中学和考生讲，和校长、老师讲，和家长讲，让他们对学校有全面的了解，坚定他们报考的决心。

2020 年招生工作，对于南科大来说是一次新的挑战，受新冠疫情影响，这一年的招生宣讲工作几乎是陷入瘫痪状态。国内疫情最为严重的 2 月至 4 月，正好是南科大自主招生报名的关键时段，也正是往年招生宣讲工作最火热的时段。招生宣传的"黄金时间窗"彻底关闭，面向全国22个招生省份的22个招生组，都出不去了。

一直以来，学校自上而下全面支持招生工作，允许教职工每周四至周日可出差开展招生工作，而周一至周三原则上不得离校，要充分保障学校各项工作的正常开展。有些招生组争分夺秒，周三下班后赶晚上飞机出发，把路上"耽误"的时间再"抢"出来一些。

同时，南科大也将招生工作作为凝聚校内教职工队伍的有效举措。新来的教授经过招生工作后，对学校理念和招生工作有了更深认同，同时也对自己"亲自招来"的学生有了更深的感情。

每年新生入学后，招生组老师和他们新招来的学生、家长举行联欢会。在大学四年的学习生活中，学生遇到困难，也会求助于当时负责招生的老师，老师们对"我招来的学生"厚爱三分，会尽量在校内外找资源帮忙解决。

这种招生模式，让学生与老师有了更多的交流，这种交流贯穿大学四年。同时，让老师对学生的责任感更强烈。当初亲自面试来的学生，可不能砸了自己"招牌"。

招生十年来，在过去的每一年，学校招生组成员都会深入到中学里，与高三学生面对面交流。招生组成员里有书记、校长等校领导，也有院士、院长、系主任等大咖教授，还有充满激情的青年教授、工程师和行政人员等。

由于每个省份招生名额不多，每次招生宣讲后，到场参加的家长都会半开玩笑地和招生老师说："你们不要再去其他中学宣讲了，越多人报考，我孩子面临的竞争就越大啊。"

事实上，出动大牌教授去和高三学生进行宣讲是有效的。每年入学的新生在回顾自己选择南科大的故事时都有人表示，自己是被教授那一场宣讲打动，从而把南科大作为报考的唯一目标。

那么，2020年，见不到考生，怎么办呢？

南科大及时调整招生方案，加强线上招生宣传。学校开展了一系列"云宣讲"。通过前些年积累下来的各省份各中学的联系方式，各招生组建立起各省招生咨询QQ群，教授们在各大平台"化身""网络主播"，继续开展招生宣讲。在课余时间，工作日晚上，尤其是在周末，学校各招生组开展的宣讲直播活动热火朝天地进行着。据统计，各类招生咨询群390余个，覆盖人群近10万。各招生群内教授轮流值班，及时回复考生和家长的咨询。

今年2月8日，南科大对高三学子发出一封公开信，寄语2020年高考学子，点击量过百万。5月，学校首次尝试开展线上校园开放日活动，在线观看人次近80万。

虽然"云宣讲"的渠道是打开了，但是没法和考生面对面交流，屏幕那一面观看直播的人到底是谁，讲的效果怎么样，谁心里都没底。

但也并非完全"尽人事听天命"。从2012年起，南科大各大"豪华招生团"在各中学宣讲的时候，非毕业班学生也有耳闻。而且南科大的招生宣讲，并非只介绍学校和招生政策，而是以教授科普讲座为主。除了高三学生，大部分中学还会组织高一、高二理科学生到场听讲。也许，前两年的宣讲已为2020年的考生种下一颗种子。

"请进来"和"走出去"是南科大招生采取的重要战略，2020年招生也不例外。

"请进来"，即面向全国22个招生省份的准高三学生，举办优秀中学生科技创新体验营。体验营前期报名火爆，经过选拔，2019年11月22日，来自全国22个省市的270名优秀高三理科学子从近1500名报名的高中生中脱颖而出，获得参加本次体验营资格。活动期间，营员们参加学校的科研讲座，走进实验室和一流科研平台，尝试做科学研究及实验，参与学校丰富多彩的书院活动，亲身体验南科大浓郁的科研氛围和丰富多彩的校园生活。

而在半个月之前召开的"新高考时代拔尖创新人才培养"重点中学校长研讨会，吸引了来自全国 19 个省市 90 所中学的 120 多位校长、副校长以及教育主管部门相关负责人齐聚南科大，就新高考背景下的拔尖创新人才评价与选拔进行探讨，探索中学与大学人才培养的新型衔接机制，共商拔尖创新人才培养大计。

"走出去"。2019 年 12 月至 2020 年 1 月中旬期间，学校招生组全面开展招生宣传进校进班、科普讲座面向高中生活动，招生老师走访了全国 22 个省份近 300 所重点高中，介绍学校最新发展、专业特色、人才培养成果。

在网上报名之后，考生们经过高考，接下来的一关，就是南科大自主招生能力测试，也就是"631"里面的"3"。

在网上报考的 43000 余名考生中，经过南科大初步筛选的考生只有 14500 人。

在 22 个招生省份中，其中 19 个省（含自治区、直辖市）能力测试采用"机试 + 面试"方式进行，在实施新高考的浙江省和上海市及面对疫情新形势的北京市，能力测试以面试方式进行。测试内容重点考查考生的创新能力和综合素质，包括测试数理基础、学科特长、理解与计算、逻辑与思维、英语运用等方面的知识、素养和想象力、洞察力、专注力、批判思维能力等创新能力。

2020 年 7 月 11 日下午，南科大 2020 年综合评价招生能力测试机试在全国 19 个招生省（含自治区、直辖市）的 25 个城市同时开考。参加机试考生总数为 12699 人，1800 余名上海、浙江、北京的考生参加了南科大能力测试面试。

"过五关斩六将"，最终，1097 名考生脱颖而出，成为南科大 2020 级新生。

南科大的生源怎么样？

这是社会各界和热搜上经常出现的问题。由于南科大主要根据"631"综合成绩录取，招收的考生中高考成绩只占 60%，30% 是南科大自主命题，因此单独谈高考分数似乎并不能完全说明南科大生源情况。

但高考分数可以作为一个重要指标。据学校招生办统计的数据，2020 年过半省份录取新生高考平均成绩进入理科前 1.5%，各省录取平均分高于原一本分数线 110 分左右。

2020 年南科大在广东录取 205 人，其中一半来自深圳，这个比例正在逐年少量降低，也表明了深圳之外的其他考生对南科大的报考热情在逐年提高。在广东省提前批按计划综合评价录取 184 人，录取考生的最低高考成绩省理科排位比去年高出近 1000 名；扩招 6 人，录取考生的最低高考成绩省理科排位比去年高出约 500 名。

继 2019 年在广东提前批普通高考录取取得成功之后，今年南科大在广东、云南实行提前批普通高考录取，也就是高考"裸分"报考南科大，为那些错过了自主招生报名的考生再提供一次机会。

今年，首次在云南省试点本科提前批普通高考录取，3 名入选考生的高考成绩均居省理科前 800 名。而在广东录取的 15 人，高考最低成绩为 657 分，省理科排名 2300 名左右，最低分居广东省高校第二位。

除高考成绩之外，由于 2020 年全国竞赛国奖考生招录政策大环境发生变化，南科大也吸引了许多获得生物奥赛金奖、化学奥赛银奖等奥赛国奖获奖考生报考。

2020 年 9 月，树仁书院本科新生吴湛在南科大 2020 年开学典礼上作为新生代表发言。"虽然来到学校不过 12 天，但我对'敢闯敢试、求真务实、改革创新、追求卓越'的南科精神已经有了深刻的体会。在这里，我看到一个不同于传统大学、敢为天下先的教育模式正在茁壮成长；我看到琳恩图书馆的灯光一直点亮至深夜，里面是学长学姐们挑灯夜战，追求卓越的身影；我看到教授们虽为某一领域的世界级领军人物，却谦逊平和，亲切地对待每一位学生……我相信，南科大作为一个新兴的大学，它将带给我们的是无数的资源、无限的可能。"她满怀憧憬地说，"一路向南，来到深圳，让我有幸亲身感受到就在身边的'深圳奇迹'。我相信，不久的将来，我们也会创造属于我们的'奇迹'。"

2020年9月，南科大在校学生人数为7560人，其中本科生4374人，博士和硕士研究生共3186人。

南科大除本科生之外，2020年共录取1475名研究生新生，其中硕士生920人，博士生555人，研究生招生人数连续2年超过本科招生人数。博士生新生中，独立培养博士生339人（含独立培养留学生22人），与境内外一流高校联合培养博士生216人。

今年研究生新生来自国内外300余所高校及科研院所，其中不乏清华大学、北京大学、复旦大学、上海交通大学、浙江大学、南京大学、中国科学技术大学、中山大学、香港大学、香港科技大学、南洋理工大学、帝国理工学院等国内外一流高校。

2020年是不平凡的一年。除了疫情防控对招生宣讲带来的影响，南科大招生还面临了诸多方面的挑战。最终能取得报考人数和生源情况双双提升的成绩，十分难得。

近年来，诸多"双一流"实力名校愈加重视提前批招生，纷纷将热门专业、更多激励政策、更强招生力度投放到提前批。在"招生大战"中，各高校纷纷使出浑身解数，吸引考生报考。受"双一流"效应的影响，提前批正从蓝海（南科大）变红海（"双一流"高校）。

前有"双一流"，后有"强基计划"。今年教育部新推行的"强基计划"，在部分高校开展基础学科招生改革试点。在报考和录取程序中，"强基计划"比一般自主招生高校的能力测试晚（高考出分后），但录取批次又最为优先，因此很多考生虽然已填报其他高校提前批志愿，但也容易被"强基计划"高校提前录取。

然而，今年即使有千般不利影响，最后考生和家长"用脚投票"，南科大的招生还是再次迎来一个更好的"丰收年"。录取结果表明，南科大的办学理念和办学特色，整体实力和影响力，已经越来越被认可，这些是考生和家长做选择时最看重的因素。

而且，这种认可，不再容易被一些外部不利环境所左右。

本科毕业生多数继续深造

2020年，受疫情影响，高校毕业生就业情况严峻。7月，南科大发布的本校就业大数据，却显示了就业质量稳步提升的态势。

据《南方科技大学2020届毕业生升学就业报告》显示，2020年，南科大升学就业率保持高位。截至6月底，南科大933名2020届本科毕业生中，已获升学、就业录取通知书的毕业生约93%，这一数据在7月底升至97%。

南科大的毕业生去向，创校以来，就显示出鲜明的特色。毕业生由于出色的科研能力，在国内外知名高校申请并获得博士生录取的比例较大。首届毕业生升学率超过85%，从第二届开始，升学率保持在65%左右，彰显了南科大作为研究型大学的定位、特色。据有关机构对国内37所知名大学本科毕业生去向统计，继续深造的比例在50%以上的高校有20所，其中排名前三的清华、中科大、北大的比例在70%以上。研究型大学是培养高质量人才的重要基地，本科生毕业更多地选择继续深造，是高水平研究型大学的普遍现象。

2020 年星空毕业典礼

2020 年，南科大毕业生去向也可用"631"来概括。其中超六成毕业生选择了升学深造，约三成毕业生选择直接就业，约一成学生选择创业、支教、基层选调生等项目。

与 2019 年相比，2020 年毕业生中赴知名高校深造，直接攻读博士学位，进入世界 500 强企业就业，选择参军入伍及国家支教项目的人数再创新高。同时，毕业生们还积极参与公务员考试、教师招考及基层选调生等项目，进一步拓宽了毕业去向。

升学率高，是南科大毕业生的特点。而"直博率"高，又是选择升学的毕业生的特点。2020 年约 65% 的本科毕业生赴境内外名校深造，其中六成在境外名校深造，近四成在国内一流大学读研。选择继续深造的毕业生中，142 人将直接攻读博士学位，直博比例近24%。

获得 PhD offer（博士生录取通知书），是对本科生能力的一种认可。与国内情况不完全一样，境外高校研究生录取一般分为 PhD（博士）、MPhil（学术硕士）、Master（专业硕士）三个等级的学位，其中 PhD 是最难申请的一种，相当于国内的"硕博连读"。而境外的PhD，对于申请者原来是本科还是硕士并不太在乎，反而更看重的是学生的研究能力和综合能力。

2014 年，首届毕业生王嘉乐提前半年从南科大毕业，被牛津大学 PhD 录取，当时 17 岁的他赴英国读牛津大学物理系博士研究生。也许当时社会对本科生直接出国读博士还不太了解，有深圳记者致信询问牛津大学研究生院，为什么会录取他作为博士生。得到的回复是："我们认为他具备良好的研究能力，达到博士生的入学资格。"

在 2020 届毕业生中，也不乏在同学中流传着"小绰号"的学生。他们特长突出，个性鲜明。

热爱弹奏钢琴、尤克里里的女"程序员"龚玥，收到了芝加哥大学、威斯康星大学麦迪逊分校、加州大学圣塔芭芭拉分校等六个计算机全额奖学金直博 offer，加州大学圣地亚哥分校、布朗大学等五个名校的硕士 offer。"收割"了 11 个升学 offer 的她，被同学称为"offer 收割机"。而在她自己眼里，她是个代码"自动机"。

在校期间在重要期刊发表 17 篇学术论文的"科研达人"胡启坤，被同学们称为"胡博士"。跆拳道高手、女足核心队员、活跃在国际学术会议上的余梦霞，被称为"国际霞""钢铁霞"。曾在校内栈道搭起"情书栈道"、在材料系一直保持专业成绩第一的尹国鑫，收获了"材料一哥"的外号。爱好古筝、热心公益、化学系专业 GPA 第一，能动手改仪器，能下手写程序的尚琳瑛，被剑桥大学录取为博士生，被称为"剑桥女博士"。

另外，2020 年"最强学霸课题组"是生物系副教授姬生健课题组，组里 4 名 2016 级本科生全都在升学深造的路上收获满满。还有"升学天团"的故事——统计与数据科学系田国梁教授指导过的 14 位 2016 级统计学专业本科生全部收获国内外知名高校升学深造机会。

从南科大出发，他们选择了继续在学术的道路上勇攀高峰。谈到未来，他们不约而同地表示，希望学有所成，回国报效，助力祖国伟大复兴。

出境升学，90% 的本科毕业生是自主申请，10% 是南科大和境外高校联合培养。在升读的大学中，世界排名前 50 位的高校占多数。2020 年，178 名毕业生前往 2020 年公布的 QS 世界大学排名前 50 位的高校深造，占境外升学总人数的比率超过 50%。

今年，近四成的毕业生选择了在内地升学。保送毕业生就读高校包括清华大学、北京大学、中国科学技术大学、复旦大学、浙江大学、中山大学、南开大学、厦门大学等知名高校，以及西湖大学、上海科技大学等新兴高校。此外，还有部分优秀毕业生留在本校读研。

本科毕业生就业方面，共有近三成的毕业生选择直接就业。就业区域中，近 80% 毕业生在粤港澳大湾区工作，选择在深圳就业的又占其中的 90%。

值得注意的是，近几年，华为公司每年在深圳的唯一一场校园招聘会，都放在南科大校园内举办。2020 年，华为和腾讯录取南科大本科毕业生人数分别为 20 人和 11 人，另外一些知名的高科技企业、金融机构也纷纷向南科大毕业生抛来了橄榄枝。

2016 年，华为在南科大校园招聘会结束后，华为相关负责人对南科大学生予以高度评价。华为 HR 总裁表示："华为非常喜欢南科大学生，南科大学生综合素质很好，发展潜力很大，最难得的是许多本科生已具有研究生的研发水平，明年 3 月实习生招聘我们还来，以后每年都来！"华为对于能力优秀的学生，实行差异化薪酬分配制度。当年签约的南科大学生，大部分突破起薪。

在 2020 年南科大毕业典礼上，作为本科毕业生代表发言的郑金涛，放弃了保研，也没有申请赴境外高校留学深造，而是坚定地投身于芯片研发，成为华为海思一名芯片开发工程师。

想起自己当初面试华为实习生的经历，郑金涛表示非常顺利。当时他在学校修的一门课程，正好涉及数字芯片从前端到后端整个流程，对笔试和面试都非常有帮助。他表示，在南科大平时的学习中，不管是 EDA 的实验课、工艺实践课，还是平时课程做的练习项目，这些实践都很实用。有了这些基础，进到华为实习的他得心应手，当时和同期毕业正式入职的硕士一起做实验室项目，他的进度还会稍微快一些。

2020 年，南科大赴教师岗位、西部计划、希望乡村教师计划、"三支一扶"（支农、支教、支医和扶贫）和"美丽中国支教"等基层一线的毕业生人数创新高，还有近 20 名本科毕业生报名参军入伍。教师岗位录用近 20 人，覆盖深圳市内外 15 所中小学。学校还为多省市输送数名选调生，2020 年 7 月他们将奔赴扶贫攻坚、全面建成小康社会一线。南科大人才"家国情怀"教育理念显出成效。

在创业故事上，南科大毕业生从来自带传奇色彩。

2012 年入学的曾歆勋，作为 2019 届本科毕业生代表在当年典礼上发言。他大学期间休学创业，创办的企业业务覆盖了 4 个城市 10 所高校，员工近百人，营业额超一千万。重新返校后，他迅速回到学习、科研状态，最终以十佳毕业生荣誉毕业。他从选择一所创新型大学谈起，讲到自己在南科大的成长经历：从求学过程中遇到的诸多挑战，到休学创业，再到重新返校，以及自己在学校培养下和老师、同学们的带动影响下，在科研、创业和就业等方面均取得让人满意的成绩和收获精彩历程。他的故事发布后，短短一天在网上获得数万点击量。

2020 年的十佳毕业生里也有创业的典范、疯狂的书籍爱好者、积极的运动参与者、书院"百事通"、人称"马总"的马昊。他帮助家乡农产品走出家乡，创办电子商务有限公司，店铺粉丝近 9 万，总营业额过千万。他就业面试 100% 成功，最终选择 2019 福布斯中国最具创新力企业之一的深信服科技股份有限公司 Special Offer（特殊待遇录取）就业。

在 2020 年战"疫"故事中，最受关注的还是首届毕业生张至的创业故事，他毕业后与导师孙大陟联合创办新材料公司。新冠疫情初期，张至看到新闻报道中那些带着雾蒙蒙防护镜的医护人员，立即就联想到了自己公司的除雾产品。但是由于应用场景的差异，当时公司产品溶剂的气味和安全性不符合医用产品的要求，需要重新调配产品配方。

有了想法，张至第一时间联系了孙大陟，讨论方案的可行性。两人确定了大概的技术方案后，孙大陟立即向学校申请复工。在学校的大力支持下，张至与孙大陟团队夜以继日地进行新产品研制。"孙教授和我主要负责技术的改进，比如添加剂成分与含量的确定；同时，我带领团队负责产品的实际应用开发，比如保证让配制的母液在应用于无纺布或喷洒时能够起到理想中的效果。为了抓紧时间研制出新产品，那两天我和孙教授几乎没有睡。"张至回忆道。

在不舍昼夜的奋斗中，两人完美配合，团队只用了短短 3 天时间就完成新产品的研发，2 月 17 日将检验合格的 100 桶产品捐赠给了当时深圳唯一收治新冠病毒感染者的医院——深圳市第三人民医院。一周后，由张至团队研发生产的 60 万片防雾酒精湿巾和 2 万瓶防雾酒精喷剂，火速驰援抗击新冠病毒性肺炎疫情的主战场湖北省。

"总理好！我叫张至，是南方科技大学首届毕业生，也是一名 '95

后'的创业者……"2020 年 10 月 15 日下午，2020 年全国大众创业万众创新活动周（简称"双创周"）正式启动，南科大首届毕业生张至的创业项目入选重点项目。在启动仪式上，他作为唯一的大学生创业者和科技创业者代表，与李克强总理连线交流。

在自己的"虚拟展位"上，张至展示了他的创业产品。他告诉李总理，2016 年自己从南方科技大学刚刚毕业，与导师共同创办南科新材公司，进行新材料开发与产业化。

"你们做科技成果转化，国家相关的支持鼓励政策都到位了吗？"李克强问道。得到肯定答复后，李克强说："你们做了一件很有意义的事。你大学毕业后开展科研成果转化，几年前先唱好'毕业歌'，现在又唱响了'创业歌'。你的成功经验，也能带动更多大学生敢于投身创业创新，一起唱好'毕业歌'，更唱响'创业歌'。"

2020 年 11 月 9 日，福布斯中国推出了最新的 30 岁以下精英榜，选出了 300 位 30 岁以下活跃在中国各个领域的优秀青年，张至入选科学与医疗健康领域 30 人。

家国情怀、全球视野、综合素养、创新能力，这是南科大人才培养的目标。南科大的毕业生，带着南科大的精神，在新的起点奋发努力，心怀天下，报效祖国。

反哺力越来越强

2020 年 4 月，《深圳市人民政府关于支持光明科学城打造世界一流科学城的若干意见》正式实施。其中明确提到，光明科学城的建设必须牢牢抓住大科学装置建设这个"牛鼻子"。

为什么深圳如此重视大科学装置？南科大理学院院长杨学明院

士在接受媒体采访时表示，这是深圳建设综合性国家科学中心的"刚需"。

加入南科大后，杨学明院士也承担起深圳重点科研项目的建设工作。目前，他正在帮助深圳规划中能 X 射线自由电子激光的建设。该装置建成后，将与规划中的同步辐射装置"交相辉映"，成为综合粒子设施研究院的"双子星"，也成为光明科学城大科学装置的重要一员。他充满期待地说，希望中能 X 射线自由电子激光装置能在 2026 年建成，并能向全世界开放。

深圳市政府创办了南科大，南科大要反哺这座城市。自创办以来，南科大始终以服务创新型国家建设及深圳国际化现代化、创新型城市建设为大学的服务使命。谈起南科大的发展，陈十一校长认为，南科大必须把学校发展与深圳和国家发展结合起来，尤其是要立足深圳、服务深圳，当深圳需要人才和技术的时候，南科大能够满足其需求。

图灵奖得主约瑟夫·斯发基斯（Joseph Sifakis）院士依托南科大成立的斯发基斯可信自主系统研究院，研究领域覆盖计算智能、可信软件、自动驾驶、智慧城市和智慧医疗等重点前沿方向。将依托南科大计算机科学与工程系、深圳市计算智能重点实验室，开展新一代人工智能前沿技术研究，为培养后备科技人才、推进深圳产业升级、助力深圳建设中国特色社会主义先行示范区贡献力量。

在人才培养方面，南科大与国家战略结合，与城市紧密互动，探索产学研合作协同育人培养机制，大力培养城市所需要的创新型人才。

2018 年 6 月，陈十一与香港科技大学署理校长史维，在深圳签署合作框架协议，两校共建的"深港微电子学院"也正式揭牌。这是首个落地的粤港澳大湾区深港高校合作项目。

　　该学院是为积极贯彻落实《国家集成电路产业发展推进纲要》和《关于试办示范性微电子学院的通知》以及粤港澳大湾区战略规划的相关精神，同时基于创新的办学理念和机制而建成的。

　　同时，该学院也是南科大结合自身的创新实力和港科大的科研优势，依托深圳市微电子产业的雄厚基础，聚集大湾区的创新资源，共同创建的粤港澳大湾区首例香港同内地高校合作项目。学院以创新人才培养模式为核心，以产学研合作为关键，整合南科大和港科大的学科专业资源以及深圳的集成电路产业资源，完善从本科、硕士到博士的多层次人才培养体系，实现微电子学科的发展和创新人才培养的新突破，推动深圳市、粤港澳大湾区乃至中国集成电路产业发展，同时带动如第三代半导体技术与未来网络通信关键核心器件等战略性新兴产业发展。

　　在研究生培养方面，南科大也开拓了新的模式。2020年，为服务创新型国家建设和粤港澳大湾区创新驱动发展战略，南科大与华为、华大基因、腾讯科技、比亚迪中央研究院、海王医药、平安科技、中兴微电子等知名企业机构合作，联合培养研究生。

　　为落实广东省委省政府关于科教融合工作的战略部署，提升服务国家及区域经济发展的水平，南科大2020年和再生医学与健康广东省实验室（生物岛实验室）、生命信息与生物医药广东省实验室（深圳湾实验室）、南方海洋科学与工程广东省实验室（广州海洋实验室）3所省实验室开展研究生联合培养。

　　在服务地方经济社会发展方面，南科大与深圳各区开展了密切合作，目前为止共成立了联合科技机构27家。

　　在坪山区，2020年7月，南科大与该区签署合作协议，双方将合作共建"南科大坪山生物医药研究院"。坪山区委书记陶永欣在致辞中表示，希望南科大充分发挥在科技研发、人才资源、技术应用等方面的优势，助力坪山生物医药产业高质量发展。

在宝安区，2019年6月，南科大与该区合作共建"深圳工业技术研究院"。宝安区委书记姚任在致辞中表示，研究院的建设是深圳工业转型升级方面具有里程碑意义的一件大事，也是宝安区布局关键共性技术研究、开启科研转化与产业融合新增长的一件实事。

在福田区，2019年10月，南科大与该区签署合作协议，标志着学校相关机构正式入驻福田区国际量子研究中心。

在南山区，除了深港微电子学院，南科大还与区政府合作建设了多所南科大附属医院和附属中小学。

此外，南科大还与龙华区政府签订了战略合作协议，并为光明区大科学装置群建设提供领军人才支持。

在南科大"创知、创新、创业"的办学特色里，创业，也是师生开展产学研的新探索。南科大鼓励教职工创新创业，目前由师生创办的高科技企业已达50家。

师生们的创业项目，获得各方认可。材料科学与工程系副教授孙大陟产学研项目"先进纳米润滑抗磨材料的开发及应用"获2019年中国产学研合作创新成果优秀奖。创新创业学院教师祝渊主导建成先进散热技术及解热科仪工程中心在学术界获中国计量测试学会认可，在工业界成为解热科仪世界Top1供应商的国内唯一合作伙伴，中心开发出系列热界面材料和热管理技术，并成功实现产业化，突破国外封锁，解决"卡脖子"技术，共申请专利十余项，获深圳市技术发明奖一项。教师葛东亮团队创办的高科技企业孵化典范——南科征途有限公司入选"第二届粤港澳大湾区生物科技创新企业50强榜单"。教师邱成峰团队创办的深圳市思坦科技有限公司获得阿里巴巴全球创业诸神之战第三名，第三代半导体国际创业大赛三等奖，粤港澳大湾区第一名。

校企合作方面，2019 年度与南科大产生实质性合作的企业超过 130 家，年增长 62.5%；学校与企业设立联合实验室 13 家，年增长 44.4%。在科技成果转化方面，2019 年学校以知识产权出资或参股 16 家科技型公司，年增长 78%。

同时，学校积极推进在全校范围内的创新创业教育。新签署工程硕士教育中心实践基地 13 家，包括大族激光、深圳市奥比中光科技公司、深圳市燃气集团等，累计签署 20 家知名企业，覆盖电子、材料、化工、计算机等专业，为工程硕士实践教育提供了良好的平台。在工学院等单位试点开展引进兼职产业教授计划，邀请来自腾讯、平安、TCL、优必选、大族激光等大型企业或新兴知名科技企业的高管来校担任兼职产业教授，深化拓展校地合作，发挥地方产业优势，推动学科发展和专业建设。

截至 2020 年 10 月，南科大近 4 年来共获得横向项目 520 项，合同总金额 5.76 亿元。其中，2020 年度开展 135 项横向合作，金额超过 2.11 亿元。另外，根据深圳市审计局专项审计调查，南科大 228 件已获授权的科技发明专利中转化 127 件，成果转化率为 55.7%，位列深圳高校第一。

一流城市孕育一流大学，同样，大学反哺城市，大学强则城市强。南科大所吸引的拔尖创新人才，以世界一流的科研成果，带动深圳高等教育的发展，带动城市和区域的可持续发展。

南科大对社会的反哺力，越来越强了。

各种荣誉纷至沓来

2019 年 4 月，在 ASC 19 世界大学生超级计算机竞赛总决赛上，由赵佳华、郑姝昕、王子勤、吕俊延、程璞金五位本科生组成的南科大的学生超算团队获得了大赛一等奖、应用创新奖及最佳人气奖三个奖项。

ASC 与德国 ISC、美国 SC 并称世界三大超算竞赛，迄今已连续举行 8 届。本次 ASC 19 世界大学生超算竞赛吸引了全球 300 多支高校队伍报名参赛。南科大学生团队出色地完成了所有赛题，并因在一道赛题上的优秀表现获得了大赛应用创新奖。南科大学子的优异表现，在当时引起了不小的"轰动"。

在世界级、国家级大学生科技竞赛中，南科大学子可谓获奖频频。

我们来看 2019 年南科大的"战绩"。2 月，美国大学生数学建模竞赛中，朱予衡等 9 位同学组成的 3 个小组获得国际一等奖；3 月底，本科生谷桄辉摘得全国大学生数学竞赛全国决赛二等奖和广东省一等奖；8 月，本科生刘艺在国际软件测试大赛 ICST 2019、ISSTA 2019 以及 QRS 2019 中均获第一名，取得了三连冠的好成绩；7 月，本科生陈勇获第七届"蔡司·金相学会杯"全国高校大学生金相大赛一等奖，研究生刘金鑫、王祺鑫、文其和本科生林世远、史武杰 5 名学生组队参赛，获得了第二届"创新有未来"全国高校人工智能创新大赛决赛"AI+"交通一等奖、"AI +"智能制造二等奖；11 月，学校代表队在 2019 年国际基因机器工程大赛（iGEM）斩获金奖；12 月，杨媛、孟令啸、尹宇晨在 2019 年全国大学生电子设计竞赛中获得全国二等奖及广东省一等奖；12 月，学校程序设计竞赛队在 2019 年度国际大学生程序设计竞赛中斩获 ICPC 亚洲区决赛金牌。

2019 年，在国际学术期刊和学术会议中，南科大学子的科研成果经常亮相。吕博杰、黄乐翔同学的毕业设计成果被通信学科国际顶级学术期刊 IEEE Transactions on Communications 录用；本科生胡启锟 2019 年发表多篇 SCI 论文，累计发表 SCI 二区以上论文 14 篇（其中作为第一作者的发表 9 篇），并且都发表在一区 Top 期刊上，4 篇被选为封面论文；本科生雷一鸣和博士生王依姝分别荣获 2019 年美国骨与矿物质研究协会年会"教育新兴国家青年研究员奖"和"ASBMR 青年研究员奖"；本科生张国栋获第八届亚洲精密工程与纳米技术国际会议"青年研究奖"。

此外，学校努力培养德智体美劳全面发展的人才，南科大学子在多项文体比赛中荣获佳绩。陈都同学荣获 2019 年中国大学生跆拳道锦标赛 58kg 级第三名；南科大定向队 8 名队员在第十八届中国学生定向锦标赛中共获得 3 项冠军、5 项二等奖、4 项三等奖；南科大学生射箭队获全国男女混合组第三和省预选赛冠军；张瀚文、娄晴、何雯婧同学获 2019 年西湖国际青少年音乐节金奖。

仔细观察国内外一些科技竞赛，不难发现它们的一个共同点：多学科交叉协作。比如 ASC 19 大赛赛题，就包括使用经典超级计算机完成量子计算模拟和训练人工智能模型完成英语考试试题；另外，还包含流体力学、生命科学、人工智能等领域的 5 道赛题。

参加国际大赛，南科大的学生由于出色的英语口语能力，在大赛中阐述无障碍。更重要的是，学校重视通识教育，他们修读的课程涉及多个专业和科学领域，理工科基础扎实。

另外，由于学校书院制的落实，学生入学后自主选择专业，很可能一个宿舍里住的四个人都是不同专业的，他们在日常生活中有更多的交流，促进彼此对其他专业的了解。甚至，一个宿舍或者两个宿舍里来自不同专业的同学，就能组成一支参赛队伍，满足比赛对于不同专业背景知识的要求。

2019 年，南科大研究制定《拔尖创新人才培养方案》，紧紧围绕立德树人的根本任务，总结和夯实已有的拔尖创新人才培养经验，对下一步人才培养工作进行系统性顶层设计，进一步将自身特色和优势转化为培养拔尖创新人才的动力和能力，努力培养具有"家国情怀、全球视野、综合素养、创新能力"的拔尖创新人才。

培养出一流的学生，离不开一流的师资。南科大教师在专业领域成果丰硕，其中不少人还在国内外获得了专业大奖。

2020 年 7 月，电气和电子工程师协会（Institute of Electrical and Electronics Engineers，IEEE）网站公布 2020 年度 IEEE FRANK ROSENBLATT AWARD 国际大奖获奖者信息，计算机科学与工程系主任、讲席教授姚新因其在计算智能领域的杰出贡献获奖，成为该奖年度全球唯一获得者，也是获得该奖项的首位华人。

2019 年，卢海舟教授获国家"杰出青年基金"项目支持；张振国助理教授获国家"优秀青年基金"项目支持；李贵新副教授荣获 2019 年度"求是杰出青年学者奖"；物理系张立源教授 2020 年 9 月获得"科学探索奖"；校党委副书记、讲席教授李凤亮荣获"广东省优秀社会科学家"称号；讲席教授蒋兴宇、副教授刘玮书荣获首届"科学探索奖"；讲席教授石渊久生（Hisao Ishibuchi）荣获"IEEE 计算智能学会模糊系统先驱奖"；方鑫副教授荣获国际勘探地球物理学家学会 J. Clarence Karcher 奖，这是中国第一位获得此奖项的地球物理研究者；刘俊国荣获中国青年科技奖；刘洋获第十届"全球华语科幻星云奖"和首届中国科幻电影"原石奖"；卢阳夺得"我就是拳王"全国总决赛冠军。

　　在教学奖项方面，南科大的教师也收获满满。

　　2019年10月，刘青松教授荣获教育部颁发的"全国模范教师"称号。在广东省41名入选"全国模范教师"的人当中，刘青松是深圳高校唯一的入选者。教学工作中，刘青松以"平等互助""以人为本""开门式"和"一个也不少"为培养理念，注重师生之间的交流、提高学生的自我意识和独立解决问题的能力，力争帮助每一位学生成长成才。

　　同时，程春副教授获2019年度"全国优秀教师"荣誉称号。自2013年加入南科大以来，程春在探索拔尖创新人才培养方式上倾注了大量心血，先后获得广东省"优秀青年教师""南粤优秀教师""科技创新青年拔尖人才"等荣誉。

　　2019年9月，陈十一校长荣获"深圳教育改革先锋人物"称号，是深圳高校中唯一获此殊荣的教育工作者。

　　在产学研获奖方面，也不乏南科大师生的身影。

　　2019年1月，南科大荣获"2018年中国产学研合作创新奖"。此奖项是我国面向产学研协同创新的最高荣誉奖，用于表彰在产学研合作创新中做出突出贡献的先进单位及个人。

　　2019年12月，孙大陟副教授产学研项目"先进纳米润滑抗磨材料的开发及应用"获2019年中国产学研合作创新成果优秀奖；2019年8月，南科大校办企业深圳市南科征途有限公司入选美国斯坦福大学StartX计划，进入2018年度美国生物医药新锐20强，并入选"第二届粤港澳大湾区生物科技创新企业50强榜单"；刘召军团队创办的深圳市思坦科技有限公司获得阿里巴巴全球创业诸神之战第三名，第三代半导体国际创业大赛三等奖，粤港澳大湾区第一名；程鑫团队参与创立的攸太科技（台州）有限公司项目成功入选台州市500精英计划，并获得2019第三届中国台州"和合杯"创新创业大赛总决赛二等奖。

在不胜枚举的各种荣誉背后，我们看到，南科大成就了这些优秀的师生，同样，这些优秀的师生也成就了今日的南科大。

排行榜上耀眼的"新星"

2020 年 9 月 2 日，泰晤士世界大学排名网发布最新"2021 泰晤士高等教育世界大学排名"，南方科技大学首次进入世界排名 300 强，排在中国内地高校第 8 位。

这是南科大第三次进入泰晤士世界大学排名榜单，连续第三年位列中国内地高校前十名。

在泰晤士世界大学排名重点关注的五项指标中，这次南科大在论文引用和国际视野两项指标上表现优异，产业收入指标增长 38.2%，科研指标增长 49.8%。

创刊于 1971 年的《泰晤士高等教育》从 2004 年开始每年发布世界大学排名，被认为是最具影响力的世界大学排名之一，颇受全球高教界关注。该排名每年更新一次，以教学、研究、论文引用、国际化、产业收入等 5 个范畴共计 13 个指标，为全世界涉及近 90 个国家和地区最好的 1000 余所大学排列名次。为保证排名的公正和透明，由普华永道（PwC）进行独立审计。

2020 年，办学十年的南科大，开启了在国内外多个权威大学排行榜中的"收割模式"。几年耕耘，作为办学一个阶段的体现，大学排名体现了南科大在科研、教学等方面的办学成果和不断提升的国际影响力。

在《泰晤士高等教育》发布的"2020 泰晤士高等教育亚洲大学

排名"中，南科大位列亚洲第 33 位，中国内地高校第 8 位。

在 QS 世界大学排名网发布的"2021 QS 世界大学排名"中，南科大首次进入 QS 世界大学排名榜，位列世界第 323 位，中国内地高校第 14 位。

在 2019 软科世界大学排名中，南科大进入世界排名 500 强，位列中国内地大学第 47 名。在软科中国最好大学排名 2019 中，南科大排在全国高校第 35 名。

泰晤士高等教育世界大学排名（THE）、QS 世界大学排名、软科世界大学学术排名（ARWU）、US News 世界大学排名被视为目前世界上最具影响力的四大排名。南科大已在三大排名中获得不俗的成绩。

作为一所新兴大学，与百年传统名校相比，体量不一样，评价标准也不一样。也许与百年名校在同一个指标体系里排名，未必能很好体现新兴大学的发展情况。2017 年起，《泰晤士高等教育》发布年轻大学排名，评选对象为建校未满 50 年的院校。评比的 13 个项目包括研究及教学表现、论文引用数目、校园国际化、大学声誉等方面评分。排名使用的是与世界大学排名相同的研究方法，但是权重被重新校准以反映年轻大学的使命。

2020 年 6 月，《泰晤士高等教育》发布"2020 泰晤士高等教育年轻大学排名"，排名覆盖了来自 66 个国家和地区的 400 余所大学，南科大位列世界第 47 位，蝉联中国内地第 1 位。

2018 年，南科大首次提交数据即位列中国内地高校第 8 位，《泰晤士高等教育》全球排名主任编辑费尔·巴蒂（Phil Baty）对南科大表示祝贺。他表示，中国在世界大学排名榜上的表现非常出色，新上榜的学校数目也比往年多。南科大是中国新上榜大学中排名最高的大学，在高影响力的科研、良好的国际合作和产业合作上都表现出色。首次在世界大学排名上精彩亮相，位居全球前 350 强，这对于一所年轻的大学来说是了不起的成就，更体现了中国出色的科研与教学水平。他指出，泰晤士世界大学排名评估学校是否具备优质的教学环境、良好的学校声誉、国际声望和产业关系，关注的不仅是研究体量，更重要的是研究质量和影响力。南科大在科研影响力方面表现突出，以"质"取胜，其出色的科研成果，使南科大能在短时间内在世界大学排名上获得如此优秀的成绩。此外，南科大位于"中国的硅谷"——深圳，学校与当地企业和产业保持着良好的互动，依托于城市的全球高科技产业聚集效应，科研成果得到有效转化。

在以上综合榜单之外，南科大在各专业榜单中也表现亮眼。

科研方面，在最新自然指数排名（2019 年 7 月 1 日—2020 年 6 月 30 日）中，南科大自然指数加权论文值位列全球高校第 58 位，中国内地高校第 17 位。与 2015 年年度数据相比，实现了超过 400 个位次的提升。

师资方面，在 2020 年软科中国大学高端人才排名中，南科大位列中国高校第 8 位，其中高端人才师均得分排名全国高校第 4。

在学生就业方面，据武书连发布的 2019 年中国大学本科生就业质量排行显示，南科大评分为 A，位列全国高校第 50 位。

在"泰晤士新兴经济体大学排名 2020"中，南科大位列全球新兴经济体大学第 30 位（较上年提升 6 位），位列中国内地高校第 14 位。新兴经济体大学排名与世界大学排名评估体系相似，但其权重经过专门调整以反映新兴经济体大学的普遍特点。

不同的大学排行榜，有不同的评判指标和侧重点，一个排名虽然不能全面展现一所大学的整体发展水平，但每个排名都提供了一个统一的标准，把全球的高校放在同一水平线来对比，一定程度上会反映各个高校在这个领域的发展情况。这也是世界上很多大学非常重视排行榜的原因。对南科大这样的年轻大学来说，积极参与各种排名，既可以借此认清在世界高校中自己的"位置"，找准自己的优势和不足，更好地明确努力的方向，又可以借此扩大学校的影响，打造学校的品牌。

从这些大学排名的指标中，我们可以看到，与百年传统名校相比，南科大还有差距，但新兴大学显示出来的发展态势，正在各榜单中快速占据一席之地。

2018 年 6 月，《中国新闻周刊》推出封面报道《南方科技大学：植入深圳基因的大学理想》。报道指出，作为改革开放的第一个窗口，深圳持续以令人惊叹的速度创新发展。创办于深圳的南方科技大学，秉承着深圳改革不停顿、开放不止步的开拓精神，成为高等教育领域速度与质量并举的名片。在中国迈入新时代的当下，浓缩进短短六年历史中的南科大样本，值得高度提炼与深度考察，它将为新一轮中国高教改革创新的践行者们提供宝贵经验。

同时，评论文章《南科大，贡献高教改革的深圳方案》指出，南科大去筹转正的六年间，虽然经历波折，与社会各界的高期望值相比、与国际名校对标尚需努力，但对于一个仅有六年短暂历史的学校而言，已足以令人尊敬。南科大为什么被寄予厚望？就因为它承担着为中国高等教育改革探路的重任。回首六年来南科大的改革创新，在人事改革、招生培养、科研制度、党建与新型育人体系，以及大学治理模式等方面，都担当了先行先试的角色，为中国高等教育的改革创新积累了宝贵经验。

南科大影响力不断提升，也吸引了国际上不少媒体的目光。2019 年 9 月 13 日，正值中国的传统佳节中秋节，上海合作组织国家媒体代表团共 16 个国家的 29 名媒体记者，走进南方科技大学校园，与师生们一起度过了一个别开生面的"南科中秋"。

在这次采访中，一位来自印度的记者说："这是一所仅仅成立不到十年的大学，它充满了活力，站在了科技研究的前沿。"一位来自斯里兰卡的记者说："这是我第一次来到中国，南科大的学术环境很好，学生对学校事务的参与度很高，进入这所大学学习会是一件很棒的事儿。"一位来自阿塞拜疆的记者说："你们的大学非常棒！我希望你们在这里能成为优秀的工程师、优秀的科学家。期待南科大的进一步发展，祝福你们能拥有美好的未来。"

南科大，这所世界多个大学排行榜上的耀眼"新星"，已经成为深圳一张闪亮的"名片"。

第六章

为中国高教改革探路

南科大自创建伊始，始终牢记使命，敢闯敢试敢改革，为中国高教改革探路，探索中国特色现代大学制度和创新人才培养模式。本章将集中阐述那些大胆的探索。

出台《南方科技大学管理暂行办法》，实行"一校一法"管理。进行外部治理改革，在全国公办高校中率先推行理事会制度。使政府对学校的管理，规定清晰，依法办理，增大了学校办学自主权。

引进世界高水平大学的通行做法，在教师管理中实行 Tenure Track 制和独立 PI 制。在规定的六年里，对教师实行严格考核，"非升即走"，给优秀教师终身教职。教师均可根据兴趣和特长自主选择课题，自由开展科研，极大地激发了教师科研的内在动力。

落实学术委员会的把关作用，坚持教授治学，倡导学术自由，坚守学术自律。

以学生发展为中心。学生进校不分专业，两年后在全校范围专业任选。每位本科生都有机会进入实验室跟导师做科研，本科生享受研究生待遇。

在全校学生中实行"书院制"和"双导师制"。学生进校自由选择书院，四年中将有生活和学术两位导师全程"陪伴"。从院士到普通教师，都必须担任导师。

办学 6 年获得硕士和博士学位授予权。这项突破源于南科大出色的办学质量和软硬件条件，有关部门在学位授予上对研究型大学放宽年限限制，以质量作为评价标准。

此外，南科大推出的改革还有很多，比如机构和选人用人机制的优化、强化国际化特色、学生招录实行"631"模式等等。这些共同构成了南科大的"改革风景线"。

南科大迈出的一小步，将是中国高教改革的一大步。改革创新不仅成就了南科大，而且使它成为一条活泼的"鲇鱼"，在中国高教改革中发挥着重要作用。

沿着正确方向"探路"

南科大创建之初，就成为国家高等教育综合改革试验学校，肩负着为中国高教改革探路的历史使命。这些年来，他们在改革创新治理模式、管理机制、人才培养等方面，怎样确保始终沿着正确的方向前行，不会走上"弯路"，甚至"邪路"？答案干脆明确：坚持中国共产党的领导，在党委坚强领导下推进改革创新和事业发展。

南科大办学方案数易其稿，但万变不离其宗的是在学校性质上，始终坚持社会主义大学的办学方向，坚持中国共产党的领导。朱清时校长思想解放、锐意改革，强调大学的办学自主权，但在大是大非的政治问题上，作为在著名的中科大校长岗位上任职长达10年的优秀校长，他始终十分清醒，反复强调办学要遵循《高等教育法》，坚持党委领导下的校长负责制，绝不能动摇。当时递交教育部的办学方案论证报告，也明确写进了这些原则。

对一所新办高校来说，坚持党的领导首先要做的是加强党的组织，强化党的建设。2011年7月，中国共产党南方科技大学（筹）临时委员会成立。2013年7月，南科大迁入永久校区，当年10月，学校党委正式成立。2017年3月，南科大第一次党代会圆满召开。在创校初期的特殊情况下，朱清时校长同时也担任校党委书记。

2014年1月，时任深圳市委常委的李铭来校担任党委书记，党委的领导力量进一步加强。谈起当年的党建工作，李铭说："党团的主导与书院体制怎么融合？这是我思考最多的问题。当时经过反复调研，成立了学生工作部，体现了党委对学生工作的领导。团委附设在学工部，由学工部部长兼团委书记，书院划归学工部领导。在各院系设立党支部，支部书记要列席院系决策层，作为政治角色参加院系的政治领导，同时发展党员，开展党的建设。"

2016 年，时任深圳市委教育工委书记和市教育局局长、党组书记的郭雨蓉接替退休的李铭，担任学校党委书记。这些年来，南科大党建工作全面加强，成效卓著。尤其是强化了基层党建，筑牢了根基。

南科大党委从 2018 年起实施"三年行动计划"，分别是"基层组织建设年""基层党建质量年"和"基层党建创优年"。这些行动计划层层推进，逐步深化，使基层党组织成为坚强的战斗堡垒，全体党员真正发挥先锋模范作用。

在基层党建中，南科大党委创新机制，实现与业务双融双促。郭雨蓉书记介绍说："为提升基层党组织的战斗力、凝聚力、组织力，我们将党支部建在课题组等教学科研一线单位。""特别注重选用学术强的党员担任院系领导。"

在校党委的积极鼓励和推动下，"党建＋教学""党建＋科研""党建＋业务"等党建新机制不断涌现，实现了基层党建与教学科研管理工作的深度融合。很多教师党支部书记成为"双带头人"：既是党建带头人，又是学术带头人。

理学院生物系党总支创新党组织设置，将党支部建在课题组，由课题组内的教授党员担任党支部书记。这项党建创新充分发挥"头雁效应"，以党建带动学科建设，助力业务提升和省市重点实验室申报、建设工作，有效解决"党建、业务两张皮"问题，为学校立德树人根本任务的实现提供良好的政治保障和组织支撑。

同样做出创新的还有理学院化学系党总支，他们按照导师结构与研究方向，将原有党支部重组细分为 10 个科研课题组党支部，这样更契合高校教学科研与党建融合发展的要求。

目前，南科大已有 105 个党组织。

党建非常重要的一项工作是思想引领，做好思想引领必须讲究方式方法，针对好目标对象。南科大已签约引进各类教师上千人，教学科研系列教师中绝大多数具有海外工作经验，师资队伍中高层次人才占比超过 40%。这些"海归高知"是党建工作必须重点关注的对象。

学校党委积极做好"海归高知"的入党工作。2020 年初新冠疫情暴发，作为入党积极分子的工学院材料科学与工程系副教授孙大陟，加班加点研制出适用于护目镜的防雾消毒产品，在半个月内累计捐赠超过 100 万份支援战"疫"一线单位，充分展现其忠诚与担当。不久前，他面向党旗庄严宣誓，成为南科大第一位获得上级批准火线入党的党员。

2020 年 6 月 29 日，南科大举行庆祝中国共产党成立 99 周年暨"七一"表彰座谈会，会上宣布，今年共有 147 名同志入党，南科大党员总数达到 1950 名，与 2017 年相比，增长了 200%，党员队伍日渐壮大。

学校党委不断创新形式和载体，关心党外人士，并加强其政治引领和吸纳。学校党委实施党委委员联系服务专家制度，24 名党委委员、纪委委员联系服务获国家级人才项目专家 98 名。近年来学校向省市推荐了近 100 名代表性强的党外知识分子到政协及有关社会团体任职，让他们在不同平台发挥更大作用。

大学是培养人才的，建校以来，南科大始终把立德树人作为教育的中心环节，守正创新，积极探索构建新型思想政治教育体系，形成核心圈层、支撑圈层、协同圈层"三大圈层"协同配合的育人效应。

"三大圈层"是一项系统工程，使立德树人的手段和措施更丰富、更完善、更有效。核心圈层即思想政治理论课，主要解决教什么、谁来教、怎么教的问题；支撑圈层由实践课程、特色思政课程、课程思政构成，目的在于突出实践育人途径，挖掘课程育人功能；协同圈层即"强国修身"校园主题教育实践，旨在通过"爱国上进""责任坚毅""崇礼尚美"系列活动，形成浓厚的育人氛围。

2020年11月21日，为期40天的"科技·人文·未来——大学校园雕塑邀请展"在南科大大榕树广场拉开帷幕。中国文联副主席潘鲁生、中国美术馆馆长吴为山等文化艺术领域的多位大咖出席活动，现场展出了来自20个国家的120余件雕塑艺术展品，为师生构建起精神栖息的文化家园。

这是南科大校园文化建设的一个缩影。学校每年都要举办众多丰富多彩的文化活动，比如"春沐南科·古典音乐节""乡关何处，情归南科'地区文化节""'礼'遇南科中国传统文化节""书法名家送春联"等，不少活动已经形成了品牌效应。学校目前成立了合唱团、交响乐团、舞蹈团、民乐队、戏剧社等多个艺术社团，打造了多项精品校园艺术文化活动。学校还成立了文化艺术专家委员会，会聚文学、电影、戏剧、设计、美术（雕塑）、音乐、舞蹈、民间文艺等诸多领域的文化艺术名家，为新兴大学的文化建设提供有力支撑。

文化引领、文化育人是思政工作的重要内容和途径。作为一所年轻大学，南科大高度重视思想文化建设工作，从顶层设计的全局视角构建学校思想文化格局和建设蓝图。南科大党委常委、宣传与公共关系部部长张凌介绍，学校第一次党代会就做出了深化宣传思想文化建设工作的全面部署，提出了"大学文化培育计划"。2018年1月印发的《南方科技大学思想文化建设五年行动纲要》，建设性地提出了思想文化引领行动、大学精神塑造行动等"十大行动"，成为学校新时期思想文化工作的总纲领。

这些年来，学校认真贯彻党的十八大以来习近平总书记系列重要讲话精神和十九大精神，牢固树立和自觉践行新发展理念，在办学理念、体制机制、人才队伍、科学研究、人才培养等方面形成了颇具特色的"南科大模式"，奠定了学校思想文化建设的基础。特别是以创新立校，以改革兴校，形成了"敢闯敢试、求真务实、改革创新、追求卓越"的创校精神，明确了"创知、创新、创业"的办学特色，确立了"家国情怀、全球视野、综合素养、创新能力"的培养目标，可以说，学校已初步形成了以社会主义核心价值观为基本内核的全校师生共同奋斗的思想基础。

"扎根中国大地办大学，最根本的就是坚持中国共产党的领导，坚持中国特色社会主义制度。"陈十一表示，办学事业快速发展离不开各级党组织和全体党员努力奋斗，勇担重任。

"创校以来，南科大始终坚持党的教育方针，坚持将党建工作与贯彻落实上级工作部署、谋划学校创新发展、破解教育难题等紧密结合起来，校党委抓大事、谋全局，统领全校工作。这也是这些年来我们能行稳致远，快速发展的重要原因。"郭雨蓉说，今后，南科大将一如既往地在习近平新时代中国特色社会主义思想指引下，抢抓机遇，改革创新，为早日实现"扎根中国大地，建设世界一流研究型大学"的目标而努力奋斗。

出台南科大"基本法"

2011 年 6 月 8 日，深圳市政府以第 231 号令形式，公开发布《南方科技大学管理暂行办法》（下简称《暂行办法》），被媒体誉为中国高校第一部学校"基本法"。由此可见，它在中国高校体制改革中的地位。

《暂行办法》共分 7 章 48 条。"总则"部分开宗明义，指出制定该办法的目的是"保障大学办学自主权""探索建立具有中国特色的现代大学制度，建设成为国际知名的高水平研究型大学"，这是办学初期南科大的期望，也是国家和深圳对南科大教改的要求。

南科大要成为什么样的大学，要朝哪些方向进行探索，要如何形成鲜明的个性特色？"总则"中给了定位："南科大具有独立法人资格，依法自主办学和管理"，南科大坚持"追求卓越、学术自由、学者自律"的大学精神，遵循"理事会治理、教授治学、学术自治"的原则，培育和发挥大学应有的活力和创造力，实行党委领导下的校长负责制，并按照本办法和南科大章程对大学实施管理。这里"教授治学""理事会治理"等，也是朱清时担任南科大校长之后，经常强调的理念和措施。

"权责"部分确定了南科大在财、人、机构设置等方面的权利。比如规定"南科大依法行使权利、履行义务，独立承担民事责任，非因法律、法规及本办法规定的事由，不受其他组织和个人的干涉"；南科大有权管理和使用政府提供的财产和学费收入；南科大可以根据实际需要和精简、效能的原则，设置教学、科学研究、行政管理等内部组织机构；在市确定的编制总额范围内，有依法聘用教职工和确定薪酬的权力；有依法开设专业、制定教学计划、组织实施教学活动的权力；按照科学、公开、择优的原则探索依法自主招生；等等。

"治理结构"部分提出南科大设理事会、校长、校务委员会和校学术委员会，其中设置理事会作为学校决策机构，构成了本《暂行办法》最大的一个实质性改革亮点，这在下一节将作详细介绍。

对"校长"的职责和产生这样规定：校长是南科大的法定代

表人，全面主持学校的教学、科研和其他行政管理工作，对理事会负责，执行理事会决议，履行法律、法规、规章及章程规定的其他职责。产生程序是理事会根据校长遴选委员会的推荐提出校长人选，报经市政府按规定程序审定后聘任。校长遴选委员会的组成，除了"政府代表""境内外高等教育专家及社会知名人士"之外，还增加了"教职工代表""学生代表"。师生参与遴选校长，这在公办高校中，从没有这样的设计。副校长的产生程序是"由理事会根据校长提名聘任"。

校务委员会由校长、副校长、学术与行政单位负责人和教职工代表组成，职责是"对学校教学、科研和行政管理中重大事项进行决策"。校学术委员会成员由教授会协商产生，职责是"对学校教学、科研等重大学术事项进行审议"。为了体现教授治学，规定"校务委员会审议涉及学术事项的，应当先经校学术委员会审议通过"。

教授会定位是"自治组织"，方便南科大教授进行学术、科研交流，参与大学管理，负责协商产生校学术委员会成员。《暂行办法》明确"南科大可以设置特聘教授岗位"，实行"协议工资制度"。

在给南科大放权的同时，也在一定程度上引进了外部监督机制，最重要的是理事会，并要求将经理事会审议通过的年度工作报告和财务报告提交市政府，并向公众公开，接受社会监督。

通过制定出台《暂行办法》，"一校一法"，让政府"放权"，给南科大"确权"，在此基础上依法治校，保障南科大办学自主权。这项改革在南科大申办之初，就作为体制、机制重大创新写入了办学方案。据参与《暂行办法》起草的韩蔚介绍，当时很希望以深圳人大通过的条例形式呈现，但考虑立法周期较长，最后选择了"政府令"的形式。

《暂行办法》出台后，著名教育专家杨东平立即在媒体发文表示高度肯定，认为这项改革的核心是建设现代大学制度，落实大学的办学自主权。"即按照高校自主办学的理念比较清楚地界定政府职责，确立高校的办学主体地位，建立政府、学校、社会之间的新型关系，并将这一关系建立在法制的基础上。"

朱清时当时的评价是：政府已经难能可贵地放了很多权了。但肯定不会很完善，更不会完美。对学校充分放权，现在还做不到，总要有个过程，期待"今后能有更多办学的自主权"。

从后来实际运作中可以看出，《暂行办法》在保障"办学自主权"上确实发挥了很大作用，让南科大的改革有法可依，有章可循。比如，学校的财务预算和决算，经理事会审定之后，基本上就可以落实了；副校长的聘用由校长提名，校长在校务统筹管理上的力度更大，减少了两者之间出现矛盾的可能。

《暂行办法》作为南科大"基本法"，从出台以来，至今仍在规范、呵护着南科大的改革发展。国内有很多高校前来取经，但抄文字容易，想抄一个真正能落地的管理办法，很难。

在南科大的治理制度体系中，还有一个《南方科技大学章程》，虽然"层级"比《暂行办法》稍低，但同样非常重要，可以说和《暂行办法》一起构成了南科大的"基本法"。

制定章程是国际知名大学的通行做法，章程具有高度的权威性和严肃性，学校的制度体系是以章程为基础制定。《高等教育法》第二十条规定："申请设立高等学校的，应当向审批机关提交章程。"南科大创建申报过程中，教育部对制定章程方面给予了很多具体指导。2010 年递交的申报材料，包括章程草案，里面突破性的改革较多。但正式出台，已经滞后到了 2015 年底。

韩蔚介绍，这其中还有一个有意思的故事。2010 年时国内还很少有高校制定大学章程，即使有，也是千篇一律，一个模子。南科大章程草案递到教育部，他们突然发现部里没有相关管理规定，下面报上去之后，在部里也就是简单地备案。发现"漏洞"之后，2011年7月，教育部赶紧出台了《高等学校章程制定暂行办法》。可以说，这项规定的出台，是南科大"激发"的。

为何南科大章程出台花了那么长时间？朱清时在国外多所知名大学工作过，当然深知大学章程的作用，他很重视起草工作，希望把改革的设想尽量多地写进章程。但也许是章程改革步子比较大，意见不统一，一直没有通过。既然无法形成共识，他也不愿退让搞个四平八稳的东西出台。他说："我离任时唯一遗憾是章程没弄好，不是不知道怎么弄，是条件不成熟。"

2014年8月底，朱清时离任。在新校长未就任的半年时间，时任南科大党委书记李铭，积极推进章程的修改完善，着力解决了几个难题：一是清晰地把理事会决策和学校决策的关系界定清楚，体现理事会是南科大最高决策的层级，在它的决策下学校来运行；二是明确党委领导下的校长负责制；三是把"去行政化"和"学术自由"写清楚了；四是把学校和院系的分层决策明确了。

李铭介绍，解决了章程中的几个难题之后，没有急着出台，主要是考虑等新校长上任，把新校长的意见吸收进去，便于今后实施。陈十一校长自2015年1月21日上任后，对章程再次修改完善，达成共识，当年年底，报省教育厅核准公布实施。

南科大《章程》共十一章102条，内容全面，像是一部学校管理的"百科全书"。《章程》的很多内容用于落实《暂行办法》，因此更加细致，操作性更强。比如，学校学术委员会职责，在《暂行办法》里只列了5项，在《章程》里列了多达14项。另外，《章程》"固化"了学校创建以来的许多改革创新成果，对学校规范管理，很有价值。

首创公办大学理事会制度

2011 年 7 月 16 日，在作为南科大管理"基本法"的《暂行办法》颁布之后不久，南科大第一届理事会"依法"举行首次会议。虽然是闭门会议，现场"戒备森严"，媒体还是捕捉到了"风声"，并连续报道了好几天，南科大理事会登上了百度新闻热搜词的排行榜。热议最多的是出席的 20 名理事中，有一半是官员，另一半是大学校长、企业家，很多人认为这与"去行政化"改革理念相矛盾。

其实，这是不理解"去行政化"的内涵和中国行政体制的运作。《暂行办法》规定：理事会由政府代表，南科大校长及管理团队、教职工代表和社会知名人士等组成。理事长由深圳市市长或市长委任的人员担任。理事由市政府聘任。《暂行办法》为何做这样的安排？政府代表进入理事会，市长担任理事长，一是行使政府作为出资人的权利，因为南科大是政府主办的；二是理事会是决策机构，很多决策涉及政府资源配置，这样的安排有利于理事会决策的有效落实。

这次会议由时任深圳市市长、理事会理事长许勤亲自主持，理事中除了王穗明、吴以环、魏中林、郭雨蓉等官员之外，还有朱清时、钟秉林、吴家玮等知名校长，以及马明哲、任克雷、王传福等知名企业家。会议开了整整一天，审议通过了多个议题。从《会议纪要》来看，当时对多个议题讨论非常热烈。朱清时汇报完办学方案和发展规划，理事们在充分肯定的同时，也尖锐地提出了不少建议，涉及内部组织架构、学科设置和人才引进等。考虑当时南科大人手少、任务重，会议提出市教育局、市人力资源局、市财委等政府部门会同南科大组成工作组，推进相关工作，并要求"一个月内完成"。另外，要求南科大在筹建过程中，要处理好战略与战术、破与立、局部与全局等六大关系。

在人事议题上，朱清时提名覃正为行政副校长。理事会对覃正面试之后，马上现场表决，一致举手通过。自此之后，南科大副校长的聘任依照这套工作程序。

从首次会议的效果看，理事会不仅发挥了决策作用，还发挥了为南科大发展会聚智慧、提供行政协助和调配利用社会资源的作用。

这项改革的直接依据是市政府出台的《暂行办法》，它对理事会定位、人员构成和职责等，都做了规定。

《暂行办法》规定理事会是南科大的决策机构，职责如下：一、根据本办法规定聘任或解聘校长；二、根据校长提议聘任或解聘副校长；三、审定学校章程或章程修改草案；四、审定学校的财务预算和财务决算报告；五、审议批准学校中长期发展规划、年度工作计划、年度工作报告；六、审议批准学校人员总额以及人力资源管理等重要制度；七、审议批准学术单位和行政单位的设立、变更或撤销；八、审议批准关系学校发展的其他重大事项。其中第三项应当按规定报教育部批准，第四项应当报市政府按规定程序批准，第二、五、六、七项应当报市政府有关部门备案。

为了规范理事会的运作，根据《暂行办法》的精神，就在首次理事会上，审议通过了《南方科技大学理事会章程（试行）》。该试行章程对理事会的职责规定，基本延续了《暂行办法》的范围。有一个变化是把"聘任或解聘校长"，改成了"根据校长遴选委员会的推荐提出校长人选；动议解聘校长"。按试行理事会章程字面理解，聘任或解聘校长的最后决策权，已不在理事会。

对理事的构成试行理事会章程做了细化。"当然理事"包括：深圳市市长或其委任的人员、南科大校长、市政府有关部门负责人（总数不超过全体理事成员的三分之一）。"推举理事"包括：南科大管理团队代表和教职工代表，总数不超过全体理事成员的三分之一；国内外著名大学校长、教育界专家和知名人士、关心支持南科大的工商界及其他社会知名人士，总数不少于全体理事成员的三分之一。

谈起南科大理事会制度的形成过程，吴以环说，理事会制度当时在我们国内来说没有先例，到底由哪些人来组成，多少人，怎么运作，怎么决策，也是争论了很久。最后，我们研究国外一些大学的治理结构，借鉴了他们的一些做法。

2018 年 4 月，第二届理事会第二次会议举行，时任深圳市长陈如桂接替许勤担任理事长。会议对《南方科技大学理事会章程（试行）》做了一些修订，内容基本上没有实质性变化。

南科大实行理事会治理机制，是对中国高等教育体制机制改革建设具有中国特色现代大学制度的有益探索，是深圳市政府对高教管理模式的重要创新，也是南科大开展高教改革试验的重要内容。

这项改革从南科大筹建之初就开始酝酿，梁北汉介绍："当时想政府办了这个学校，就不能缺位，但又不能太越位，要给南科大办学自主权。理事会隔一层，可以减少政府对学校直接指挥。这个设想在征求省教育厅意见，以及后来开专家论证会时，基本上都是被认可的。"

在中国公办高校中，实行理事会治理是"破天荒"的改革。韩蔚介绍："据我所知，理事会作为决策机构，教育部在这点上只对南科大开了口子，其他任何大学都没有。这一方面是教育部尤其是法规司、规划司等领导的支持，另一方面也是我们做了积极争取。"

2014 年 7 月，教育部颁发《普通高等学校理事会规程（试行）》，笔者仔细看完发现，这份规程对高校理事会的定位，主要是"决策咨询"，而不是学校重大事项的"决策机构"。

南科大理事会从 2011 年成立至今，成功运作近十年，已成为南科大外部治理机制的核心。

从实际效果来看，对南科大治理的现代化至少发挥了以下作用：一是政府通过理事会对南科大实行出资人管理，原则上避免了直接干预。二是决策更加科学。由于理事会构成中各组成部分成员比例有严格规定，政府官员不超过总数三分之一，其他都是大学校长、专业人士和企业界人士等，而且采取票决制，使得理事会决策与传统的行政决策有很大区别，专业性更强，极大地减少了行政思维对学校的干预。三是理事会只对学校宏观的、战略性事项决策，决策之后执行是学校的事，避免了对学校微观的、战术性事务的"指手画脚"。四是有利于南科大争取更多办学资源。南科大是政府投资办学，由市长挂帅、市多个关键职能部门的一把手参与决策，显然有利于获得更多行政资源。另外，理事中还有不少企业家等社会知名人士，他们会给南科大带来更多社会关注和支持。

南科大施行的理事会制度是深圳市政府为在较短时间内办一所高水平的研究型大学推出的创新之举，是"特事特办"，对南科大快速发展起到了关键作用。市政府那么多的高级别官员每年聚在一起开会，讨论一所大学的发展事项，享受这种"奢华"待遇的，全国也只有南科大。从这点就可以看出，深圳市政府对南科大真的是厚爱三分。

实行 Tenure Track 制 [①]

南科大的教师在学术研究上拥有自由宽松的制度和氛围，而且因为政府的高投入，可以获得比一般高校更多的经费资源；但南科大的教师又是"压力山大"的，该校实行的 Tenure Track 制度严格得近乎残酷。

1915 年，美国大学教授联盟（AAUP）最早在大学推荐施行 Tenure Track 制度。该项制度的核心是"非升即走"，高校对新入职的教师设置为期几年的考核期，考核期到了如果考核合格，即升为终身教职，不合格则淘汰走人。这种制度经过上百年的检验，已经被证明在教师管理上行之有效。在美国，现在绝大多数高校均实行这种制度，这也是美国大学学术水平领先世界的一个重要原因。

朱清时清楚地认识到，要探索中国特色的现代大学制度，快速建设一所高水平的研究型大学，一个捷径就是结合中国实际，借鉴世界高校中已经被证明是"规律性"的先进做法。2011 年 6 月，当第一批三位教师签约时，他就认准了要在南科大全面推行 Tenure Track 制，拒绝走国内传统高校对教师管理的那些老路子。

南科大终身副教授许宗祥，就是在这项制度下磨炼成长起来的。他非常认同这项制度，并向笔者详细介绍了南科大的做法。

除非是那些资历深厚、成果卓著的极少数高端人才，比如院士和已经在国外知名大学获得终身教职的人士，可以直接获得终身教职之外，其余人如果要进入南科大教学科研系列，都必须进入

---

① Tenure Track 制在国内又被称为长聘制、终身教职制。

Tenure Track 管理系统。

在操作上，一位新来的求职者，经过学校考核，如果符合聘用条件，就会先签 3 年期限合同，给一个准聘资格；3 年合同期到，进行考核，这次考核被称为中期考核，目的是督促提醒，考核结束再签 3 年合同；前后 6 年期满，进行严格的终期考核，考核通过，即可以获得终身教职，考核不通过，再给 1 年重新找工作的缓冲期，时间到了解聘走人。从时间上又被称为"3+3+1"或"6+1"。当然，如果你认为自己特别优秀，做出的科研成果特别突出，也可以时间未到就提前申请考核。

这项制度最"残酷"的是考核环节，考核不是学校关起门来做，而是开放式，有国内外专家参与。程序是这样的：南科大在系、院和学校三个层面分别设立了学术委员会，终期考核时，申请者先向所在系递交聘期报告，重点写明科研成果、个人资历以及申请职位等，包括在哪些学术刊物发表了哪些论文，参加了哪些重要的学术会议，在会议上做了什么学术报告等。系学术委员会审核通过之后，再递交给学院学术委员会，院学术委员会负责组织"外审"。

所谓"外审"，就是院学术委员会把申请材料分别寄给从资深专家库中抽取的专家，以及申请者个人推荐的不超过总数三分之一的专家，请他们对申请者进行评议，并给出"通过"还是"不通过"的明确意见，这些专家来自国内外高校或科研机构。外审的结果收集完成之后，院学术委员会再起草综合评价报告，递交校学术委员会开会，投票表决是否最终通过。

梁建生在南科大曾做过这项考核，他说："要通过考核很不容易，必须有过硬的成果。因为不是校内的圈子定，也不是国内的圈子定，这还涉及国外同行的评价。前两个圈子可能会有熟人，可能涉及一些感情因素，但国外同行表态完全是看你的成果。"

随着南科大的不断发展，这几年应用 Tenure Track 制考核的人数逐年增多，已经有人因考核通不过而被迫走人，还有人意识到考核可能通不过而选择提前离开。

但无论是考核通过还是不通过，这项制度的推行在南科大都是风平浪静的。分析原因，主要有三点。

首先，南科大是新建学校，而且是以高教改革创新为使命的新建学校，一张白纸可画最新最美的图画，这里比传统高校更有动力和条件尝试一些新的体制机制。现在，北京大学、清华大学、上海财经大学等众多国内高校，都引入了 Tenure Track 制。但这些学校历史长、人员多，不可能一刀切，只能采用老人老办法、新人新办法，在新引进的人才中推行。对全员实行 Tenure Track 制的，只有南科大。

其次，南科大办学定位高，对老师的要求也高，引进的教师绝大多数有国外高校的工作经验，这些国外高校，本身就执行 Tenure Track 制，他们早已习惯了这种做法。

第三，从 Tenure Track 制当初设计的目的以及后来实行的实际效果来看，这项制度最终目的不是"管"，反而是保护学术自由，鼓励学术探索。更准确地说，是先严格"管""卡"，把真正有科研能力和追求的人才选拔出来，让他们获得更宽松的学术研究环境。因为拿到终身教职以后，完成学校安排的日常教学之外，科研上有较大的自主权。对那些真正有本事，希望终身从事教学研究的人来说，这是一项非常好的制度。

程鑫 2013 年回国加入南科大之前，在美国学习、工作一共待了16 年。出国前，曾是中科大学生，因此对朱清时校长来深圳办学特别关注，非常认同南科大的改革。谈起南科大 Tenure Track 制，他说："这里的管理很接近国外一流研究型大学的做法。成为终身教授后，科研上有非常大的自主性，可以研究一个问题两三年不发一篇文章，也不会被学校赶走。这有利于教授探索一些非常重大的、需要长时间做的课题，或者个人特别感兴趣的一些东西，更有利于出大的成果。美国例子很多，像普林斯顿一个数学系的教授'消失'了7年，大学还是一直给他发工资。重新'出现'回来，他已经解决了一个重大的数学问题。"

许宗祥对此也有同感，他说，在考核期的6年里，压力确实很大，急着出成果，有时候在课题选择上，哪个容易出成果往往就选择哪个，更倾向于"短平快"，否则就没有机会继续待在南科大了。"一旦拿到终身副教授之后，心理就不一样了，我现在能够更从容地做一些更重要的前沿课题，哪怕花的时间长点也没关系。"

有人会问，很多年轻教师在没有获得长聘之前，在准聘期间，待遇上有什么不同？答案是除了考核之外，其余基本上没有什么不同，一个准聘副教授和一个终身副教授是一样的。为了给年轻教师创造更好的发展条件，无论准聘长聘，连助理教授、副教授、教授之间，除了薪水之外，很多待遇也都是一样的。"比如大家都可以招博士、博士后，学校给的名额一样，助理教授是一个，正教授也是一个。我们给大家提供的实验室基本空间面积，所有人也都一样，助理教授是150平方米，大教授也是150平方米。"程鑫说，这样的制度设计，更有利于年轻人成长。

对于会不会有人拿到终身教职之后，少了考核的压力就变得懈怠了？许宗祥认为，从大范围来说，不能说没有，但肯定是极少极少，这也是任何一种管理制度都不能避免的现象。"我自己不会，也没有发现南科大有人拿到之后懈怠。因为虽然外在压力减少了，但6年的磨炼已经让我们形成了一种内在的自驱力，南科大科研环境那么好，不在这个平台上努力做出点名堂，不仅对不起南科大，连自己都对不起！"他说得非常干脆，充满激情。

"教授治学"和"学术自由"

现代大学源自1810年创立的德国洪堡大学,其创立者威廉·冯·洪堡提出的"大学自治""学术自由"等办学思想,后来引领了世界上不少国家现代大学制度建设。

探索中国特色的现代大学制度,是南科大肩负的重要使命。《南方科技大学管理暂行办法》《南方科技大学学术委员会章程》和《南方科技大学教授会章程》等规章,不仅明确提出要坚持"教授治学""学术自由""学术规范",而且为此规定了相应的落实机制。

根据《南方科技大学学术委员会章程》,校学术委员会是学校最高学术机构,统筹行使学术事务的决策、审议、评定和咨询等职权。具体职责包括:引进学术岗位人选及其职称等级,晋升申请和终身教职申请;学科、专业及教师队伍建设规划,以及科学研究、对外学术交流合作等重大学术规划;自主设置或者申请设置学科专业;教学科研成果、人才培养质量的评价标准及考核办法;学校教师职务聘任的学术标准与办法;学术评价、争议处理规则,学术道德规范;等等。

校学术委员会委员由教授会选举产生的教授委员、校长与校长委派的委员组成,其中校长与校长委派的委员不超过委员总数的20%。教授会是组织教授们参与学校办学与管理、加强办学监督和学者自律的重要组织形式,委员由各院(系)全体教授会会员选举产生。

南科大校学术委员会和教授会不仅是实现"教授治学""学术自由"的有效途径,同时对坚守学术规范和学术自律发挥着重要的保障作用。比如，对违反自律条例的教授，教授会将提出书面批评，严重的建议学校解除教授的岗位聘任协议；校学术委员会设立道德委员会，按照有关规定及学校委托，受理有关学术不端行为的举报并进行调查，裁决学术纠纷。

许宗祥介绍，他2011年来南科大上班不久，学校就成立了教授会。在"教授治学"理念的指导下，教授会除了负责制订课程体系、培养方案等学术事务之外，还要从事一些学校日常的管理工作。他回忆说："我们经常开会，讨论问题非常具体。比如我们采购打印机，当时需要通过市有关部门，流程很复杂。南科大从零开始，需要采购的东西很多，流程怎么去设定优化？都由教授会提出细化方案，形成纪要，然后去跟有关部门沟通落实。另外，实验平台的设备采购、建设等，基本上都是通过教授会进行的。"

李闯创老师对教授会在学校治理中的作用印象深刻："后勤或者基建做得不太好，或者教务哪方面做得不太好，我们可以把他们找过来质询、沟通，提出来让他们改进。"

教授会的定位是教授们开展学术交流、参与学校管理的自治组织。教授会选举产生学校学术委员会委员，并选举代表参加学校理事会。教授会不直接从事学校的日常管理。

南科大2012年10月成立学术委员会，唐叔贤院士担任第一任主任。教授会和学术委员会对落实"教授治学、学术自由"发挥了重要作用。

在确保"教授治学、学术自由"方面发挥关键作用的，还有南科大全面实行的独立PI制，南科大之所以成为国内外很多年轻人才的向往之地，独立PI制是重要因素之一。

国际上很多知名大学对教学科研人员，实行的都是独立PI制，南科大从创校开始就全面借鉴了这种先进做法。这在国内高校中，还没有先例。

2011 年 9 月来南科大之前，陆为在香港大学做助理教授，跟着一位院士做研究，不能独立做课题。听说来南科大可以独立做课题，兴奋了很长时间。他说："我一到南科大，实行的就是独立 PI 制。不管你是助理教授、副教授、教授还是讲席教授，都可以独立做课题、做项目。我是化学系最早的负责人，在课题经费分配上，我们系对所有人一视同仁，甚至对新来的老师还特别关照，别人拿一份，新来的拿两份。因为新来的从零起步，更要支持。拿到经费后，可以根据自己的兴趣、爱好和特长等确定研究领域和方向，自己'招兵买马'组织课题组，自己决定科研怎么做，没人要求你必须做什么、不做什么，自由度大。"陆为的这段话，比较清楚地诠释了南科大的独立 PI 制。

独立 PI 制把教授治学、学术自由，有力地落实到每一位教师身上，可以极大地激发教师科研的积极性，尤其是特别有利于年轻教师的成长。这方面，南科大很多教师有切身感受。

谭斌这位杰出的青年科学家谈起自己的成长，称得益于南科大的科研体制和环境氛围。他说："我觉得做科研最重要的一点就是想做什么就可以做，没有约束，南科大给予了我这些，这也是我当初为什么选择加入的一个重要原因。如果我去传统高校，有很多山头的，那些大教授包括领导什么的，跟你说这个可能不能做，那个也不太好，那你就容易失去主见，不知道怎么做了。但是这里不一样，上面没有一个人怼我，我们自己就是主人，科研想怎么做就可以怎么做。你看准了某个课题集中攻关，就可能突破，取得很好的科研成果。这一点是很多学校没法比的。"

谭斌说，南科大教师学术和科研的自由度非常高，校领导只支持，不干涉。"作为一名普通教授，我们可以直接去找书记、校长提问题。

他们在食堂吃饭时，也经常跟我们聊聊有什么需要解决的问题，甚至包括工作之外生活上的，都可以告诉他们。前段时间，为了实验室的事，我还去找过郭书记。"

作为系副主任，谭斌在享受这种环境的优越性的同时，也在坚定地维护这种机制和氛围："我现在相对来说是元老了，对下面人的科研，我有什么想法也是以朋友的身份提，就是按照独立 PI 方式让他们做。兴趣是最好的老师，兴趣所至，最容易出好的科研成果。他们有自己的平台，自己的经费，自己招人，做什么自己定。这些做法已经延续下来了，形成了一种文化，一种氛围，我相信是不会改变的。"

南科大这些年招聘的教师绝大多数是年轻人，独立 PI 制给了他们机会，激发了他们的科研热情和创造力，从学校来说释放了科研生产力。有人说，要看南科大教师的科研劲头，只要晚上 11 点到科研楼走一圈就知道，灯火通明，很多教师还在埋头做实验。有几个实验大平台，因为用的人太多，全天 24 小时开放，始终有人在里面。

南科大致力于建设高水平的研究型大学，教授治学、学术自由、学术规范，这些现代大学的理念和做法，决定着这所学校的科研环境。科研环境营造好了，这些年南科大科研成果出现了爆发式增长。

入学不分专业的宽基础培养

　　和国内绝大多数大学不同，高考选报南科大的考生，无须填写具体专业，因为前一到两年在这里不分专业。这项改革自首届教改实验班开始，经过不断完善，一直延续至今。

　　朱清时对此显然经过了深思熟虑，在首次召开的理事会上，他介绍教改实验班情况时说："学生入学后，前两年不分专业，由学校安排统一的理工科基础课教学及教育部要求的其他课程。大三开始，学生根据自己的兴趣和能力选择专业，每名学生都会依托一个研究所，在研究所完成他们的专业和研究。"

　　为何要推出这项改革？在实践过程中，对创新型人才培养究竟有哪些好处？先看几个真实案例。

　　张大正 2015 年入读南科大后，选专业的过程有点曲折，他说："一开始我想读生物，认识了余聪老师，她人特别好，大一就招我进实验室工作，做一些简单的像刷试管这样的基础性工作。但后来对照别人做东西，我发现自己动手能力不强，做起来也没什么意思，就不想学生物了。不知道该干什么时，我爸妈劝我读金融。学金融要数学好，我就把精力主要集中在学数学上。后来我在学校听了几个金融讲座，跟一位金融老师聊了聊，发现我也不是很喜欢金融。到了大二上学期，我选了一门课叫大数据导论，老师是张振，感觉张老师特别热情，讲得特别精彩。比如，让我们做一些小的数据分析项目，试一下，这才发现我好喜欢数据分析，将来我要做数据分析。但我也不知道数据分析将来还要学什么，张老师说数据分析还是统计，统计有很多理论把数据应用到生活中的项目分析上。我觉得这个学科很对我的胃口，就确定学统计了。"

从张大正的介绍中，他尝试了生物，尝试了金融，至少经过了两次否定，最后才找到自己的兴趣方向。兴趣是最好的老师，在统计的专业方向上，他越学越有劲头，毕业时成绩优秀，去了美国宾夕法尼亚大学深造。如果填报志愿时就让他选定专业，他可能找不到自己真正的兴趣所在。

梁建生 2012 年来南科大工作之前，在内地某大学负责学生工作时，发现有不少大学生厌学的原因是对专业不喜欢。他认为，高中生本来知识面和社会接触面就不广，到了高二、高三，基本上全部时间都用来备考了，考完填报志愿的时间就那么几天，要确定专业真是强人所难。如果匆匆忙忙，甚至糊里糊涂中选了一个自己不喜欢的专业，学生会因没有兴趣而学不好，更不可能在这个方向上被培养成拔尖人才。人们常说兴趣是最好的老师，让学生们找到自己的特长所在，是培养拔尖人才的一个重要环节。南科大前两年不分专业，物理、生物、数学、化学、实验设计、编程这些课都要学，进行通识教育，打好理工科基础，发现兴趣和优势，然后选专业，这样的安排对学生专业成长最有利。

吴文政介绍说："我 2011 年加入南科大任教，当时朱校长有个理念，就是在你走到专业的道路之前，最起码数理化学科的知识要有大一大二的水平。研究发展的趋势越来越趋向交叉学科、学科融合，了解更多学科的知识，有利于在这种趋势中做好研究。"

曾歆勋，2019 年毕业典礼上发言的学生代表，但他其实 2012 年就入读了南科大。谈起学校对他的培养，他直呼学校给予的学习和发展空间太大了："入学半年之后，我和另外两位同学发现，上淘宝买东西的人越来越多，但点外卖的人相对较少，相信将来也会热起来，这是大趋势。于是我们做了一个网站，像现在的饿了么、美团这类。

做了一段时间，用户增长很快，我就有了一个想法，休学创业。经过爸妈同意后，读完一年半时我跟学校和朱校长提出来，一开始担心不同意，没想到很快就批准了。后来创业不太成功，2017年上半年我又复学回来，读的当然是我最喜爱的计算机。"

有想法，学校就支持你去做。谈起这段经历，曾歆勋非常感激学校给自己选择的机会，创业经历对自己今后人生，是一笔巨大财富。

"很多同学就是在转换专业的过程中，找到了自己喜欢做的事，这对未来发展很有好处，我自己就是受益者。"曾歆勋感触地说，"其实我休学还有一个原因，那时候学校只有物理、化学、生物、金融数学、微纳材料5个专业，当时上了之后发现都不是很适合我，都没有那种特别兴奋、特别愿意追求的感觉。但是我复学回来之后，我一进入计算机专业，上的第一门课就觉得很喜欢，而且是越学越喜欢，成绩也特别好。说明你找到自己喜欢的事情，结果是不一样的。人本身没有什么变化，只是换了一个选择就有很不一样的结果。"

学生的发展和成长环境与办学条件密切相关，南科大学生和家长都有同感，在这里学习读书真的太幸福了。因为深圳市的大力支持，对南科大是大投入办学，这里师资水平一流，实验设备一流，师生比1∶10左右。

这里，给学生上课是教师最主要的任务，站在本科生课堂上的经常是大名鼎鼎的院士。南科大规定，教学科研型教师每年至少承担讲授两门课，其中每年至少1门为本科生课程，每门至少3学分；终身制教职的教师进校后第一个6年内有一年可以承担讲授一门课程，即6年内至少承担11门次课程；准终身制教职教师进校后第一个6年内有一年（或两个半年）可以不承担讲授课程，即6年内至少承担10门次课程。完不成上课任务，年终考核扣分，无奖金。

这里，实验室总数相对师生人数，比例之高位居国内前列。南科大本科生可以经常去实验室跟老师一起做实验。

卢周广老师介绍说："因为我们本科生不多，有这么多科研实验室，每名学生只要有兴趣都可以进来做科研实验，我觉得全世界能做到这点的学校，都不是很多。"谭斌老师对此也有同感，他说："我们完全把这些本科生当作硕士、博士来培养，手把手一点一滴地教。"

到实验室做实验，不仅培养了学生的动手能力，更重要的是培养了对科研的兴趣、志向。余丹丹毕业后去香港大学读生物技术博士，她大一、大二时并没有读博士搞研究的想法，只想本科毕业后出去工作，读博士的想法是在南科大的氛围中慢慢形成的。她说："南科大身边的同学，很多都去读了博士，我们在这里发现了做科研的潜力，并敢于去尝试。"在港大读博士，余丹丹明显感觉自己在实验室做研究的能力，比内地去的一些硕士们有优势。"这都要感谢南科大。"她说。

首届教改实验班王嘉乐，进南科大读书时只有 14 岁。大三起参与老师的课题研究，培养了他很强的研究能力，这为他后来申请牛津大学硕博连读，提供了极其有利的条件。

南科大实行学年学分制，在必修课之外，开设了大量选修课，并容许在 6 年之内修完需要的学分，就可以毕业。他们还曾经大胆设想过完全学分制，也就是总学分确定，修完学分的年限不做规定。在专业上，设想过"专业后认定"，意思是修完规定学分后，根据实际所修课程情况，授予相应专业，使专业认定成为学习的自然结果。也许哪一天条件成熟，这些更为前卫的改革就会出台。

谭斌是在南科大成长起来的第一位"杰青"，科研成果丰硕，但他最引以为傲的是他的学生："从第一名本科生进我课题组，到现在毕业的总共大概有 10 名。除了一位进了华为，所有学生都继续深造了，有一名保研进了清华大学，剩下基本都去了美国名校，而且拿了全奖。这与我们研究型大学的定位非常匹配。"每年去江西招生，谭斌把这些学生的去向做张表列出来，展示给来听讲的学生和家长，很有说服力，"他们说把孩子交给你们就放心了。"

书院制和"双导师制"

在探索拔尖创新人才培养模式的过程中，南科大逐渐形成了独具特色的"三制三化"育人模式，即书院制、导师制、学分制，国际化、个性化、精英化。十八个字，内涵丰富，相互支撑，融为一体，共同聚力，人才培养。

大家对"书院"并不陌生。在国内，"书院"曾是中国历史上重要的培养人才的教育机构，宋朝四大书院至今闻名遐迩。在国外，哈佛、耶鲁、牛津、剑桥这些世界名校，均以书院或文理学部、本科生院作为实施博雅教育理念的载体。

怎样把国内外"书院"育人理念、做法的精华融入南科大人才培养之中，并形成一套切合实际的制度化体系？对于这件事，朱清时早就有深谋远虑了。朱清时担任中科大校长时，就希望借鉴哈佛等校的经验做法，在校内实行书院制改革，但因反对声较大最后未能实施。南科大这块教改试验场，给了"壮志未酬"的他施展拳脚的"用武之地"。因此，从第一届教改实验班开始，"书院制"结合"导师制"，便与师生们相伴而行，成为南科大最重要的办学特色之一。

南科大建校伊始就实行书院制，除了朱清时看到书院对学生思想成长、心理成熟、兴趣发展、社会性培养、人格健全等方面的巨大作用之外，还有一个非常实际的考量因素，南科大本科生头两年不分专业，实行通识教育，不属于任何院系，必须通过书院给他们一种"家"的归属感。

梁建生，曾担任南科大第一任教学工作部部长，是制定"三制三化"方案的具体"操刀"者。他介绍说，2012年来南科大工作后不久，根据朱清时校长要求，他在前期教改实验班实践的基础上，制定和完善了"书院制"和"导师制"的实施方案。这个方案的最大特点是"全员制"，所有本科学生在校期间都归属某一个书院，所有老师都担任书院导师。无论你是普通老师还是大名鼎鼎的院士，担任学生导师都责无旁贷。现在实行书院制的高校越来越多，但从"全员制"的角度来说，南科大可谓独一无二。

"书院制是南科大全员教育的核心组成部分。"梁建生介绍，书院致力于为不同年级、不同专业的学生以及导师营造一个关系密切、互动交流的师生社区。

书院是一个实体育人机构，由学校学术系统和行政系统提供支撑。每个书院都会聘请一位知名教授担任院长，一位教授或副教授担任学术副院长，一位行政人员担任行政副院长。书院实行院长负责制，下设书院办公室负责日常事务。行政系统还会按照一定的比例配备辅导员。从空间资源上，书院以学生公寓为核心，若干栋公寓楼及相关的配套设施组成一个书院，在一楼会辟出专门场所，提供各种活动所需的设备和空间；另外，书院有自己的自习教室。书院还有相对独立的财务，可以为学生提供课外活动的经费。

每次新学年开学，新生要选择书院。这也是各书院推介自己的关键期，摆摊设点，发传单，做演讲，花样百出，精彩纷呈。新生观察、比较，最后选择一个满意的加入。同时，他们还要从书院推介的众多导师中，选一位作为自己人生的导师。梁建生说，让学生"选"书院，而不是学校"分派"，除了给学生自由选择权之外，对书院也是一种压力，必须办好，办出特色，办出强项。

　　南科大各书院都有自己的名字、文化、传统、活动和非正式的教育课程、辅导咨询、兴趣社团。让我们走进2013年9月正式成立的树仁书院，来进一步了解书院情况。

　　看到院名"树仁"和院训"居高怀仁，止于至善"，你就会想到这是有文化的地方。就如同看到这座校园里的屋背岭商代文化遗址，就感到学校虽然年轻，却承载着悠久的文化底蕴。书院的院长是黄立民教授，导师有60多位，此外还有十几位品学兼优的学生组成的学长团，育人实力强大。

　　树仁书院的特色是体育、艺术、社区生活等。除了常规化的足球队、篮球队、乒乓球队、羽毛球队之外，还有京剧社、键盘社、潜水俱乐部、英式橄榄球俱乐部等。书院还有学生会、团总支和社区生活委员会等机构。每位学生都有机会根据自身爱好和特长，选择进入一个或几个小的"团体"，感受温暖，接受锻炼。

　　学生们在家园般的书院里的学习、生活究竟怎样？要了解这些，还要再介绍一下与之密切相关的导师制情况。南科大导师制的创新点在于"双导师"。学生进入书院，可以选一位生活导师指导人生，大三确定专业，再选一位学术导师指导专业。在书院制和导师制下，学生健康快乐地学习、生活，既成才又成人。

　　校友余丹丹回忆，那时候学校就像一个大家庭，很温暖，同学们互相认识，跟老师也都熟悉。"我的生活导师是位女教授，她经常跟我聊天，甚至提一些感情上的建议，像个大姐姐。"谈起导师的选择，她说："我们可以随便找，不管是领军教授还是副教授，我们认为合适都可以找，老师也都基本同意。"

　　已经毕业的张大正谈起当年的导师，脸上仍然洋溢着幸福感："我当时的导师赵悦，人特别好。我们第一次见面，他刚从美国回来，直接叫上他所有的学生去西贝莜面村吃大餐，让我们先了解一下彼此，大家挺开心的。之后他经常举行小型聚餐活动，遇到什么问题，有什么困惑，应该做什么，大家边吃边聊，他会在不经意间，提一些指导性意见。潜移默化，润物无声，我们收获很大。"

"我的学术导师田国梁，是统计系的，特别细心，处处为学生着想。我们想要做一些科研上的项目，田老师就主动为他带的学生开设了一个讨论班。在这个讨论班上，他会讲一些他在科研上发现的新东西，一些很有意思的课题，让大家一起讨论，再把任务分配给大家。我们三人一小组，每个小组有一个小的科研课题，可以三人一起合作完成，并写成一篇学术论文。"张大正有些感动地说，"田老师很忙，同时要带本科生、硕士生、博士生，但只要我们有什么问题，他总是有求必应。有几次我们做了一天科研，实在做不下去了，晚上10点钟左右给他发微信，说遇到了困难，他收到很快回复说你们现在就来办公室吧。我们三人马上跑过去，心情挺复杂的，田老师这时候就会开导我们，说不要着急，科研不是一天能做成的，然后再给我们提一些特别有用的建议。这个过程让我渐渐明白了科研是什么，科研应该如何做，同时觉得科研特别有意思，我逐渐爱上了科研。"

2013级校友刘宗岱认为，书院制和导师制对他大学生活产生了非常大的正面影响。他说："书院其实就是一个圈子，我当时在树仁书院。大家做什么都在书院里面，或者跟书院里面的人组成一个团队。比如学校有书院杯，或者足球比赛，都是以书院为单位。我在里面认识了很多伙伴，跟伙伴和老师学到了很多东西，至今受用。"

书院是南科大育人体系中的重要一环。人文社科学院院长、树礼书院原院长陈跃红对书院的育人初心很明确："我们直面只抓两头而忽略中间大多数学生的育人痛点，组织、构建惠及全体学生的育人活动、平台，争取让所有学生个性发展、多维成长，完成人格的养成等。"

为何南科大无论是毕业校友还是在读学生，谈起书院制和导师制都赞不绝口，声称收获巨大？一个关键因素是这两项制度挖掘、利用、组织、优化了教育资源，尤其是人的资源，而教育最重要的东西是人对人的影响。作为有丰富办学经验的教育家，朱清时对此有深刻认识。南科大办学伊始，条件非常艰苦，面对有人对教学质量的担心、怀疑，朱清时曾公开对媒体说，南科大有一批非常好的教师，只要他们天天跟学生在一起，学生们就能学到很多东西，要对办学质量放心。后来前两届毕业生的去向，证明了那些担心是多余的。

南科大因为师生比上的优势，相对来说导师资源充裕，本科生不仅有导师，而且是双导师。校园建设时，朱清时坚持建了几百套教师公寓，使很多教师能够住在学校。后来学校还建了配套的幼儿园、小学等，甚至派车到校门口接送老师的孩子，让老师有更多时间跟学生泡在一起。

2012年就加盟南科大的卢周广教授深有感触地说："我们的导师制做到了实处，导师非常投入地带学生，他们有问题我们随时会答疑解惑。除了请学生吃饭聊天，我们经常一起搞爬山、徒步、骑自行车等体育方面活动。你想，这些在很多学校是根本不可能的。"

另外，还有学生之间的相互影响。书院由年龄不同、专业不同的学生组成，背景的不同，使他们相互交流学习的收获更大。人们在分析美国和深圳这些移民国家和城市时，认为这些地方更有活力、更能创新的一个重要因素，就是移民的背景不同。

《南方科技大学章程》规定了书院的功能、职责、定位，如今，南科大书院已经发展到六个，分别是致仁书院、树仁书院、致诚书院、树德书院、致新书院、树礼书院。书院制和导师制有机结合，真正做到了老师与学生、课堂内与外、学习与生活的紧密结合，师生之间、生生之间互动，形成了家园式的育人环境。这些在培养拔尖创新人才中，发挥着重要作用。

学位授予权上的突破

2018 年 5 月 10 日，国务院学位委员会印发公布审核增列的授权单位和授权点名单，南科大获批博士学位授予单位，同时获批数学、物理学、生物学、力学 4 个博士学位授权点。

从 2012 年正式获批成立，到首次获得博士学位授予资格，南科大仅仅用了 6 年，在全国新办高校中从未有过，这突破是"空前"的。罗伟其评价认为："这是中国高等教育史上的一次重要探索，南科大为如何高起点兴办一所大学提供了案例和路径。"

在郭雨蓉看来，获得博士学位授予资格是南科大创建发展过程中极其重要的节点，她说："从筹建的第一天开始，怎么解决博士、硕士授权点的问题，就是南科大的一个难题。一直到获得之后，我认为南科大才完成了整个批办的历程，建设高水平研究型大学的要素基本都齐全了。"

南科大的定位是一步到位办一所高水平的研究型大学，筹建之初，即参照香港科技大学、加州理工学院、英国华威大学等成功院校的模式，按照"小而精"的宗旨，希望本科、硕士、博士教育同步推进。

可按照《高等教育法》等中国现行教育政策规定和相关惯例，大学要先办专科，有了专科再办本科，本科毕业生达到八届才能申请硕士点，硕士有五届毕业生之后才能申请博士点。也就是说，一所大学要获得硕士、博士授予资格，差不多需要 20 多年时间，期间要不断报批，要满足许多严格的条件。深圳大学付出了巨大努力，但从成立到获得博士学位授予点还是花了 23 年。

南科大要在较短时间内办成高水平的研究型大学，按部就班去做肯定没戏，必须想办法"突破"。

2010 年 4 月，深圳市递交给教育部的《深圳市筹建南方科技大学论证报告》提出，南科大要在较短时间内建设并成为高质量的研究型大学，就必须超越常规，实现跨越式发展，积极争取中央、教育部、省市各级部门的大力支持与配合，一步到位建设成为高水平大学。

目标已经明确了，但如何实现？

在朱清时任职的几年里，他利用自己全国政协委员的身份，通过媒体采访等渠道，不断地向社会呼吁，陈述现有体制的弊端，向社会传达南科大作为一所研究型大学，获得硕博授予资格的必要性和紧迫感。查阅当年朱清时接受采访的报道，这方面的内容比比皆是：

"因为要一步到位建成研究型大学，所以我们必须一开始就招聘到一流的研究型人才。但一流的研究型人才最在乎的是学校是否有研究生招生权，希望来了之后就能带研究生。但按照现行规定，国家不允许一个学校刚刚筹建就能招研究生，只能等你建好以后，一项项逐步申请。"

"南科大作为一个高起点建设的国际化、高水平、研究型大学，如果学校没有博士硕士学位授予资格，老师不能带博士硕士，研究型大学的基础是不存在的。"

除了学校之外，广东和深圳的有关领导也在向教育部积极争取。

"在我的记忆中，从我当教育局局长开始，市领导拜会教育部领导的时候，重点都是南科大。最初是筹办的问题，后来就是学位的问题。批筹后每年都是谈学位。"郭雨蓉说。

2015年1月陈十一校长到任后，也是把博士、硕士培养问题摆在首位，他视野宽广，思维敏捷，国际化经验丰富，马上提出两条腿走路的办法，一方面继续争取硕博点授予资格，另一方面与国内外知名高校开展联合培养。当年，南科大很快与香港大学、香港科技大学、新加坡国立大学、美国天普大学、哈尔滨工业大学等著名高校启动了硕士、博士联合培养项目。

2016年，这些联合培养项目首批招收的277名硕士、博士研究生入学。按照培养方案，实行双校培养、双导师指导，授予南科大合作大学的学位证书。

2018年，南科大与哈工大联合培养的159名首届硕士研究生毕业。陈十一在毕业典礼上动情地说："16级硕士研究生是勇吃螃蟹的一届。你们是南科大进行创造性联合培养的第一届硕士研究生。由于南科大是新建大学，现行体制无法允许从建校之初就招收培养研究生，这使得我们众多优秀教授的科研受到很大的影响，这是我来南科大后最大的挑战之一。但是我经常说一句话：人不能被限制困住。与一流国内外大学联合办学，让南科大直接站在巨人肩膀上。它使得我们的研究生有更好的国际视野与成长空间，我们的年轻教授有机会与世界优秀学者一起开展学术合作。'德不孤，必有邻'，感谢在南科大发展道路上一路有知音相伴同行。"

通过联合培养项目，稳定了南科大的教师队伍，延续了学校的科研力量。但这只是权宜之计，从南科大的长远发展来说，还是要尽快获得硕士、博士授予资格。

开展"联培"项目的同时，南科大的硕士、博士学位申报也在马不停蹄地推进。但怎样用一种巧妙的方式来突破制度的限制，考验的是推动者的智慧。

在这方面，广东省教育厅发挥了非常重要的作用。他们和南科大一起找思路、寻方法，最终一步步地完成了这场"突围"。

时任广东省教育厅厅长罗伟其对美国研究型大学有深入了解，在和陈十一的一次探讨中，他给出了建议："美国加州大学系列的研究型大学很成功，他们不走普通的州立大学的路子，办到了一定时间再给招硕士、博士，而是说你只要达到一定水平，满足一定要求，就直接给你资格。我国现行制度里没有告诉我们如何高起点办一所大学，我们能不能学他们，替部里设计一个高起点办研究型大学的方案？"

听了罗伟其的建议，陈十一非常振奋。他在海外工作多年，深知海外研究型大学的办学思路。如果按照这样的逻辑来申报，南科大可能有戏！

陈十一向罗伟其详细汇报了南科大的情况。彼时，南科大一共有 148 位教师，超过 95% 的教师都是在国际国内一流大学毕业的博士或是有海内外一流大学工作经历，平均年龄不到 40 岁，各类人才比如说国家"杰青"等数量占到全体教师的 40% 以上。

"我一边听一边记，听到这些数据，我说我们可以在这个地方做文章了。第一，95% 以上老师在国内外一流大学学习、工作过，且全部都是博士学位，在国内来说，恐怕清华北大都达不到。第二，国家级的人才在总的教师当中超过了 40%，这个在全国可能也是第一。当然，我的判断不一定对，你去统计一下。"罗伟其对陈十一说。

按照罗伟其的建议，南科大把自己的核心优势充分提炼出来，比如师资队伍背景好，水平高，年纪轻，学校科研设施设备先进等等，并对国际上创办研究型大学的路径进行了分析。

很快，按照罗伟其的建议，南科大准备了高起点办研究型大学的材料。接下来，大家都按照这个思路到教育部做工作。在那期间，罗伟其无论是专程还是顺道去教育部，只要有机会，便向部里领导汇报南科大的人才队伍建设情况、独特优势、发展前景，也会讲南科大当下最大的难处就是硕博点申报。他说："我去学位办汇报、去学生司汇报、去高校司汇报，跟他们建议说南科大的硕博点授予问题，可以采取按办学水平评估，而不是年限。比如我们给它画线，画到清华北大的水平，或者是画到华中科技大学的水平，在这个水平之上，就可以给博士点。"

在罗伟其的争取下，教育部学位管理与研究生司到南科大进行了深入调研。调研后，部里开始慢慢认同罗伟其和南科大的说法，认为广东教育厅提出的硕博点授予思路是可以的。

2016年，南科大正式提出硕士、博士点申报，广东省教育厅通过后，上报给了教育部。2017年初，国务院学位委员会开始为下半年的博士点授予评议工作做准备。按照规定，评议之前要出评议规则，对学位授权审核基本条件进行解读。如果国务院学位委员会不对现有硕博点的申报条件进行调整，把特殊情况写进去的话，南科大很可能就被一票否决，没有机会了。

在那段时间，广东省、深圳市各级领导，南科大书记、校长反复跟部里沟通，希望在现有规则里，增加高水平办学的特殊约定。

2017年3月17日，国务院学位委员会发布了《关于开展2017年博士硕士学位授权审核工作的通知》，随通知还发布了《学位授权审核申请基本条件（试行）》。调整后的"新增博士学位授予单位申请基本条件"第二条明确规定：原则上应已获得硕士学位授权8年以上。拥有国家重大科研平台、承担国家重大科研任务、具有国际一流高水平师资队伍的普通高等学校，可不受年限限制直接申请。"新增硕士学位授予单位申请基本条件"第二条明确规定：原则上应是已获得学士学位授权 8 年以上。拥有国家科研平台、承担国家科研任务、具有国内高水平师资队伍的普通高等学校，可不受年限限制直接申请。

"不受年限限制直接申请"改变了过去一刀切的年限限制，硕士、博士点的申报条件终于有了突破！

2018 年 3 月，国务院学位委员会下发了《关于下达 2017 年审核增列的博士、硕士学位授权点名单的通知》，南科大入选硕士学位授权单位，获批 6 个硕士学位授权一级学科和 1 个专业学位授权点。6 个硕士学位授权一级学科分别为数学、物理学、化学、生物学、力学、电子科学与技术，1 个专业学位授权点为工程硕士。同年 5 月，南科大获批博士学位授予单位。

申请硕士、博士学位授予权，不用熬年头，可以靠办学水平和质量，这不仅对南科大是一个重大的突破，对整个国内新办研究型大学也是一个重大突破。

"南科大为国内怎么高水平兴办一所大学提供了很好的案例和路径，为什么我们说要支持南科大去做高等教育改革的探路者，道理就在这里。"罗伟其说。

因"改革创新"而成现象

为何会有"南科大现象"

查阅那些年媒体对南科大的报道，铺天盖地，南科大教改多次被评为年度新闻事件。这时笔者心生一个问题：为何一所地方性大学的创建会受到国内外近乎狂热般的关注？细细思考，答案就四个字：改革创新！

南科大生逢其时。

改革开放以后，教育一直被视为改革脚步最慢的领域，长期积累了一些问题和矛盾。钱学森之问——"为什么我们的学校总是培养不出杰出的人才"，在全社会引爆了持续数年对教育问题的大讨论。

在这个过程中，高校的问题被充分暴露：功利化、官僚化、行政化、学术腐败、论文抄袭等等。一番讨论热议，最后上上下下形成共识：不改不行了，否则"钱学森之问"永远无法回答！

持这种共识的不仅有专家学者、教师校长、普通百姓，更关键的是还有中央高层。时任国务院总理温家宝就多次召开专题会议，研究教改。

于是，国家各种教改措施纷纷出台，其中最重大的是《国家中长期教育改革和发展规划纲要（2010—2020年）》的颁布和实施。这份纲领性文件是以党中央和国务院的名义颁发的，从标题就知道它的出台目的和内容指向。

国家和社会各个层面，正在"同欲"教改的时候，中国改革开放的前沿深圳，南科大出现了！于是，这所新校自然而然地被关注、被厚爱、被赋予沉甸甸的期待。

改革需要试验，需要尖兵，需要勇往直前的闯将。在历史性大机遇面前，南科大被赋予国家高等教育综合改革试验校的帽子。这样的使命，对深圳和南科大来说求之不得，因为，从创校梦想开始的那天，生于深圳的基因就决定了南科大要走改革创新之路。

南科大生逢其"人"。

同样的事找不同的人来做，过程和结果可能大不一样。对办学来说，校长尤为关键。深圳通过全球遴选的方式，精准地聘来朱清时出任创校校长，是深圳之幸，南科大之运。

中科大十年校长、资深院士的身份，早就表现出的改革精神，以及性格温厚背后的刚毅，都让他成为南科大创校校长的不二人选。其后，接任的陈十一校长，又是一位很有责任担当的好校长，他心怀扎根中国大地、办世界一流研究型大学的理想来到南科大，以国际化的视野、敢闯敢试的活力，让南科大在高水平的起点上，产生了加速度。

但改革之路无坦途，布满荆棘，并不好走。矢志改革的南科大，必然会处于风口浪尖。

南科大改革的力度越大，冲突越大，媒体和社会关注度就越高，而媒体的关注又把这些进一步放大了。另外，朱清时有时候也有意识地利用媒体的力量，推动改革，在"互动"中南科大更受关注。

那些年，不仅国内媒体每时每刻都在盯着南科大的一举一动，国外媒体同样如此，而且很多是大牌媒体。当唐叔贤院士给教改实验班上第一堂课时，他也没想到《科学》杂志的记者居然坐在了下面，后来还登出了一篇长篇通讯。

2010 年底，"南方科大"被国家语言资源监测与研究中心评为当年"中国媒体十大流行语"。2011 年，南科大教改被美国《科学》杂志评为年度新闻。那几年，南科大教改进入国内媒体"年度新闻"的次数更多。

渐渐地,南科大成为一种现象级的存在。在《社会科学论坛》上,学者王长乐曾发表《"南科大现象"解析》对此进行探讨。中国没有哪一所高校的创建,能享受如此高的"待遇"!

2014年,朱清时离任,不久后陈十一接任校长。环境和人都变了,南科大的风格随之调整,以更加务实的方式对之前的改革思路、举措进行落实、完善,甚至是修正,低调做事。南科大突然从举世瞩目的舞台中央,退隐到了聚光灯之外。

但经过时间不长的"退隐",人们突然发现,南科大迅速长大了。于是,目光再次聚集:为什么南科大能"长"得这么快,这么好?

对南科大现象的关注,前期更多的是关注改革本身,现在更关注的是改革发展的成果以及背后的成因。

因为改革创新,南科大成为"现象",刚刚创办不久就成了"名校",这是南科大获得的一份大大的"红利"。

因为南科大现象,中国掀起了一场有关高教改革的大讨论,持续多年,让大家更深入地认识到中国高教存在的弊端,更深入地认识到要改革创新,同时,在一定程度上对改什么、怎么改,达成了某些共识。南科大成为中国高校改革的一条活泼的"鲶鱼"。这些都将影响深远。

改革探索不辱使命

南科大创建之初，就肩负起为中国高校综合改革探路的使命，具体有两大任务：探索中国特色的现代大学制度，探索拔尖创新人才培养模式。

那么，南科大创校以来，究竟"探"了些什么？

先说对中国特色的现代大学制度的探索。

最重要的制度探索是出台《南方科技大学管理暂行办法》。该办法明确了政府、学校、社会的关系和秩序，在国内公办高校中第一次实现了"一校一法"的治理，被誉为南科大的"基本法"。另外，《南方科技大学章程》也是一项重要的制度创新。这是国内高校中出台较早、富有特色，并且真正在办学中发挥巨大作用的极少数大学"宪章"之一。

在大学治理结构和机制的探索上，南科大突破性地实行了理事会制度。理事会是南科大的决策机构，成员由政府、学校和社会三方按一定比例构成，定期开会，讨论决定有关学校发展的重大事项。理事会承担了政府作为出资人对学校的管理角色，2011年运作至今，已经证明其非常有利于学校依法自主办学和事业发展。

在教师管理制度上，南科大全员实行 Tenure Track 制，非升即走。通过严格的考核淘汰，建设高水平的教师队伍，给通过考核认定的优秀教师终身教职和更大的科研自由度。借鉴这种国际一流高校的通行做法，极大地提升了学校的教学科研水平。

在科研体制机制上，南科大全员实行独立 PI 制。教学科研人员做什么课题，怎么做，自主决定。这项制度切实把学术研究的自主权交到了每位教师手上，极大地激发了教师科研的积极性和创造性。

在学位授予权的获得上，南科大实现了空前的突破。按照既有规定，一所新建大学要获得硕士、博士学位授予权，至少需要 20 多年。南科大以其出色的办学质量和一流的软硬件条件、高效的沟通和不懈的努力，2018 年就提前拿到了硕士、博士学位授予权。

再看对拔尖人才培养模式的探索。

首先是成功地实行"631"模式招生。在经过一番探索之后，南科大在招生上采用了既被各方接受，又与传统招生方式有所不同的"631"新模式。"6"是对高考制度作为主导的遵从，"3"体现了学校的招生自主权，"1"是对"一考定终身"的回应。目前，这项创新已被国内多所高校部分"复制"。

其次是进校时不分专业。一改国内传统高校报考时就必须确定专业的做法，南科大从首届学生开始，第一两年就不分专业，第二或第三年在全校专业范围内任选。创造条件让学生找到真正感兴趣的专业方向，有利于拔尖创新人才的成长。

其三是在校过程中实行"书院制"和"双导师制"。所有本科生都属于某个书院，都有生活和学术两个导师，所有老师都必须担任本科生导师，这在国内高校绝无仅有。"双导师制"让本科生享受着研究生的待遇，体现了南科大作为"小而精"研究型大学所实施的精英教育特色。

南科大创建发展过程中，探索过的改革做法还有不少，比如聘用猎头全球遴选校长、自主招生、自授学位、去行政化等改革，在当时均引起广泛关注和巨大反响。

发展成果令人惊艳

2020 年南科大 10 岁，在交出改革成绩单的同时，更要拿出发展的成果，毕竟，发展才是硬道理。前者成效如何，需要后者的检验，因为南科大改革创新的目的，是实现学校的创建和发展。

从无到有，南科大从一粒种子迅速长成一棵大树，如今枝繁叶茂，果实累累。

先说南科大校园。位于南山塘朗山北麓，占地面积高达 198 万平方米。总规划建筑面积 105 万平方米，已建成 60 多万平方米。图书馆、教学楼、科研楼、行政楼、学生公寓、院士楼、教师公寓等，一栋栋设计漂亮的楼宇，坐落在"九山一水"的校园里，人文与自然融为一体。在寸土寸金的深圳，快速建设起这样一座一流校园，让很多人看后直呼"了不起"。

在这个建筑和风景绝对都一流的校园里，建有一流的科研大平台和实验室。今年在新冠病毒研究上做出巨大贡献的南科大冷冻电镜中心，全部建成之后，将是我国配套最齐、最先进的冷冻电镜实验室，位居全球前三。南科大科学与工程计算中心高性能集群（TaiYi，太乙），国内领先，国际一流。目前，学校共获批建设各级各类科研平台 58 个，其中包括国家级 1 个、省部级 19 个、市级 36 个。

这些年，南科大全球引才，打造了一支高水平的教师队伍。目前，已签约引进教师上千人，包括国内外院士 45 人（其中全职院士 23 人）、国际会士 39 人、教育部特聘专家 31 人、"国家特支计划"专家 11 人。在"2020 软科中国大学高端人才排名"中，南科大位列中国高校第 8 位，其中高端人才教师均得分排名全国高校第 4。

这些年，南科大报考人数年年飞涨，很多学子放弃 985 高校，选择到这里就读。今年本科招生报名人数突破 43000 人，最终录取人数 1097 人，录取率是 1:40，录取生源质量再创新高，过半省份录取新生高考平均成绩进入理科前 1.5%，各省录取平均分高于原一本分数线 110 分左右。

这些年，南科毕业生的出路越来越好。首届毕业生升学率超过 85%，从第二届开始，升学率保持在 65% 左右。今年继续深造的毕业生中，六成在境外名校，近四成在国内一流大学，其中直接攻读博士学位的比例近 24%。选择就业的毕业生，被华为、腾讯这类知名企业录取的人数，年年增长。

这些年，南科大科研成果进入"爆发期"。南科大很多科研成果已经转化成了科技生产力，正在反哺社会。

这里国际化特色鲜明。学校与来自 38 个国家和地区的 135 所境外机构形成了合作伙伴关系，有 93 个国际学生交流学习项目。大学四年，每位本科生至少有一次出境学习交流的机会。

这些年，在泰晤士、QS、软科等世界高校排名榜上，南科大的名次嗖嗖往上涨。其中排名最靠前的是在泰晤士大学排行榜，南科大排内地第 8 位，亚洲第 33 位。在 QS 世界大学排名网发布的"2021QS 世界大学排名"中，南科大位列世界第 323 位，中国内地高校第 14 位。这样的名次让很多人惊讶。

从批准筹建到现在，仅仅十年时间，南科大取得的成绩令人瞩目：建成了一流的校园，建设了一流的教学科研设施，建立了一流的教师队伍，招收了一流的学生，涌现了一批一流的科研成果，在各大排行榜上，最高名次跃升到国内高校第八。这样超预期的成果，不仅证明当年创建南科大的决策正确，而且说明南科大以改革的办学方式，极其成功。

"看到现在的南科大，我比谁都高兴。教师队伍、学生、南科大国际国内的声望，都回答了我们当时的做法究竟如何，根本不用我再去解释，甚至辩论了。"面对南科大取得的成绩，老校长朱清时非常欣慰。

南科大创办初期，目标就是在较短时间内建成国际化高水平的研究型大学。如今，它已经成功实现了当初的目标，正朝着"扎根中国大地，建设世界一流研究型大学"目标大步迈进。

最宝贵的财富是"精神"

观察、思考南科大现象，目的是从中获得启迪，有所收获。不仅要看那些改革创新的举措，事业发展的成果，还要看创建发展中形成的一种精神。精神的力量，有时更强大。

从南科大筹备办成立之日起，笔者就非常关注它的一举一动。最近又集中时间查阅资料，采访相关人员，梳理创校历程。回望南科大创校之路，下面几点感触尤其深刻：

一是"敢闯敢试"。南科大创建始终充满锐气，就像一位年轻人，心怀梦想、精力充沛、无所畏惧，什么都想去闯一闯、试一试。比如，聘请猎头公司，以全球遴选的方式产生校长；招生没批，直接发布公告在全国自主招生；"一校一法""理事会制度"，之前没有公办学校试过，不要紧，去做做看。敢闯敢试，敢为人先，处处透出强烈的使命感和舍我其谁的豪气，认准了，就去干。

二是"改革创新"。从创建第一天开始，就誓言走一条改革创新的路子。南科大借鉴世界一流大学的成功经验，在办学体制机制，育人模式等方面，扎根中国大地，为中国高教改探路，并取得了丰硕成果。办创新型大学必须走改革创新的路子，如果走传统高校的老路子，就不可能有今天"超出预想"的南科大。"叫醒我们的不是闹钟，而是中国高校改革的梦想"，这句由南科大人喊出的口号，至今仍在激励着南科人。

三是"追求卓越"。南科大的名字刚一面世，定位就是高端，瞄准的就是一流，对标的就是港科大和加州理工。立足"小而精"，建设高水平的研究型大学，每个学科要办就一步到位办成亚洲一流，否则宁可不办。几位校领导的办事风格不同，但追求卓越的精神和做法高度一致。如今，师资、学生、设备、校园和管理、理念，可以说已是国内一流，但他们永不满足。南科大人做事，不做则已，要做就要做到最好。

四是"求真务实"。南科大创建时有宏图大略，也有很多豪言壮语，但最终是靠一步步、一点点干出来的。朱清时校长以教育改革家的胆识和眼界，为南科大发展拓展空间，搭建框架，打下基础。陈十一校长接任之后，苦练内功，扎扎实实推进人才引进、学科和平台建设等各项工作。全体教职员工始终兢兢业业，忘我工作。领导和员工一起，齐心协力，干出了高速成长的南科大。

五是"坚韧执着"。苏轼曾言："古之立大事者，不惟有超世之才，亦必有坚忍不拔之志。"南科大创建走的是别人没有走过的路，困难和挫折不言自明。从筹备办建立到批筹，经历了1300多个日夜，筹备者很长时间根本不知道什么时候批，甚至能不能批都是未知数。但筹备者没有丝毫懈怠，咬定青山不放松地推进筹建。办学过程中，一系列改革遭遇意想不到的阻力，但一点没影响干事创业的劲头，期间有妥协，有变通，但没有退缩和放弃。这种锲而不舍、百折不回的执着，支撑着南科大一直走到了今天。

　　南科大的创建过程，蕴藏着一座精神的宝藏。学校从中提炼了"敢闯敢试、求真务实、改革创新、追求卓越"作为"创校精神"，2020年10月11日，深圳发布新时代"深圳精神"为"敢闯敢试、开放包容、务实尚法、追求卓越"，可以看出二者重合度之高。这也说明，诞生在深圳的南科大，秉承了深圳这座城市的基因。"精神"，是南科大成功的秘诀之一。

　　本书即将完稿时，11月19日，中国科学院院士、清华大学原副校长薛其坤接棒陈十一院士，成为南科大第三任校长。这位世界杰出的科学家在科研上成就斐然，带领研究团队在国际上首次实现了"量子反常霍尔效应"，曾获得2020年度菲列兹·伦敦奖，在国内外教育科技界有较大的影响力。人们有理由相信，南科大未来一定会书写出更加辉煌的新篇章，为中国高校的改革发展提供更多可示范、可借鉴的经验。

后　记

沈清华

跟南科大可谓是"老朋友"了，早在 2011 年，很少撰写评论的我，还曾以《深圳特区报》评论员的身份，撰写文章《不妨让南科大成为"教改特区"》发表在 3 月 4 日的报纸上，希望为南科大争取更大的改革空间。

2020 年春天，很高兴有机会为南科大非同一般的创校历程写一本"传记"，向那些为南科大创建发展做出贡献的人士致敬！

得益于很多领导和朋友的鼎力支持，我能够在较短的时间内顺利采访了近百位南科大创建的决策者、参与者和见证者，录音整理出来多达 100 多万字。此外，还查阅了 100 多万字的文档资料。这些丰富详实的材料，让我的写作有了坚实的史料基础。

采写之初，我给自己定下了四个目标：梳理南科大创建历程，展示南科大创建成果，彰显南科大创建精神，提炼南科大探索经验。写作时，对当年处于风口浪尖的一些改革，尽量做到不回避、不遮掩。但写完之后，感觉有些目标达到了，有些还没能达到。南科大创建发展的历程，在中国高校中独一无二。要在较短时间内给这样一所大学写一本创校记，"难，可大了"。本书不是一部严肃的校史，也不是一部学术著作，作为一部文学纪实作品，它仅仅为读者朋友了解南科大，提供了一个小小的窗口。

这本书重点写南科大从酝酿、筹备、批筹、转正到搬进新校园期间的历程，此后学校发展虽然更加丰富多彩，但在本书里没有充分展开写。

盛佳婉、杨媚和庞翠琼参与了一些章节的写作，为本书如期完稿做出了较大贡献，在此深表谢意！感谢南科大张凌、马东梅、张璞、吴思雨等对采写工作的支持帮助！感谢那些挤出时间接受访谈、分享创建故事的嘉宾们！感谢海天出版社编辑蒋鸿雁、李春为本书出版付出的努力！还要特别感谢中国教育学会原会长钟秉林先生、南科大党委书记郭雨蓉女士，两位拨冗写序，为本书增彩！还要特别感谢钟秉林先生、施一公先生、任克雷先生、马蔚华先生为本书撰写推荐语！

最后，还想真诚地说一句写作时的强烈感受：南科大创建过程之艰和今天发展之好，都远远超出了我的想象！

相信读者看完本书，会有同感。

2020 年 12 月

作者介绍

沈清华，安徽霍山人，1995年毕业于北京师范大学教育系，获硕士学位。资深媒体人，纪实作家。曾在《深圳特区报》文教新闻部、深度报道部等多个部门担任主任，长期负责教育线宣传报道。先后荣获全国城市党报好新闻一等奖、全国舆论监督好新闻一等奖、全国教育好新闻特别奖、广东省新闻奖一等奖、深圳市新闻奖一等奖等各级各类新闻奖40余项，独立或合作出版《商界军校》《差生转化》《立业者》《世界知名大学校长访谈》《中国教育史研究（宋元分卷）》等著作10余部，发表《张栻教育哲学的心性论》等论文10余篇。（联系邮箱：qhs7676@126.com）